乡村振兴战略研究丛书

科技创新

支撑北京乡村振兴的机制和路径研究

龚 晶 等◎著

RESEARCH ON THE MECHANISM AND PATH OF

TECHNOLOGICAL INNOVATION

SUPPORTING RURAL REVITALIZATION IN BEIJING

中国经济出版社
CHINA ECONOMIC PUBLISHING HOUSE
北 京

图书在版编目（CIP）数据

科技创新支撑北京乡村振兴的机制和路径研究 / 龚晶等著. --北京：中国经济出版社，2024. 1

ISBN 978-7-5136-7558-1

Ⅰ. ①科… Ⅱ. ①龚… Ⅲ. ①农村-社会主义建设-研究-北京 Ⅳ. ①F327. 1

中国国家版本馆 CIP 数据核字（2023）第 220770 号

责任编辑　叶亲忠
责任印制　马小宾
封面设计　华子图文

出版发行　中国经济出版社
印 刷 者　北京柏力行彩印有限公司
经 销 者　各地新华书店
开　　本　710mm×1000mm　1/16
印　　张　16
字　　数　270 千字
版　　次　2024 年 1 月第 1 版
印　　次　2024 年 1 月第 1 次
定　　价　88. 00 元
广告经营许可证　京西工商广字第 8179 号

中国经济出版社 **网址** www. economyph. com **社址** 北京市东城区安定门外大街 58 号 **邮编** 100011
本版图书如存在印装质量问题，请与本社销售中心联系调换（联系电话：010-57512564）

前　言

• PREFACE •

党的二十大报告明确提出，全面推进乡村振兴，强化农业科技和装备支撑。这是以习近平同志为核心的党中央对加快农业科技进步、实现农业高水平科技自立自强做出的又一重要战略部署。民族要复兴，乡村必振兴。同时，科技作为国民经济发展的重要支撑，科技创新是增强经济竞争力的关键，对战略高科技能力的提升和长久的发展具有极大的推动作用。

北京市始终坚持以新时代首都发展为统领，坚持农业农村优先发展，严格落实北京城市总体规划，走大城市带动大京郊、大京郊服务大城市的城乡融合发展之路，建设宜居宜业和美乡村，更大力度促进农民增收，扎实推进乡村振兴，推动北京率先基本实现农业农村现代化迈出坚实步伐。

本书着眼于实现北京乡村振兴的路径研究，从“产业兴旺、生态宜居、乡风文明、治理有效、生活富裕”的总目标出发，分析了科技支撑北京乡村振兴的路径与机制；分析了北京市农业科技创新资源发展现状，并提出优化农业科技资源配置的路径和保障措施；分析了“长短结合、标本兼治”目标下的农业科技人才下乡服务乡村振兴工作机制；等等。针对北京地区农业农村发展现状、特点以及存在的主要问题，搜集整理其他地区的科技支撑典型案例，总结各地的具体做法，并借鉴其成功经验，提出了适用于北京地区科技支撑乡村振兴的可行性路径建议。

本书共分为七章。第一至第三章为科技支撑北京乡村振兴总论、北京市农业科技创新资源发展现状评价、科技支撑种业高质量发展的路径，由龚晶研究员执笔；第四章为科技支撑北京农业高质量发展路径研究，由陈玛琳副研究员执笔；第五章为农业科技人才下乡服务乡村振兴的机制优化研究，由陈香玉助理研究员执笔；第六章为科技聚力改善农村生态和乡村人居环境的路径，由周中仁研究员执笔；第七章为科技创新支撑乡村振兴实现路径的典型案例，由云南农业大学龙蔚研究员执笔。

尽管课题组成员做出了很大努力，但受限于时间和水平，书中仍有许多不完善之处，一些内容仍有待今后进一步深入研究讨论，恳请读者对本书提出宝贵意见。

龚晶

2023 年 8 月于北京

目 录

• CONTENTS •

第一章
总　论

第一节　研究背景

创新是引领发展的第一动力，是建设现代化经济体系的战略支撑。以科技创新为核心的全面创新已经成为推动我国经济社会发展的强大动力。农业农村农民问题是关系国计民生的根本性问题。没有农业农村现代化，就没有整个国家现代化。当前，农业是现代化建设的短腿，农村是全面建成小康社会的短板，我国人民日益增长的美好生活需要和不平衡不充分的发展之间的矛盾在乡村最为突出。乡村振兴的过程就是农业农村现代化的过程，必须坚持农业农村优先发展的总方针，必须发挥科技创新对农业农村现代化的全面支撑作用，把农业科技创新摆在国家科技创新全局更加突出的位置，依靠创新驱动乡村振兴。习近平总书记明确指出，“我们必须比以往任何时候都更加重视和依靠农业科技进步，走内涵式发展道路”；党的二十大报告也突出强调，“深入实施种业振兴行动，强化农业科技和装备支撑”。在此背景下，本研究基于宏观视角，针对科技支撑北京乡村振兴的路径与机制开展研究，为充分发挥创新驱动作用，实现首都“三农”补短板、强弱项提供参考。

第二节　国内外研究现状

关于科技对农业农村发展的支撑，国内外已有较多研究，其中，与本课题关联最为紧密的研究主要集中在两个方面：一是对科技支撑农业农村发展效果的研究；二是对促进科技发挥支撑作用的机制和政策的研究。

一、国外研究现状

从已有文献看，国外对科技支撑农业农村发展，特别是科技支撑农业发展效果的研究比较深入，对促进科技发挥支撑作用的机制和政策的研究也非常具有针对性。

（一）科技支撑农业农村发展效果的研究

大部分研究都得出了科技能够推动农业发展的正面结论。在肯尼亚，Ndiso 等（2017）发现，采用豇豆玉米间作技术比玉米单作的土壤含水量高；而在墨西哥，与单一作物相比，在咖啡生产中使用农林复合技术能够保持较高的土壤水分（Lin，2007）。Miles 等（2017）认为，以生态农业技术作为切入点，能增强对未来气候冲击的适应能力，同时为应对干旱和洪水等当前冲击提供缓冲。例如，采用不同种类的作物轮作、保留作物残茬和免耕相结合的耕作措施，可以显著提高干旱地区的产量（提高 7%～8%）（Pittelkow et al. ,2015）。而在所有提出的技术系统中，节水灌溉技术在提高生产力和对气候变化的抵御能力方面起着至关重要的作用（Moyo et al.，2017）。

在相关文献中，研究最为全面且深入的是数字技术在农业领域的应用。以数字技术为基础的精准农业，虽然增加了投入和运营成本，但收益增长也足以带动利润的增长，因为它能帮助农民减少运营投入（Schimmelpfennig，2017）。例如，精准灌溉可减少 8%～20%的灌溉用水（Sadler et al.，2005）。与均匀播种相比，冬小麦的精准播种（VRS）可以使产量提高 3%。精准施用氮肥可使小麦产量提高 1%～10%，节省氮肥 4%～37%（Tekin，2010）。Mamo 等（2003）在美国明尼苏达州玉米与大豆轮播的田中进行了为期 3 年（分别为 1995 年、1997 年和 1999 年）的试验，结果发现，与均匀施肥相比，使用精准施用氮肥技术能减少肥料使用，使每公顷玉米利润增加 7～20.25 欧元。此外，在不同的耕作类型中除草剂的节省量在 11%～90%（Timmermann et al.，2003；Gerhards et al.，1999），多年生作物的农药使用量减少 28%～70%（Solanelles et al.，2006；Chen et al.，2013）。精准施用氮肥还可以使冬小麦的杀虫剂使用量减少 13.4%（Dammer and Adamek，2012），而大幅减少农药喷雾的重复使用会影响农药使用总量（Batte and Ehsani，2006）。

即使只应用导航系统也能带来不错的经济效益。Shockley 等（2015）做了一个商业性质的肯塔基玉米和大豆免耕农场模型，并在种植和施肥过程中使用了导航系统。结果，在种子、肥料和拖拉机燃料三方面分别节省了约2.4%、2.2%和10.4%的成本，同时还减少了温室气体的排放。对阿拉巴马州在2005—2007年生长季节的一项研究表明，在收割花生的作业中使用自动转向技术产生的平均净收益每公顷在83~612欧元（Ortiz et al.，2013）。有时，通过将农田劳作人员的工作时间减少6.04%，燃料消耗减少6.32%（Bora，Nowatzki and Roberts，2012），诸如灯条和自动转向这样的导航系统可使农作物种植者获益。在英国，面积为500公顷的农场上使用导航系统能获得至少2.2欧元/公顷的经济效益（Knight，Miller and Orson，2009）。在德国，采用全球卫星导航系统可从节省投入中带来高达28欧元/公顷的经济利益（Shockley et al.，2012）。通过减少能量投入、促进零耕种和提高肥料利用率，Tullberg（2016）直接和间接分析了控制交通耕作技术对温室气体排放的影响。他指出，与传统耕种相比，在使用非控制交通零耕种和控制交通零耕种的情况下，拖拉机所需燃油分别减少了40%和70%。

此外，数字产品的应用也提高了农民的生产经营能力以及生活质量水平。例如，手机的使用鼓励了贫穷农民更大程度地参与市场，并提升高价值农作物的多样化（Mittal and Mehar，2012）。准确及时的、以天气为基础的农业咨询信息有助于就农业投入做出明智决定（Mittal，2016）。而在最近的一项研究中，Sekabira和Qaim（2017）研究得出结论，移动电话技术可以改善农村地区的家庭生活水平、性别平等现状和营养状况，当女性可以使用移动电话时效果尤为明显。

（二）促进科技发挥支撑作用的机制和政策的研究

有研究注意到，在科技创新和成果推广应用过程中，体制创新十分重要，有助于降低交流的交易成本以及资本投资和创新的风险（North，1991，2008；Platteau，1994a，1994b；Barrett，1997）。而这些创新只有与有助于推广的体制、市场或政策创新结合起来，才可能取得成功（Barrett et al.，2022a）。为此，政策制定者需要通过多种体制和政策加速因素施加影响，加快（或减慢）创新出现的速度（Herrero et al.，2020）。此外，政策制定者必须为新科技创新带来的可预见的，也可能是意料之外的（正面或负面）溢出效应做好规划，因为这些溢出效应无处不在，有必要对其进行密切跟踪，关注其利弊与协同效应（Herrero et al.，2021）。

通常在科技创新成果的涌现期，新成果要么加快速度扩散和进入大面积应用，要么消退后被封存在档案和图书馆中，要么继续长时间处于技术可行性不确定状态，无法得到大面积采用，直至最终出现某些变化，让它们比初期更具吸引力（Rogers，1962）。在此过程中，政策、体制和市场创造的激励因素和制约因素发挥着重要作用，决定着新的科技创新最终是走向成熟，还是夭折在摇篮中。因此，建立健全有助于新的科技创新与辅助性创新之间相互结合的体制和政策尤为重要，因为没有任何一项科技创新能够单靠一己之力扩散，都需要与其他创新相互结合（Barrett et al.，2022a）。

为此，Herrero 等（2020）提出八项行动来加快萌芽期和新涌现技术的可持续、负责任应用，包括建立信任、确定转型途径、转变观念、推动社会许可、改变政策和法规、设计市场激励机制、防范不良后果、保障资金稳定。这些都与确立“游戏规则”有着密切关系，需要提高创新提供方和创新使用方价值观的开放度以及对对方价值观的接受度，同时，认识到创新的应用可能会带来截然不同的未来前景，还迫切需要提高对技术的潜在影响以及后果的社会许可度和透明度。

在创新成果的推广应用期，由于开发或利用一项新科技创新所产生的效益通常取决于其扩散规模，一定程度上与网络外部性有关，因此要想产生可观效益，就必须通过宣传倡导来压倒现有科技创新的固有优势（Katz and Shapiro，1986）。同时，还要充分借助专家的作用。利用专家的需求评估有助于发现和重视农业面临的关键挑战，因为社会、体制、政策类创新历来都是在发现社会问题和社会价值观变化之后应运而生的。此外，这些专家调查还能为适宜性和准备度指标提供补充，了解社会和机构是否已做好准备，实现潜在变化和改革，满足需求（Selinske et al.，2020）。

最后，还要保证小农户融入技术推广应用过程中。一方面，需要改善基础设施、提高教育质量、完善监管体系；另一方面，需要发展商业，帮小农户建立盈利且可持续的发展模式。从这个意义上讲，需要收集更多的证据来鉴别各类技术在农业和农村产生的经济、社会和环境影响（FAO，2021）。

二、国内研究现状

目前，国内对于科技支撑农业农村发展效果的研究也比较成熟，特别是农业科技管理部门，依托实施农业科技项目、遴选农业主推技术、评选农业科技成果奖项等工作渠道，较为系统地掌握了一些先进适用技术的经济、社会和生态效益数据信息。在促进科技发挥支撑作用的机制和政策研究方面，一些学者针对目前存在的问题提出了对策建议。

（一）科技支撑农业农村发展效果的研究

机构和学者们从不同的视角，针对科技支撑农业农村发展效果进行了综合性研究。例如，《“十三五”中国农业农村科技发展报告》从总结科技工作成效的角度，基于科技支撑粮食连年丰收、科技支撑重要农产品多样化有效供给、科技支撑农业资源高效利用、科技支撑农民收入水平不断提高、科技支撑美丽乡村建设五个方面，对科技支撑农业农村发展的具体效果做了评述。唐寒彬（2022）从定性分析的角度，介绍了5G、大数据、物联网、人工智能等新兴技术在农业领域的应用及其将为该领域带来什么改变。

也有研究针对具体技术的支撑效果进行了实证研究。例如，高标准农田建设过程中，相关技术的应用显著降低了水、电、肥、药等用量，带来了显著的生态效益。在其他条件不变的情况下，高标准农田建设相关技术应用使单位面积化肥用量减少了13.2%（梁志会、张露、张俊飚，2021）。开展高标准农田建设以后，黄淮海地区农业灌溉用水量由每亩220.2立方米减至157.8立方米，节水率约28.3%；亩均灌溉用电量由31.4度降至21.4度，节电率约31.8%；每亩化肥施用量由56.8千克减至51.1千克，节肥率约10.0%；每亩农药用量由165.4毫升减至144.3毫升，节药率约12.8%（王晓青、史文娇、孙晓芳等，2018）。此外，农业信息技术、农业绿色发展技术等的应用也显著提升了农业生产效率。不同地区推广试验结果表明，利用无人驾驶播种机播种小麦，与人工播种相比每亩出苗率提高10%，土地利用率提高10%，增产15%以上（张培奇、王帅杰、范亚旭，2021）；小麦玉米轮作采用水肥一体化技术，每亩可增产186.7公斤，节省肥料用量、灌溉水用量、人工成本共约150元（郭启辉，2019）。

（二）促进科技发挥支撑作用的机制和政策的研究

针对促进科技发挥支撑作用的机制和政策，目前很多学者仅是对存在的问题提出对策（邢鹏，2020；周元、魏颖，2022；孙丽，2023），另外，也有学者对科技支撑农业农村发展的内在机制进行了较为深入的研究，其内在逻辑和分析框架值得借鉴。例如，姚升（2021）从技术供给主体、生产过程、产业链、载体四个维度分析当前农业科技助力乡村产业发展的主要模式，并进一步从强化顶层制度设计、创新管理体制、制定中长期发展规划、强化财税金融支持、加强人才培养、完善农村基础设施建设等方面，就如何进一步完善农业科技助力乡村产业发展机制提出相应的政策建议。

还有一些学者重点分析了数字技术支撑农业农村发展的机理和对策。例如，李健（2022）从数字技术为乡村治理转型增添强大动能、数字技术为乡村经济发展赋予“乘数效应”、数字技术为乡风文明建设予以关键支撑、数字技术为乡村生态优化提供有效助力四个方面，分析了数字技术赋能乡村振兴的内在机理，提出数字技术凭借降低交易成本、提升资源利用率及减少信息不对称等优势，可切实推进乡村经济、治理、文化、生态等方面的数字化转型。

贺卫华、赵琭嘉（2022）提出，数字经济向农业农村渗透将产生产业发展、生态优化、文化整合、治理规范和增收致富五大效应，从而为乡村振兴注入强大动能。下一步，应从加快提升乡村数字经济能级，筑牢乡村振兴产业基础；完善乡村数字基础设施，推动资源要素下乡聚集；培育乡村数字人才，激发乡村内生动力；打造数字经济平台，拓展乡村数字应用场景等方面，持续推动数字经济赋能乡村振兴。

李杰义、胡静澜、马子涵（2022）认为，在推进乡村振兴的过程中，通过数字乡村建设提高农业数字化水平，能有效实现乡村产业兴旺；通过数字技术的嵌入，整体推动乡村自然、人文、社会生态环境进步，能有效实现乡村生态宜居；借助数字乡村平台提升村民的思想政治意识，提高村民社会交往水平，能有效实现乡风文明；将数字信息技术融入乡村治理过程，提高乡村治理效能，能有效赋能乡村治理；利用数字技术，可以促进物质层面的乡村居民收入的稳步提升，以及精神层面发展成果的城乡共享。为破解数字乡村建设赋能乡村振兴面临的现实瓶颈，需要进一步释放数字技术的赋能作用，有必要加大数字乡村要素供给，推进数字乡村平台建设，完善乡村数字治理体系。

（三）国内外研究现状述评

就国内外已有研究而言，无论是针对科技支撑农业农村发展效果的研究，还是针对促进科技发挥支撑作用的机制和政策的研究，都未进行综合性的概括和整合，从而形成系统、全面的框架。特别是两个研究主题之间，没有建立起逻辑联系，因而难以实现路径和机制相互衔接、融合互促的目标。这也就构成了本课题研究的出发点和落脚点。

第三节 北京市乡村振兴战略实施情况

党的十九大以来，北京市陆续制定并落实《北京市乡村振兴战略规划（2018—2022年）》《北京市“十四五”时期乡村振兴战略实施规划》等政策文件，坚持“大城市带动大京郊、大京郊服务大城市”发展方略，优先发展农业农村，科学有序实施乡村振兴，各项重点任务取得积极进展。但是，在乡村产业发展、基础设施建设、数字乡村建设、农村共同富裕等方面，仍存在一些短板和弱项。

一、北京市乡村振兴战略实施取得的成效

自乡村振兴战略实施以来，北京市各项任务实施进展顺利，“米袋子”“菜篮子”农产品稳产保供水平稳步提升，村庄环境面貌持续改善，乡村治理水平不断提升，农村民生获得较高水平的保障，乡村文化进一步繁荣发展，可以说总体开局良好。

（一）乡村产业稳步提升

首先，重要农产品生产实现快速恢复增长。全市扎实推动“米袋子”“菜篮子”稳产保供工作，粮食、蔬菜、生猪生产均实现恢复性增长。2021年，全市粮食作物播种面积和产量分别为91.4万亩和37.8万吨，分别比2019年增长31.0%和31.3%；蔬菜及食用菌播种面积和产量分别为69.7万亩和165.6万吨，分别增长49.0%和48.6%；生猪存栏量和出栏量分别为59.0万头和30.9万头，分别增长3.5倍和8.8%。全市农林牧渔业总产值为269.5亿元，按可比价格计算，比上年增长2.8%。

其次，农业发展质量稳步提升。近年来，紧密围绕首都发展需要，积极调整农业发展思路，推动农业生产向绿色化、科技化、高效化方向发展。2021年，全市农用化肥施用量（折纯）、农药使用量（按实物量算）、农业用水总量分别比2012年下降53.9%、39.8%和69.9%；农业科技进步贡献率达75%，提高6个百分点，高于全国13.5个百分点；农田灌溉水利用系数达到0.73以上，高于全国0.16；农作物耕种收机械化率达到93.0%，高于全国21个百分点；农作物秸秆综合利用率达到99.3%，高于全国11.2个百分点。

最后，产业融合发展趋势明显。农业产业链逐渐向第二、第三产业延伸，

以设施农业、休闲农业等为代表的都市型现代农业加快发展。全市升级改造老旧设施，加速建设智能化连栋日光温室，因地制宜培育多种果蔬，巧打时间差抢“鲜”上市，吸引游客体验采摘乐趣。农业节庆活动多姿多彩，“海淀樱桃文化节”“平谷桃花节”“农民丰收节”等为市民提供多个休闲旅游好去处。2013—2019 年，北京连续举办七届农业嘉年华活动，2019 年接待游客 110. 7 万人次。传统农家乐加速转型，乡村旅游精品线路、精品民宿得以合理规划；休闲农业发展水平持续提升，更好满足市民文化休闲、观光体验、科普教育等生活需求。2021 年，全市乡村旅游实现收入 14. 1 亿元，比 2012 年增长 56. 1%，人均消费增长近 1 倍。

（二）村庄环境面貌持续改善

一方面，农村生态环境建设扎实推进。全市积极推进生态走廊、水源保护林等绿化建设，先后实施两轮百万亩造林工程，十年累计新增造林绿化面积 241. 9 万亩，全市森林覆盖率从 2012 年的 38. 6%提高到 2021 年的 44. 6%。林业产值大幅提升，在农林牧渔业总产值中的占比由 13. 9%提高到 32. 9%。都市型现代农业生态服务价值年值从 3439. 4 亿元增加到 3923. 3 亿元，年均增长 1. 5%。郊区生态环境建设为首都经济社会发展提供了重要的生态屏障保障。

另一方面，美丽乡村建设取得显著成效。2014 年印发《提升农村人居环境推进美丽乡村建设的实施意见（2014—2020 年）》，2018 年全面启动农村人居环境整治三年行动，2019 年实施“百村示范、千村整治”工程，狠抓“清脏、治乱、增绿、控污”，3000 多个村庄普遍达到了干净整洁有序的要求。农村人居环境长效机制不断完善，村庄清洁活动成为新风尚，村容村貌明显改观。2021 年，全市村庄规划已实现全面覆盖，农村卫生户厕覆盖率提高到 99%以上，农村三类及以上公厕比例达 99%以上；污水处理设施覆盖的村庄达 2128 个，农村地区生活污水处理率达 74. 6%，行政村生活垃圾处理率达 99%以上；山区村庄清洁取暖达到 75%，平原村庄基本实现无煤化。全面启动山区农民搬迁工程以来，本市已累计搬迁 4. 5 万户、11 万人，涉及 500 余个村。截至 2021 年底，全市 2/3 以上的村庄完成美丽乡村基础设施建设任务，近 50%的区县被评为全国村庄清洁行动先进县。

（三）乡村文化进一步繁荣

统筹推进乡村文化建设和乡风文明建设，开展“美丽乡村 · 筑梦有我”

主题活动，培育文明乡风、良好家风、淳朴民风。截至2021年，全市共创建全国文明村镇72个，首都文明村镇970个。保护和传承农村传统文化。编制实施“十四五”时期农业文化遗产保护与发展规划，完成22个国家级传统村落实施挂牌保护。截至2021年，全市共有44个传统村落。开展丰富的文化活动，点亮乡村文化生活，累计开展“文艺演出星火工程”4883场、“戏曲进乡村”2500场。2021年中国农民丰收节系列庆祝活动，在丰收节期间共组织各类庆祝活动89场，覆盖了100多个乡镇和1000多个村，直接参与人数近20万，通过线上直播和展示，覆盖人群700余万。第32届“北京农民艺术节”发动100余个乡镇、1万多人次直接参与，被评为“全国文化科技卫生‘三下乡’活动示范项目”。

（四）乡村治理水平不断提升

强化农村基层党组织引领作用，全市3764个村党组织和3574个村委会完成换届工作，全市村党组织书记、村委会主任“一肩挑”比例达到93.5%，比上届提高2.5个百分点，35岁以下年轻干部配备率达到100%。村“两委”干部平均年龄47岁，较上届下降5岁；大专以上学历占48.5%，较上届提高9.4个百分点，实现了年龄学历“一降一升”的目标。截至2021年底，连续7年选派2123名驻村第一书记，开发引进富民项目1150个，帮助销售农产品2922万公斤，协助处理“市民热线”反映问题9311件。落实全市加强和改进乡村治理工作方案，统筹推进自治、法治、德治相结合的治理体系建设。全市村规民约、村（居）法律顾问、基层综治中心、村级新时代文明实践站覆盖率均实现100%，现有国家级民主法治示范村55个，市级民主法治示范村586个。怀柔区“足不出村办政务”典型案例入选全国第三批乡村治理典型案例，1个乡镇和11个村入选全国第二批乡村治理示范村镇。

（五）农村民生持续改善

首先，农村居民收入较快增长。全市高度重视农村居民增收工作，制定多项惠农政策，促进农村居民收入较快增长。通过实施“六个一批”精准帮扶政策，2020年，低收入农户全部脱低，涉及6.8万户、234个低收入村。2021年，农村居民人均可支配收入为33303元，相比2012年，年均增长9%；其中，占比较高的工资性收入和转移性收入年均分别增长8.9%和14.9%。2021年城乡居民人均可支配收入比为2.45，较2012年下降0.17，城乡居民收入差距进一步缩小。

其次，农村居民生活保障更加完备。北京在全国范围内较早实现了城乡之间社会保障制度全面统一。其中，全市城乡居民养老保险制度于2009年并轨，到2021年，城乡基础养老金标准和老年保障福利养老金标准分别增至每人每月850元和765元，比2012年分别提高1.4倍和1.8倍；全市城乡低保标准于2015年实现统一，到2021年，城乡低保标准已调至1320元/月，显著高于530元/月的全国农村低保平均保障标准。2018年，全市城乡居民医疗保障制度并轨，标志着全市城乡之间社会保障制度全面统一。

最后，农村公共服务水平大幅提升。截至2021年底，有电子商务配送点和社区服务站的村占比分别达45.6%和81.1%，村综合文化室覆盖率达97.3%，村民生活便利性得到提升。全市乡镇范围内小学727所，比2012年增长8.3%，基础教育资源得到扩充；乡镇范围内医生数量为3.3万人，比2012年增长76.1%，农村医疗卫生人才队伍建设显著加强；医疗卫生机构床位4.7万张，比2012年增长80.2%，农村卫生服务网络逐步健全。

二、北京市乡村振兴战略实施存在的问题

虽然北京市乡村振兴战略实施取得积极进展，但同时也应该清醒地看到，一些制约农业农村发展的关键问题依然存在，对此需要进行系统分析，并在今后实施过程中有针对性地加以解决。

（一）产业发展质量有待进一步提升

从全国范围看，北京市劳动生产率相对较低。2020年，北京市农业劳动力生产率为6.38万元/人，位列全国第25位，显著低于上海的8.97万元/人，仅是第一位浙江的16.81万元/人的38.0%。从单位面积产出来看，北京市在全国排名也并不靠前。北京市谷物单位面积产量为6406.8公斤/公顷，在全国排名第13位，显著低于排名第1位的上海（8033.2公斤/公顷）、排名第3位的江苏（7127.4公斤/公顷）、排名第7位的浙江（6665.2公斤/公顷）。蔬菜单位面积产量为37666.8公斤/公顷，在全国排名第12位，高于上海的30017.3公斤/公顷和浙江的29494.2公斤/公顷，低于江苏的39673.4公斤/公顷。此外，虽然休闲农业的次均消费额逐年增加，但仍处于相对较低的水平。2019年全市休闲农业次均消费额为150.8元，而同期全国平均水平为265.6元，江苏省甚至达到295.6元。

（二）农业生产组织化水平较低

由于土地碎片化、生产分散化等原因，北京市农业生产组织化、专业化发展水平低，“小、散、乱”的情况比较突出。2021 年北京市农业农村局监测与统计数据显示，全市蔬菜生产经营主体总数达 62449 个，其中，生产规模在 20 亩以上的主体仅占 2. 10%，规模不足 2 亩的占比达到 68. 8%。此外，根据北京市种子管理站的调查，49 家重点蔬菜生产园区中，番茄等农作物种植面积 8199 亩，种植品种 420 个，平均每个品种种植面积仅 19. 5 亩。

（三）城乡基础设施和人居环境差距较大

近年来，北京市持续加大对农村建设的投入，农村基础设施和人居环境总体上得到了很大改观，但是城乡之间依然存在较大差距。以农村生活污水治理为例，全市污水处理率达到 94%；其中，中心城区污水处理率达到 99. 4%，而农村污水处理率仅为 45%。特别是广阔山区，少数分散村户的安全饮水、生活污水处理、清洁用能、物流快递和交通便利出行等还没有得到有效解决，与人民对美好生活的追求存在较大差距。

（四）数字乡村建设亟待推进

近年来，北京市不断探索区域数字乡村建设模式和路径，逐步形成了北京优势和区域建设特色，但与全国农业发达省份差距仍然明显，还处于发展关键期。北京市城乡经济信息中心《北京市农业农村信息化能力监测评估分析报告（2021）》相关数据分析结果表明，2020 年北京市农业信息化发展总体水平为 34. 9%，低于全国平均水平 3 个百分点，在全国 31 个省（自治区、直辖市）中排名第 17 位。北京市农业农村信息化发展总体水平比全国东部地区、发展水平排名全国前 100 和前 500 的县（市、区）分别低 6. 1 个、34. 6 个、23 个百分点；比浙江省、江苏省、上海市、重庆市、天津市分别低 31. 8 个、21. 6 个、20. 1 个、8. 4 个、5. 6 个百分点。

（五）乡村多层收入差距依然存在

2021 年，全市城乡居民收入比为 2. 45∶1，在全国排第 21 位，明显高于上海的 2. 14∶1，而城乡绝对收入的差距与其他省份相比则更大。此外，不同地区之间农民收入差异显著。2021 年，中心城区农村居民人均所得 40803 元，高出发展新区 14947 元、高出生态涵养区 23830 元，生态涵养区与中心城区、发展新区收入水平差异尤为显著。同时，区域内部的镇与镇、村与村之间收入差距较大。例如，海淀区基本实现了“农转非”，但南北地区发展不平衡仍然突出，南部东升镇人均所得 11 万元，为北部上庄镇的 6.1 倍；北部西北旺镇收入最高的东玉河村人均所得 8.3 万元，最低的韩家河村人均所得2 万元。

第四节　科技创新支撑乡村振兴的实现路径

科技成果在农业农村领域的应用，有助于乡村要素配置优化与集成，形成产业提升效应、生态优化效应、文化传播效应、治理规范效应和收入增加效应，进而推动实现乡村振兴战略的主要目标（见图 1-1）。

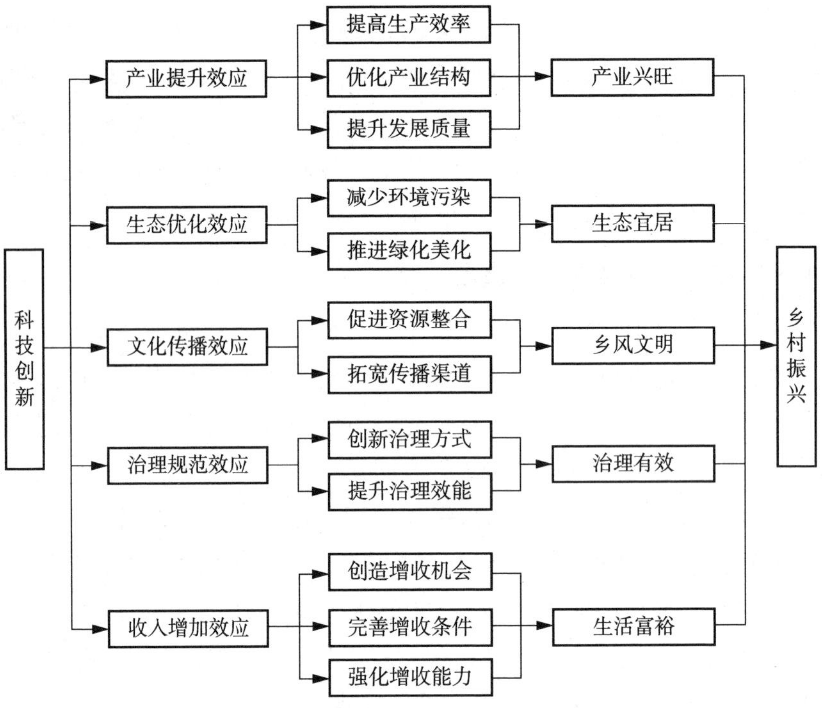

图 1-1　科技创新支撑乡村振兴的实现路径

一、产业提升效应

依托农业科技创新，通过科技手段和农艺农技应用，攻克影响农业单产提高、品质提升、效益增加、环境改善等技术瓶颈，支撑农业实现生产效率提高、产业结构调整和发展方式转变。

（一）科技支撑提高生产效率

以新品种、新技术、新产品为代表的科技成果的应用，能够优化生产要素配置，进而提高土地产出率、劳动生产率和资源利用率。以种植业为例，科技主要作用于品种、地力、农机、农艺、防灾等关键环节来提高农业生产效率。在品种方面，通过加强种质资源创新与利用，开展生物育种技术创新，培育高产、高效、优质的突破性农业新品种，从源头上为生产效率提高创造条件。在地力方面，应用休耕轮作、保护性耕作、节水旱作、有机质提升、有机培肥、退化防控、库容扩增、土壤调理剂等技术和产品，推广高标准农田建设先进实用技术，推进耕地资源保护、退化耕地治理和土壤质量提升，从载体上挖掘生产效率提升潜力。在农机方面，推广应用与农艺相适应的精准种植移栽、施肥施药、嫁接整枝、收获干燥等智能农机装备，提升科学耕作水平，提高单位劳动力的耕作效率。在农艺方面，推动农机农艺融合、良种良法配套，示范推广高效节水灌溉、测土配方施肥等现代节水节肥农业技术，从生产方式上挖掘增产潜力。在防灾方面，应用精准监测预警技术，构建病虫灾害区域防控技术体系；建设种植业自然灾害信息调度系统、灾害监测预警综合信息服务系统，构建全域覆盖的农业自然灾害监测预警体系，减少农业灾害对产出造成的损失。

（二）科技支撑优化产业结构

通过科技成果的应用，能够提升特色产业发展能力，延长产业链条，促进产业融合，从而实现产业结构调整，更好适应个性化、多样化的需求。在提升特色产业发展能力方面，例如，通过温室作物光温环境调控、新型温室结构和建造技术的应用，提高设施农业的比较效益。在延长产业链条方面，推进大宗农产品产后减损和加工技术装备的应用，实现农产品多元化开发、多层次利用、多环节增值。在促进产业融合方面，基于新品种、新技术、新产品和新模式的示范展示，可以在一产的基础上发展休闲观光农业和会展农业，从而实现一产与三产的有机融合。

（三）科技支撑提升发展质量

通过科技成果的应用，能够减少化肥、农药等传统投入品使用，降低农业废弃物对环境的影响，从而实现绿色、循环、可持续发展。在生产投入方面，推广绿色农药、生物肥料、全生物降解地膜等新型农业投入品，应用生物激素抑制、天敌多靶标生物控制、植物替代拦截等绿色防控新技术，实现肥药减量增效。在废弃物利用方面，通过肥料化、饲料化、燃料化、基料化、原料化等多途径进行秸秆综合利用，应用地膜资源化利用等技术产品，实现对农业废弃物的绿色减量和科学消纳。在污染防治方面，应用种植、养殖多源协同控制技术及产品，提升面源污染治理水平，降低农业生产带来的环境危害。在生产模式方面，发展稻田综合立体化种养、林下立体种养、盐碱地渔农综合利用等生产模式，提高农业的生产循环水平。

二、生态优化效应

通过科技创新，能够减少农业面源污染和农村生活垃圾、污水的污染，同时推进乡村生态环境建设，提高生态环境治理能力，进而产生良好的生态优化效应。

（一）科技支撑减少环境污染

科技成果的推广应用，能够从生产和生活两个方面降低环境污染，助推农村生态文明建设。在农业生产方面，科技成果的应用可以最大限度减少农业面源污染，如可以大力推广测土配方施肥、农药精准科学施用、农业节水灌溉，推动农业废弃物资源化利用，不仅能合理利用农业资源，而且能减少农业面源带来的污染。在农村生活方面，应用农业农村生活垃圾与其他有机废弃物协同处理技术及装备，集成应用与区域特点、生产、生活类型相适配的生活污水处理技术以及农村改厕及粪污资源化利用技术，从而推动改善农村人居环境。

（二）科技支撑推进绿化美化

科技成果的推广应用，能够从绿化和美化两个方面优化农村生态环境，助推农村生态文明建设。在绿化方面，通过繁育推广乡土树种草种，应用森林、湿地、田园生态系统保护与修复、生物多样性保育以及生态系统服务功能监测评估等关键技术，保护农村生态环境，提升农村绿化质量。在美化方面，推广应用村镇基础设施功能提升、土地集约化利用、住宅标准化建设、节能住宅与基础设施建造、村镇社区环境整治与质量提升等关键技术，推进宜居村镇建设。此外，运用数字成像技术、卫星遥感技术、远程数字监测系统等，对乡村地区进行监测，实时掌握污染状况，及时做出应对。同时，还可以利用互联网、大数据、人工智能等技术，打造覆盖整个乡村区域的数字化治理平台，提升农村环境治理能力。

三、文化传播效应

通过科技成果的应用，能够促进资源整合，拓宽传播渠道，解决乡村文化振兴面临的保护挖掘不够、资源碎片化、供需不匹配等问题，从而提高文化传播的效率。

（一）科技支撑促进资源整合

科技成果的应用，既能够保护和传承农村优秀传统文化，又能够连接乡村碎片化的文化资源，从而实现促进整合的作用。在文化保护传承方面，推广应用农业文化遗产发掘认定和转化相关技术，研究推广村落传统建筑建设、传统建筑解析等技术，建立农业文化遗产与传统村落动态监测系统，促进农村传统文化的挖掘、传承、保护和利用。在文化资源链接方面，开发建设传统村落数字博物馆，对乡村文物古迹、传统村落、传统建筑、农业遗迹等进行数字化，以珍藏乡村文化变迁的物证。

（二）科技支撑拓宽传播渠道

通过更加科学的方式，能够促进文化资源的共享，强化特色文化宣传推广，带动文化活动的发展，进而拓宽文化的传播渠道。在文化资源共享方面，通过建设智慧图书馆体系和公共文化云等信息数字化服务平台，积极发展云展览、云阅读、云视听、云体验，促进供需在“云端”“指尖”对接。在文化宣传推广方面，借助于微信、抖音、快手等平台，可使一些民间艺人和民间工艺品制作传承人与乡村居民分享传统民间工艺、民间风俗、戏曲民歌等，推动乡村优秀传统文化创造性转化与创新性发展。在文化活动组织方面，通过科普话剧、科普活动、科普影视、广播图文等喜闻乐见、浸润人心的方式，传播创新文化和科学文化，促进现代科技与乡村文化融合，推动乡村移风易俗。

四、治理规范效应

重点通过数字技术的应用，丰富乡村治理手段，提高乡村治理效率，同时，也能进一步规范乡村治理模式，形成治理规范效应。

（一）科技支撑创新治理方式

通过科技成果特别是数字技术成果的应用，可以创新资产管理、人口管理、治安管理的方式，进而提升乡村治理效率。在资产管理方面，依托数字技术，可以建立包括农村承包地信息平台、宅基地信息数据库等在内的农村土地信息平台和包括农村集体经营性建设用地、荒沟荒坡、林地、荒山、草地等在内的农村产权管理平台，推动实现农村资产管理数字化和规范化。在人口管理方面，借助于互联网、大数据手段，还可以建立农村人口流动信息数据库和农村党员管理平台，实现农村人口和党员管理数字化。在治安管理方面，借助数字化技术，可以打造以县、乡、村三级综合治理中心为指挥平台、以综合治理信息化为支撑、以网格化管理为基础、以公共安全视频监控联网应用为重点的群众性治安防控网络，打通社会治安的最后一公里，推进平安乡村建设。

（二）科技支撑提升治理效能

依托数字技术成果，可以提高政务服务效率，提升村民对公共事务的参与水平，进而提升乡村治理效能。在政府服务方面，借助于互联网等技术手段，把各种政务办理的条件和要求在网络上公开，不同政务部门也通过互联网实现数据和信息共享，让数据多跑路、农民少跑腿，实现农村基层政务一站式服务、一门式服务，让农民共享数字红利，推动数字经济赋能基层治理。在公众参与方面，可以充分利用微信群、APP 小程序等，为村民提供了解村政财务、表达民意、交流议事的渠道和平台，调动村民参与村务治理的积极性，提高乡村治理效率，提升乡村治理能力和治理现代化水平。

五、收入增加效应

各类技术特别是数字技术的推广应用，深刻影响和改变了广大农民的生产生活方式，成为促进农民增收致富的助推器。

（一）科技支撑创造增收机会

科学技术的发展，能够催生一些新产业新业态，进而创造更多的就业增收机会。例如，基于细胞培养肉、合成淡奶油、功能重组蛋白等技术，可以催生未来食品制造业。通过非结构化数据库系统、农业数据仓库、农业知识计算引擎、农业可视交互服务引擎等核心技术在农业领域的应用，能够借助数字产业化来催生农业大数据产业。此外，随着科技需求的持续增长，一些农业生产主体或生产资料销售主体开始面向农户提供科技培训、技术咨询、农技服务等支持，从而推动了农业科技服务产业发展。

（二）科技支撑完善增收条件

除了科技支撑的产业提升效应带来农业增产、产业链增值，进而助推生产主体收入增加外，科学技术特别是数字技术也能够通过提高销售效率来促进农民增收。例如，借助互联网、大数据等相关数字技术，打造农产品销售网络平台，通过淘宝、快手、抖音、拼多多等电商平台，尤其是通过电商与直播结合的“直播带货”，打破传统的农产品销售模式，形成线上线下相结合的立体化销售格局，有助于拓宽农产品销售渠道，破解农产品销售难题。

（三）科技支撑强化增收能力

依托数字技术，开展远程教育培训和技术指导，持续提高农民的职业技能和生产技术水平，为增产增收奠定基础。在远程教育培训方面，借助于互联网平台，运用“互联网+教育”，把城市优质的教育理念、课堂资源和作业资源与乡村师生共享，从而提高乡村教育水平。在职业技能培养方面，把针对农民的家政、养老、服务农业品牌建设、经营管理等技能培训课程，借助包括 VR 在内的新一代信息技术，适时提供给广大农民，让农民掌握更多就业技能、生产经营管理技能、农业生产技能等，提升农民的就业能力，提高增收水平。在远程技术指导方面，通过建立农业全产业链社会化服务平台，实现农机、植保、水肥一体化、生产托管、品牌打造、包装设计、农产品加工等社会化服务组织的数字化管理，为生产者提供线上对接服务，使生产主体更加方便快捷地得到技术指导。

第五节 科技创新支撑乡村振兴的促进机制

如图 1-2 所示，科技成果从形成到发挥支撑作用，往往经历“创新—转化—产业化”整个链条。链条运转的效率直接决定着科技支撑的效果，而要提高链条的运转效率，就需要建立健全四个方面的机制。

一、创新环境优化机制

建立创新环境优化机制，需要围绕加强创新文化建设、推进科技资源共享、促进要素自由流动三个方面开展工作。

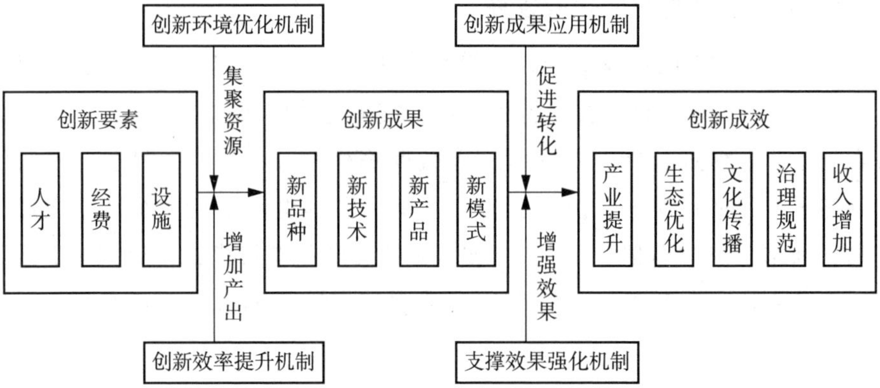

图 1-2　科技创新支撑乡村振兴的促进机制

（一）加强创新文化建设

第一，完善相关法律法规和政策措施。进一步落实和完善促进全社会农业科技研发经费逐步增长的相关政策措施，发挥政府在科技投入中的引导作用，加快形成多元化、多层次、多渠道的科技投入体系。引导银行等金融机构加大对科技型中小企业的信贷支持，引导民间资本参与自主创新。积极开发适合科技创新的保险产品，加强知识产权的创造、运用、保护和管理，认真落实科学技术进步法及相关法律法规，为科技创新营造良好的法治环境。第二，加强科技开放合作。积极开展全方位、多层次、高水平的农业科技创新国际合作，加强民间农业科技交流。鼓励科研机构发起和组织国际农业科技合作计划，主动提出或参与国际标准制定。加强技术引进和合作，鼓励科研机构开展联合研发、专利交叉许可等多方面的国际合作，支持农业科研机构到海外建立研发机构，支持国际科研机构来华设立研发机构，搭建国内外科研机构联合研究平台。第三，加强创新文化建设。大力弘扬求真务实、勇于创新、团结协作、无私奉献、报效祖国的精神，保障学术自由，营造宽松包容、奋发向上的学术氛围。大力宣传优秀农业科技工作者和团队的先进事迹。加强农业科学普及，发展创新文化，进一步形成尊重劳动、尊重知识、尊重人才、尊重创造的良好风尚。加强国家科研诚信制度建设，加快相关立法进程。

（二）推进科技资源共享

第一，建立条件共享机制。打破管理机制条块分割现状，促进仪器设备、科技成果、信息数据、研发队伍等各类创新资源在不同地区之间以及不同科研机构之间开放共享。第二，建立服务共享机制。推动全国性的科技服务平台为不同地区的企业、科研机构以及其他创新主体提供联合研发、测试检测、技术转移、信息咨询等覆盖整个链条的、形式多样的服务。第三，建立资金共享机制。发挥财政资金引导作用，组织一批社会化创新创业投资基金，投资区域内乃至全国范围内的协同创新项目，协调银行、信托、保险、基金等各类金融机构，以信贷、股权、投资等多种方式参与协同创新项目，不断拓宽资金渠道，形成多元化的资金平台，为协同创新各项任务提供资金保障。第四，建立人才共享机制。推动地区之间共同构建“开放有序、运转高效、流动畅通、共建共享”的智力服务体系，实现区域内农业“人才政策互利互惠、人才流动互通互融、人才评价互认互准、人才创新创业互助互促”的工作局面。第五，建立成果共享机制。充分调动地区间的农业科技领域力量，为区域科技成果转化平台建设提供制度保障，推动科技项目、科技成果、科技产品的互联互通，实现科技资源良性互动，促进科技成果转化和产业转型升级，为区域创新发展提供科技支撑。

（三）促进要素自由流动

第一，健全要素自由流动机制。打破区域市场壁垒，充分发挥市场配置资源的决定性作用，引导各类创新要素自由流动，促进科技成果跨区域转移转化，提高技术市场交易活跃程度。第二，完善科技成果联合评价机制。通过对接不同地区农业科技成果转化平台和共建数据库、专家库、评价体系、服务规范，建立科技成果市场成熟度转化评价体系，实现科技成果的联合评价，促进科技成果的合理定价。第三，制定区域利益分配的协商机制。通过行政、经济、法律等手段，以开放和透明的协商结构为基础，为利益相关者提供制度化参与利益分配协商的有效渠道。第四，理顺园区收益共享机制。以合作建设科技园区创新共同体为载体，探索多种形式的共同投资、共同开发，达成投资按股份分配、税收按商定的比例分享的机制。第五，完善地区间生态补偿制度。坚持谁受益、谁补偿的原则，从法律制度、横向转移支付制度等方面建设和优化生态补偿制度，在资金补偿、实物补偿、能力补偿、政策补偿等方面有机结合，建立多维长效的补偿方式，保证区域协同发展的可持续性。

二、创新效率提升机制

建立创新效率提升机制，需要围绕加强人才培养激励、完善科研管理制度、健全协同创新体系三个方面开展工作。

（一）加强人才培养激励

第一，深入实施重大人才工程和政策。积极落实国家重大人才工程，依托重大项目、创新平台、产业联盟、创业基地等吸引海内外高层次科技人才和外国专家。培养造就世界水平的科学家、科技领军人才、卓越工程师和高水平创新团队，支持归国留学人员创新创业。改革和完善院士制度。第二，加强科研生产一线高层次专业技术人才和高技能人才培养。鼓励农业科研人员深入农村，以农村科技需求为导向，加强科技研发，支持创新人才到西部地区特别是边疆少数民族地区工作。支持35岁以下的优秀青年农业科技人才主持科研项目。鼓励大学生自主创新创业。鼓励在创新实践中脱颖而出的人才成长和创业。重视农业科技研发中实用人才、紧缺技能人才和农村实用人才培养。第三，创新科技人才支持方式。遵循农业科技人才成长规律，加快探索以调动和激发农业科技人员积极性创造性为核心的科技经费管理和使用方式，把人才培养和团队建设作为农业科技项目立项、实施、考评的重要指标。围绕重大农业科技创新战略绘制世界人才地图，采用定向引入、团队整体引入等多种方式，围绕领域找人才、围绕人才建团队、围绕团队聚资源，构建以“人才（团队）—项目—机制”为核心的农业科技管理和服务体系。第四，树立正确的科研动机。加强思想引导，引导科研人员恰当处理科学研究的理想和现实之间出现的分歧以及研究中碰到的各种困难。鼓励科研人员积极培养科研兴趣。第五，优化科技人才流动与配置机制。探索建立灵活多样的农业科技创新型人才流动与聘用方式，鼓励农业科研机构和农业企业创新人才双向交流。探索实施农业科研关键岗位和重大科研项目负责人公开招聘制度，规范和完善农业专业技术职务聘任和岗位聘用制度，扩大用人单位自主权。鼓励和支持拥有农业核心技术或自主知识产权的农业科技人才创办科技型企业，开展科技成果转化。第六，改革科技人才评价和激励机制。建立以科研能力和创新成果等为导向的农业科技人才评价标准，改变片面将论文数量、项目和经费数量、专利数量等与科研人员评价和晋升直接挂钩的做法。在专业技术职称评聘中，确保一定指标用于参加技术转移、成果转化和产业化的人员。完善科技人员收入分配政策，健全与岗位职责、工作业绩、实际贡献紧密联系和鼓励创新创造的分配激励机制。增强对关键岗位人员、核心骨干的激励。允许和鼓励农业科研机构提高发明成果所得收益奖励研发人员的比例。

（二）完善科研管理制度

第一，完善农业科技项目管理方式。将产学研结合作为选择立项的方向之一，明确义务和责任，制定定量考核标准和目标，明确奖惩机制，重视过程管理，将项目日常进展情况纳入考核内容。第二，开展农业科技项目管理培训。针对农业科技人员实际情况开展培训工作，指导相关人员申报项目，实施过程中各方配合做好资金管理、进度管理、项目数据汇总以及资料收集整理等各项工作。第三，开展农业科技项目后评估。对已完成的农业科技项目进行技术水平、综合效益、项目管理、成果持续性等方面的综合评价，考察科技成果的延伸和带动作用，及时有效反馈信息，为进一步的科技决策和计划制订提供依据。第四，建立农业科技项目信用档案体系。对在项目实施过程中资金使用情况、项目内容实施情况、项目进度及指标完成情况制定信用评分体系和评价标准，通过综合评分来评价单位及主持人的信用情况，建立相关信用档案，作为后续农业科技项目立项的参考条件。第五，加强农业科技成果档案管理。实现档案的规范化管理，建立健全相关的农业科技项目管理规章制度，增强项目管理人员档案管理意识，严格把关档案资料的数量以及质量。明确农业科技归档的范围，包括项目申报到验收、成果申报到获得奖项、资金的拨付和使用等方面。第六，推进农业科技项目信息化管理。构建农业科技项目信息管理平台，分别对项目申报、立项、验收、归档等部分建立管理平台，统一项目填报格式，确保项目管理效率。第七，提高农业科研经费使用中的财务管理效益。促进财务人员与农业科研人员密切配合，满足科研人员了解和掌握科研经费预算执行情况的需要。同时，农业科研人员要向财务人员提供项目经费预算、执行等过程中的所有经费信息，便于财务人员更好地管理科研经费。第八，严格实行预算管理制度。遵守《预算法》，在预算执行中依法办事，减少随意性。预算一经确定即成为各单位执行的依据，非经法定程序不予变更。第九，完善科研项目经费管理制度。制定实实在在的奖惩办法，规范使用原则和开支范围。制定合理的科研项目经费使用管理办法，减少科研项目经费随意、不合理无偿占用，确保专款专用，避免科研项目经费的流失。第十，做好财务会计管理和核算。农业科研机构项目经费来源渠道多元化，各项目对经费的管理与核算的要求不同，需要对不同项目单独建立明细账。财务人员需主动与科研项目负责人加强沟通，“与时俱进”，做好财务会计管理和核算。

（三）健全协同创新体系

第一，加强区域内协同创新。充分发挥地方在区域农业科技创新中的主导作用，加快建设各具特色的区域农业科技创新体系。结合区域农业农村发展的特色和优势，科学规划、合理布局，完善激励引导政策，加大投入支持力度，优化区域内科技资源配置。第二，推动跨区域协同创新。着力强化农业科技创新联盟建设，围绕农业发展重大问题组建一批联合攻关协作组，集聚农业科技优势资源，探索建立“国家需求导向、项目任务带动、平台资源共享、机制创新推动”的高效协同创新机制。

三、创新成果应用机制

建立创新成果应用机制，需要围绕完善科技成果评价、推动科技成果转化、优化农技推广服务三个方面开展工作。

（一）完善科技成果评价

第一，遵循市场规律。农业科技成果评价要服务于农村创新创业，能科学评价科技成果的经济价值、市场价值，计量所能带来的经济效益；要服务于农业产业发展，通过科技评价把科技成果作为关键产业要素纳入农业产业发展之中；要服务于农业科技创新，对包括科学价值、技术价值、配套价值、经济价值等在内的多个方面进行综合评价。第二，完善相关机制及服务体系。要加强事前和事中评审，规范和完善科技成果鉴定机制，建立评价结果公示制度，健全专家资格审查制度和专家库。完善科技服务体系，包括创新性评价服务体系、先进性评价服务体系、应用及效应评价服务体系等，以助推科技成果转化。第三，完善农业科技成果评价机制。建立健全分级分类科技成果评价体系，为成果转化提供服务。探索启动“高产竞赛”和“高效竞赛”，对评选出的生产经营主体进行表彰奖励，激励集成创新和总结的积极性，并强化成果研发的生产服务导向。对研发的科技成果和主推技术进行跟踪评价，重点评价技术对产业发展的经济和生态效益，指导完善科技支持方向与政策。

（二）推动科技成果转化

第一，推动农业科技需求优化。从微观层面和宏观层面采取积极措施，改善农业生产者使用农业科技的宏观环境，提高农业生产者采用农业科技的意识以及能力，包括提高农民科学文化素质、加大对农村的人才及农业企业的支持、支持农村金融发展、发展农村基础设施建设等内容。第二，推动农业科技供给优化。实现农业科技的市场导向供给，实现资源供给优化，提高资金投入总量，调整资金投入结构，优化资金投入方式。实现科技创新能力优化，组建优秀的科研创新团队，推动协同创新。第三，推动农业科技中介优化。有效的信息推广和沟通是农业科技成果转化所需要的农业科技中介服务中最主要的部分，主要从中介组织体系的优化、运行机制的优化、运行支撑环境以及科技成果推广系统的优化等方面入手。

（三）优化农技推广服务

第一，理清不同层级的职能职责。明确市、区、乡镇各层级在农业技术推广体系中的不同职能职责，市级负责推进关键核心技术集成研究与试验展示，区级负责加强技术示范推广，乡镇级负责强化技术服务，做好上下衔接。健全市区两级农业技术推广机构工作组织协调机制，推动政策衔接配套。各区做好顶层设计，尽可能统一归口管理，避免出现“一对多”、职责悬空、任务落空等乱象。因地制宜加强乡镇、村级农业技术推广力量，使农业技术推广工作形成完善体系。第二，科学核定机构人员编制。各区严格按照“活有人干、事有人管”的总体要求，科学合理配备农业技术推广人员。各乡镇依据“定责定岗定人”的基本标准，足额配齐、配强相关专业人员，可通过政府购买服务方式，在行政村配备村级农业技术人员。充分盘活用好现有农业技术推广人力资源，确需增加编制的，应优先从农业农村部门内部调剂，如确实无法满足的，可根据实际情况通过跨部门调剂等方式予以安排。鼓励更多专业对口的高校毕业生到基层从事专业技术服务。以政策法规、项目实施、经营管理、信息技术等为重点，加强基层农业技术推广人员知识更新培训，做到每 3 年全员轮训一次。鼓励在岗人员参加在职学历教育、短期进修、职称评审等，提升综合素质及业务能力。第三，提升农业科技服务信息化水平。充分利用信息化渠道，提高农业技术服务效率。在不同农时季节开设服务专栏，引导创新团队岗位专家、乡村振兴科技项目组主要成员、公益性机构农技推广人员上线，通过制作农技指导小视频、文字课件，开设网上直播间，开展远程咨询答疑等形式，为用户提供“全天候、保姆式”指导服务。引导农业科技人员积极登录服务系统并保持在线，实现“接问即答”，及时报送日志、农情等信息。指导农业科技示范主体和高素质农民使用好相关工具，通过微信、抖音等平台开展灵活多样的信息服务。

四、支撑效果强化机制

建立支撑效果强化机制，需要围绕加强农民教育培训、推进适度规模经营、推动技术集成应用三个方面开展工作。

（一）加强农民教育培训

第一，构建农民教育培训和农业科普新格局。发挥现有院校优势、强化公益机构建设、吸引市场主体积极参与，服务农民多元化、多层次教育培训需求，推动形成短期培训、职业培训和学历教育相互衔接的高素质农民培育新格局，促进不同阶段学习成果互认互通，推进建设一批乡村振兴人才培养优质校。将科普工作纳入涉农科研项目预算内容和考核指标，积极支持科普人才培养、基地建设、作品出版，打造高水平、相对稳定的农业科普专业队伍，建设完善一批以农业科技为主题，集科普教育、研学和休闲娱乐于一体的科普场馆和示范园区。第二，打造高素质农民队伍。深入实施高素质农民培育计划，建立健全教育培训、发展扶持、引导激励等衔接配套制度。面向优势特色主导产业，面向农业生产性服务新需求，面向乡村社会事业发展，分层分类开展全产业链培训，加强训后技术指导和跟踪服务，加强农民在线教育培训。推动职业院校加强涉农专业建设，扩大农民学员招收规模，采取学费减免、弹性学制、送教下乡等方法增强吸引力，完善组织管理、考核评价、回乡就业等办法，支持农民就地就近接受职业教育。坚持引进使用与就地培养结合，加快构建有文化、懂技术、善经营、会管理的高素质农民队伍。第三，建立农业科普常态化机制。充分发挥涉农高校、科研院所和企业农业科普主阵地的作用，引导和鼓励科技人员开展各种形式科普工作和志愿服务。充分发挥退休农业专家和科技人员作用，组织农业科普专家团，定期深入基层开展科普。设立农业科技竞赛活动和农业科普奖项，鼓励优秀原创科普作品产出。突出加强生物育种与生物技术应用科学普及。着力建设中央与地方联动、宣传部门与农业农村部门协同、线上与线下互动、主流媒体与新媒体联动的生物育种科普体系。组织企业家、科学家、经营者、国外相关人士介绍农业生物技术产品生产消费情况，积极打造各种农业科普线上线下平台，强化科普说服力。

（二）推进适度规模经营

第一，完善规模经营支持政策。开展适度规模经营试点，推进以家庭农场、农民合作社、龙头企业等为主的适度规模经营。鼓励主要农业大镇直接投资并参与土地合并、调整以及土地整理等基础建设，规范、监督和管理土地流转行为，引导小块土地合并，限制农用土地分割，实现土地联营。大力培育现代新型经营主体，通过完善土地流转机制、科技推广机制和政策支持机制，做强龙头企业，做实农民合作社，扶持家庭农场，为科技成果的推广应用创造良好的基础条件。

第二，推进农业社会化服务组织带头人队伍建设。围绕适应转变农业生产方式需要，开展农资供应、土地托管、代耕代种、统防统治等生产服务，在支撑重要农产品生产营销、解决产业链薄弱环节问题、推广新技术新装备等领域，加强政策扶持、推动机制创新、强化服务保障，加快培养一批农业社会化服务组织带头人。鼓励农业公共服务机构与社会化服务组织带头人合作，合力提升服务质量和水平。

（三）推动技术集成应用

第一，建设科技集成创新与应用平台。推进农业科技展示基地、产业园建设和科技示范基地规范有序运行，加大科技成果落地转化力度，提高产业科技的集成度和展示度。鼓励农业企业、农民专业合作社、种植大户与农业科研院校共建，推进技术转移转化，探索建立政府推动、市场引导、企业化运作的农业科技成果转移服务新模式新机制。第二，建设乡村振兴科技示范村镇。组织有关区和农业科研院所合作共建全国农业科技现代化先行县，打造产业兴旺、生态宜居、乡风文明、治理有效、生活富裕的乡村振兴科技支撑示范村镇。在具有农业产业基础的村镇，建立专家“包村联场”机制，围绕产业振兴和生态振兴等，针对以产业为核心的发展需求，开展结对共建，提供科技和智力支持，探索可复制、可推广的科技支撑服务模式，助力乡村振兴。第三，搭建农业科技服务平台。按照全面乡村振兴和数字农业的发展需求，整合现有农业科技人员队伍和成果等资源，构建农业科技服务平台，畅通农业技术人员与生产经营主体的科技信息通道。打造“一对一”针对性科技服务平台，通过 AI 和远程智能诊断服务等方式提供及时化、智能化和便捷化的科技服务，形成跨部门、跨区域数据共享共用格局。搭建“一对多”科技推广普及服务平台，借助新媒体提高科技传播效率。组织科技成果路演等体验和推广活动，打造和宣传科技品牌，以市场需求驱动农业科技的转化应用。

第六节　科技支撑北京乡村振兴的对策建议

虽然北京市科技资源优势突出，但是，对标乡村振兴战略实施提出的需求，释放农业科技潜能还不充分，推动全市农业由“小”向“强”转变的支持作用还不够突出。针对乡村振兴战略实施过程中存在的问题，结合科技支撑乡村振兴的路径和促进机制分析，重点从以下方面采取措施。

一、引导各级各类科技成果落地北京

贯彻落实《北京市推进农业中关村建设行动计划（2022—2026 年）》《北京市农业关键核心技术攻关方案》《北京市农业科技应用场景建设方案》等政策文件，围绕现代种业、生物技术、营养健康、温室园艺、农机装备等重点领域，聚焦北京的优势特色，引导、鼓励在京科技资源以服务首都为目标开展创新活动，突破一批产业“卡脖子”和短板技术，强化成果转化孵化，加快打造一批高质量的应用场景，引导针对产业需求和全产业链发展，设定研究目标，健全“金三角”机制，建设京瓦中心等科技创新孵化器，为企业参与创新和成果转化搭建平台，加速孵化高质量的成果和农业创新企业。打造一批科技示范基地和乡村振兴科技示范村镇的“北京样板”，形成一批可复制、可推广的技术模式。

二、完善科技需求征集与成果发布机制

聚焦设施农业、智慧农业、生态循环与低碳农业、农业绿色发展、产业融合等重点领域，采取“自上而下”设计和“自下而上”征集相结合的方式，多渠道掌握农业科技需求，形成目录并向社会公开发布。采取“揭榜挂帅”等形式，广泛征集需求解决方案和先进适用成果，建立健全技术专家与需求主体共同参与的遴选机制，形成主推技术目录。发挥技术目录的引导作用，探索将是否纳入技术目录作为科技项目立项和推广奖评选的关键依据。

围绕农业高质量发展和农业中关村建设等重大科技需求，依托农业科技示范基地、农业企业和农业园区，谋划建设一批高质量应用场景，加快农业新品种、新装备、新技术、新模式的验证、迭代和示范推广，培育形成高效协同、智能融合的农业科技发展新生态，加快将先进农业科技成果转化为现实生产力。

三、培育科技成果应用的优质载体

开展适度规模经营试点，推进以家庭农场、农民合作社、龙头企业等为主的适度规模经营。鼓励主要农业大镇直接投资并参与土地合并、调整以及土地整理等基础建设，规范、监督和管理土地流转行为，引导小块土地合并，限制农用土地分割，实现土地联营。大力培育现代新型经营主体，通过完善土地流转机制、科技推广机制和政策支持机制，做强龙头企业，做实农民合作社，扶持家庭农场，促进农业智能化、规模化和产业化经营，为先进农业科技成果的推广应用创造良好的基础条件。

四、调动“一主多元”农技服务主体积极性

全面推行农业技术推广责任制度，完善以服务对象满意度为主要指标的考评体系，建立与考评结果挂钩的经费支持机制，探索实施与服务工作量相关联的薪酬动态调整制度。实施创新团队岗位专家包村制，要求每位岗位专家至少独立对接 1 个行政村，针对实际需求和任务要求开展技术服务。改革职称评定制度，对于科技服务成绩突出的个人在农业社会化职称评定时予以优先支持。创新科技推广项目支持方式，对推广项目形成的成果在评选农业技术推广奖和农业主推技术时重点予以考虑，符合条件的可纳入政府补贴目录。完善农业技术推广奖励政策，探索设立个人贡献奖等奖励形式。建立实际贡献与收入分配相匹配的激励机制，允许农业科技人员在履行好岗位职责的前提下，为家庭农场、农民专业合作社、农业企业等提供技术增值服务并合理取酬。推进信息化手段在农技推广服务领域的应用，完善农科大讲堂、科技云平台等在线服务平台，引导经营主体普遍入网上线，提升农户的科技素养和技术水平。

五、理顺农业科技管理工作组织体系

根据新的国务院机构改革方案，农业农村部将承接科技部组织拟订科技

促进农业农村发展规划和政策、指导农村科技进步的职责以及将科技部所属的中国农村技术开发中心划入农业农村部。预计发展规划和政策、指导农村科技进步职责将由农业农村部科技教育司承担，而中国农村技术开发中心则并入科技发展中心，从而形成科技教育司管政策、科技发展中心管项目的组织体系。据了解，上海市也采取类似的架构，设置了农业科技服务中心。基于此，建议以市科委、中关村管委系统和市委农工委、农业农村局系统为重点，整合分散在不同单位的科技工作力量，成立全市农业农村科技发展中心，主要承担组织实施全市农业科技发展规划计划，推进农业科技创新体系和农技推广服务体系建设，加强农业科技项目管理，开展农业科普宣传等工作，从而实现对全市农业科技发展的一体化管理以及对农业科技决策的有力支撑。

第二章

北京市农业科技创新资源发展现状评价

第一节　引言

一、调研背景

优化科技资源配置是提升科技创新能力的关键举措。党的二十大报告明确指出要“优化配置创新资源”。近年来，北京市加快统筹优化农业科技资源配置，持续壮大农业科技力量，实现科技创新支撑农业质量效益与竞争力显著提升。同时，全市农业科技资源配置仍存在诸多层面的问题，资源配置的均衡性、顺畅性和效率性都有待进一步提升。在此背景下，有必要围绕全市农业科技资源配置状况开展深入调查，全面把握农业科技资源总体情况，查找农业科技资源配置存在的问题，提出优化农业科技资源配置的路径和保障措施，为完善农业科技政策体系和体制机制提供参考。

二、调研方法

本研究主要采用如下调查研究方法：

1. 资料收集

收集整理国家统计局、农业农村部、科技部、北京市统计局、北京市农业农村局、北京市科学技术委员会等相关部门数据，了解北京市农业科技资源全貌。检索农业科技资源配置相关研究文献，借鉴最新的研究思路、理论和方法。

2. 典型调查

重点针对北京市农林科学院、北京农学院、北京农业职业学院 3 家市属农业科研教学单位以及市畜牧总站、农业技术推广站、植物保护站、水产技术推广站和农业机械试验鉴定推广站 5 家市属农业技术推广机构开展了问卷调查，了解其农业科技资源现状、农业科技资源配置过程中存在的问题以及相关政策需求。

3. 实地调查

对 13 个涉农区开展了实地调查，了解其农业科技资源现状、农业技术推广机构改革情况以及在农业科技资源配置方面存在的需求和面临的问题。

4. 座谈访谈

分别召开了市属科研教学机构座谈会、市属农业技术推广机构座谈会和农业科技管理专家座谈会，从不同的视角研讨农业科技资源配置存在的问题以及完善农业科技资源配置的对策措施。

三、内涵界定

农业科技资源是从事农业科技活动的基础条件。杨传喜（2010）提出，农业科技资源是人、财、物、组织、信息等资源的总和，是各资源要素相互作用组成的系统。毛世平等（2019）将农业科技资源视作由投入和产出要素构成的综合系统，其运作过程是农业科研机构在科技活动中将人员、资金、设备等投入资源转化为论文、著作、品种、专利、服务等产出资源。综合上述观点，将农业科技资源分成投入资源和产出资源两大类，其中，投入资源主要包括人才资源、财力资源、物力资源、组织资源和信息资源；产出资源主要包括品种、论文、著作、专利、奖励等。

农业科技资源配置是指对农业科技资源进行主体间、时间和空间上的分配与组合，旨在实现综合效益最大化、激发农业科技的创新活力、推动农业科技可持续健康发展的过程。农业科技资源配置主要涉及两类主体：一类是公立主体，如科研院所、高等院校等科研教学机构和农技推广服务机构；另一类是市场主体，如企业、合作社、家庭农场、普通农户等。从实际情况看，几类市场主体中仅有部分科技型企业能够参与农业科技创新和成果转化过程，而大部分的合作社、家庭农场、普通农户仍只是农业科技成果的接受者。需要指出的是，为了能在权属清晰的前提下理清农业科技资源配置的整个链条，本报告仅针对市属农业科教单位、农技推广机构和企业等主体开展研究。农业科技资源配置主要分为两条主线：一条是横向，在相同层级但不同类别的主体间流动，即公立主体和市场主体之间的相互流动；另一条是纵向，在相同类别但不同层级的主体间流动，如在市级、区级和乡镇级农技推广机构之间的流动。

四、报告结构

本报告分为六部分：第一部分为引言；第二部分总结农业科技资源的横向分布情况；第三部分归纳农业科技资源的纵向传导情况；第四部分分析农业科技资源配置存在的问题；第五部分梳理农业科技资源配置的优化路径；第六部分提出相应的保障措施。

第二节　农业科技资源横向分布情况

就农业科技资源而言，无论是在人力、物力、财力等投入资源方面，还是论文、著作、品种、专利、服务等产出资源方面，北京市的聚集度均居全国首位。北京市农林科学院数据科学与农业经济研究所 2022 年 12 月发布的《“十三五”时期北京农业科技创新能力评价研究报告》显示，在以创新人才、科研经费、条件平台为主要内容的农业科技投入资源方面，北京市“十三五”时期的指数值为 3.75，位列全国第一；在以科技论文、技术专利、科技奖励和植物新品种权为主要内容的农业科技产出资源方面，北京市“十三五”时期的指标值为 4.10，同样居全国首位。虽然科技资源总体非常丰富，但是，分布却非常不均衡，其中相当大比例都由在京的国家级单位掌控。根据《北京农业科技资源情况》公布的资料，在农业类科技条件平台中，依托单位为国家级单位的占比 71.77%；在国家现代农业产业技术体系科学家中，工作单位为国家级单位的占比 85.76%，而在院士、长江学者、国家高层次人才特殊支持计划入选者、国家杰出青年科学基金资助者等群体中，这一比例更高；在北京市科学技术奖获奖单位中，国家级单位占比 59.04%，而在国家奖项获奖单位中这一比例更高。即使在市属单位中，不同类型主体之间农业科技资源的分布也不均衡。

一、科研教学单位投入密集，成果产出占主导地位

虽然我国农业科技实力持续提升、国际竞争力明显增强，但是，部分前沿和交叉领域基础研究和底盘技术的原始创新能力依然不足，重要种源、农机装备、智慧农业、绿色投入品等关键领域核心技术和产品自主可控能力不强，仍需进一步提高自主创新能力，加快实现高水平农业科技自立自强。在深入贯彻落实党的二十大报告提出的“以国家战略需求为导向，集聚力量进行原创性引领性科技攻关，坚决打赢关键核心技术攻坚战”要求的大背景下，作为基础研究和原始创新主体的科研院所和高等院校，自然会在农业科技资源配置方面获得倾斜性支持。

目前，北京有市级主管涉农高等院校 4 所，分别是北京工业大学、首都师范大学、北京工商大学和北京联合大学；有农业综合高等院校 2 所，分别是北京农学院和北京农业职业学院；有农业科研院所 2 家，分别是北京市农林科学院和北京市园林科学研究院。其中，4 所涉农高等院校均是仅个别学科涉及农业农村领域，2 家科研院所中北京市园林科学研究院仅聚焦园林绿化行业。在区一级，北京市农业广播电视学校在 12 个涉农区设有分校，海淀区建有植物组织培养技术实验室，但科技资源量都相对较少。因此，本报告重点针对北京农学院和北京农业职业学院 2 所高等院校以及北京市农林科学院 1 家科研院所进行调查研究。总体来看，上述科研教学单位的科技资源状况呈现 2 个方面的特征：

1. 农业科技资源投入密集

3 家市属科研教学单位均学科齐全，专业技术人才资源丰富。其中，北京市农林科学院为市属综合性农业科研机构，共有专业技术人员 1070 人，下设 15 个所（中心），共有 6 大研究领域 20 个专业方向，业务领域涵盖农林牧渔。北京农学院为应用型现代农林大学，共有专业技术人员 678 人，下设 11 个二级学院和 3 个教学部，招生本科专业达到 29 个。北京农业职业学院为全日制公立普通高等职业院校，共有专业技术人员 660 人，下设 9 个系部，拥有 40 个专业。此外，3 家单位的高层次资源优势也非常突出。如表 2-1 所示，无论是在各类农业科技条件平台方面，还是在两院院士、万人计划、国家产业技术体系首席及岗位专家、市科技新星及领军人才等优秀人才方面，科研教学单位都处于绝对领先的位置。

表 2-1　3 类主体科技资源分布情况

资源类型	科研教学单位	农技推广服务机构	涉农企业	合计
科技条件平台（个）	37	1	17	55
两院院士（人）	1	0	0	1
万人计划（人）	3	0	1	4
国家产业技术体系首席及岗位专家（人）	31	0	0	31
国家产业技术体系综合实验站站长（人）	0	0	7	7
市科技新星及领军人才（人）	81	4	11	96
北京创新团队首席及岗位专家（人）	45	54	5	104
北京创新团队田间工作站及综合实验站站长（人）	0	107	38	145
全国农业先进工作者	6	12	2	20

资料来源：《北京农业科技资源情况》及相关单位统计资料。

2. 农业科技成果产出占主导地位

高投入带来了高产出。3 家科研教学单位的创新成果也非常突出，取得了很多领先的农业科技成果。在育种技术方面，研制出玉米全基因组高密度 SNP（单核苷酸多态性）芯片 Maize6H-60K，建成了全球最大玉米标准 DNA 指纹库；构建了国内首个蔬菜品种 DNA 指纹数据库和蔬菜高通量分子育种平台，率先实现高通量分子标记辅助育种技术在蔬菜上的规模化应用；创制了世界首个水稻全基因组芯片；在国际上首次发现和利用了光敏性 BS 系列小麦不育系；培育出“京科 968”玉米、“京葫 36”西葫芦、“京欣系列”西瓜等优质新品种。在动物保护方面，获得世界上首个猪圆环病毒（PCV3）毒株，取得鸭坦布苏病毒病灭活疫苗（HB 株）一类新兽药证书。在植物保护方面，构建了目前国际上最系统的葡萄真菌检索表，率先在国内诊断出葡萄衰枯病和葡萄条纹病两种葡萄上的新病害；建成亚洲最大的天敌昆虫种质资源库，保有天敌昆虫 30 余种 150 多个功能品系。在智能装备方面，北斗导航协调控制、自主现场总线等核心技术取得突出成就，研发出农机深松作业监管与服务平台系统；发布国内首个作物育种云平台——金种子云平台，打破了国外垄断。在丰富科研成果的支撑下，科研教学单位获得的科技奖励数量也明显高于其他类型的主体（见表 2-2）。

表 2-2　3 类主体科技奖励分布情况

单位：项

奖励类型	科研教学单位	农技推广服务机构	涉农企业	合计
中华农业科技奖	21	7	1	29
全国农牧渔丰收奖	5	10	1	16
北京市科学技术奖	18	5	3	26
北京市农业技术推广奖	50	79	5	134

资料来源：《北京农业科技资源情况》。

二、农技推广机构体系完善，推广服务有先天优势

农业技术推广体系是提供种植业、畜牧业、渔业、林业、农业机械、水利等科研成果和实用技术服务的组织体系，是实施科教兴农战略的重要载体。在市级层面，农业技术推广职能主要由市委农工委、市农业农村局所属的事业单位承担。2021 年，市委农工委、市农业农村局开展了所属事业单位改革，进行了大范围的机构设置调整，将事业单位总数从原来的 30 个精简至 20 个。但是，涉及农业技术推广职能的 5 个单位基本保持不变，其中，农业技术推广站、植物保护站、水产技术推广站和农业机械试验鉴定推广站都予以保留，而畜牧总站则与畜牧业环境监测站进行了整合。因此，虽然经历了机构改革，但是，市级各领域的农业技术推广网络依然比较完善（见表 2-3）。

表 2-3　市级农业技术推广机构基本情况

机构名称	承担职能	科室数量（个）	实有人数（人）	专业技术人员数量（人）
畜牧总站	①承担本市畜牧业有关关键性技术推广工作，指导各区相关业务工作；②承担本市畜牧业环境质量监测检测和风险分析预警预报工作，以及相关技术的研究与推广工作，牧草种子质量检验和牧草技术推广工作；③承担畜牧业管理以及有关的农业生态环境保护，畜禽种业管理的技术性、辅助性、事务性工作	15	86	69
农业技术推广站	①承担本市种植业有关关键性技术推广工作，指导各区相关业务工作；②承担有关的种植业管理、农业生态环境保护、特色产业和休闲农业、农业防灾减灾、农业节水管理的技术性、辅助性、事务性工作	17	103	92

续表

机构名称	承担职能	科室数量（个）	实有人数（人）	专业技术人员数量（人）
植物保护站	①承担本市农作物病虫害防治有关技术工作及技术推广；②承担农业植物检疫相关技术性和辅助性工作；③承担有关的种植业管理（农药管理）、农业生态环境保护、农业野生植物保护及外来入侵物种管理的技术性、辅助性、事务性工作	13	66	44
水产技术推广站	①承担本市水产技术推广工作和鱼病的预防、控制工作，指导各区相关业务工作；②承担本市渔业生产水域的环境监测工作；③承担渔业管理以及有关的农业生态环境保护、水产种业管理的技术性、辅助性和事务性工作	8	49	38
农业机械试验鉴定推广站	①承担本市农业机械化技术推广工作，指导各区相关业务工作；②负责本市农业机械鉴定工作；③承担农业机械化发展与管理以及与农机有关的农业生态环境保护管理的技术性、辅助性、事务性工作	9	47	44
合计		62	351	287

区一级农业技术推广机构虽然经历了大幅度调整，但是，绝大部分区只是进行了机构和人员整合，相应的农业技术推广体系和职能仍然存在（见表2-4）。特别是延庆区，将原有4个区级农技推广机构整合为2个新机构，即延庆区农业科技服务中心和延庆区农业技术推广站，同时，对照辖区内15个乡镇成立15个农业技术综合服务分中心，并安排2个新机构人员全部下沉到乡镇，与乡镇一级的农业技术综合服务分中心合署办公，充实了乡镇级农技推广机构的工作力量。

表2-4 区级农业技术推广机构基本情况

区	机构数量（个）	机构名称	实有人员总数（人）	专业技术人员总数（人）
密云	1	密云区农业服务中心（下设相关独立站）	232	150
平谷	3	平谷区植物保护服务中心、平谷区种植业服务中心、平谷区畜牧水产服务中心	71	24
延庆	2	延庆区农业技术推广站、延庆区农业科技服务中心	63	38

续表

区	机构数量（个）	机构名称	实有人员总数（人）	专业技术人员总数（人）
昌平	1	昌平区农业服务中心	—	—
海淀	1	海淀区农业技术综合服务中心	65	32
朝阳	2	朝阳区农业农村综合服务中心、朝阳区动植物疫病预防控制中心	118	38
大兴	1	大兴区农业服务中心	188	139
丰台	1	丰台区农业技术推广中心	43	21
怀柔	1	怀柔区农业农村局	199	68
门头沟	1	门头沟区农业农村综合服务中心	11	8
顺义	1	北京市顺义区农业技术综合服务中心	206	110
通州	4	通州区农业（种植）技术推广中心、通州区动物疫病预防控制中心、通州区植物保护中心、通州区种业技术服务中心	137	73
房山	7	房山区农业技术综合服务中心、房山区种植业技术推广站、房山区养殖业技术推广站、动物疫病预防控制中心、植物疫病预防控制中心、房山区农业机械推广站、房山区农业环境和生产监测站	230	125
合计	26		1563	826

从实际运行情况看，农业技术推广体系在推广先进适用农业新技术和新品种、防治动植物病虫害、提高农民素质等方面仍发挥着重要作用。在推广先进适用农业新技术和新品种方面，推进保护性耕作作业监测技术的应用，截至 2022 年，全市已安装车载终端 529 台/套，技术推广应用 16.84 万亩，系统监测农机深松整地、秸秆粉碎覆盖还田、少免耕播种三项作业面积分别为 10.7 万亩、1.6 万亩、4.3 万亩。推动农机补贴政策覆盖设施农业等 6 大重点领域，对 2600 台农机实现卫星定位监控；成功打造露地甘蓝全程智能化机械化生产、京西稻智慧示范农场和番茄采摘机器人应用场景。推进农机服务体系建设，农机专业服务组织作业面积超过 70%，全市粮食作物耕种收综合机械化率达到 93.0%，畜牧养殖机械化率达到 84.2%，设施机械化率达到 37.6%。在防治动植物病虫害方面，组织全市严格落实各项强制免疫工作，

2022 年共调拨疫苗 436.51 万毫升（头份），开展强制免疫 1211.75 万头（只羽次），达到应免尽免。开展口蹄疫等 7 种重点疫病免疫效果监测 3.85 万份次，平均免疫抗体合格率均高于农业农村部颁布的 70%标准。加强植物疫病防控服务，农作物病虫预测预报准确率中长期达到 90%，短期达到 95%；小麦春季及中后期“一喷三防”基本实现全覆盖，防治效果均在 91%以上；在房山建立大豆病虫防治技术示范区 100 亩。在提高农民素质方面，2022 年组织全市设施蔬菜生产全程机械化技术线上观摩演示活动，参加人数达 498 人次。深入田间地头进行技术指导，在重点时节成立 3 个技术服务组，深入 13 个涉农区，共开展 16 次、63 人次春耕生产农机技术服务。组织开展玉米、甘薯全程机械化技术及小麦机收减损技术培训 2 期，共培训 480 人次；开展“农机零距离”网络及视频直播培训 2 次，辐射农机从业人员 1000 余人次。

三、市场主体资源参差不齐，技术创新存在巨大空间

北京市经济社会发展水平高，对农林牧渔产品和相关服务的需求量大，为市场主体蓬勃发展提供了充足的机会。据北京市市场监督管理局统计，截至 2021 年底，全市共有市场主体存量 223.65 万户，其中，农林牧渔业领域仅小微企业就有 5872 家，个体工商户多达 25569 家。另外，根据《北京统计年鉴（2021）》公布的数据，全市规模以上农副食品加工业、食品制造业以及酒、饮料和精制茶制造业企业共有 256 家。由此可见，全市范围内市场主体规模大小不一，从事主营业务千差万别，科技资源状况也因此参差不齐。

近年来，北京市持续加大对营商环境的投入力度，在增强企业创新能力、提升企业发展质量方面取得较为显著的进展，部分涉农企业得到发展壮大。《北京市农业科技创新调研报告》数据显示，全市现有 A 股上市农业公司 9 家，其中，主板上市公司 7 家，中小板和创业板上市公司各 1 家；新三板挂牌农业公司 24 家；市级以上农业产业化重点龙头企业 144 家，其中，农业产业化国家重点龙头企业 48 家；农业类高新技术企业 605 家，其中，一些企业已经具备相当高的科技创新能力和成果产出水平。

据统计，2013—2022 年北京市种业企业的研发能力有了大幅提升。在北京市审定品种数量方面，2012 年科研院所的审定品种数量占 52%，来自企业的仅占 48%。而在 2020 年，来自科研院所的审定品种数量占比降至 25%，企业占比上升至 75%。以大北农集团为例，近十年来，公司在农作物种业研发上累计投入 17 亿元，育种科研人员 300 余人，其中，硕士及博士以上学历占

比40%。持续不断的高研发投入，推动公司在大豆生物育种“卡脖子”难题攻关上取得突破性进展，在玉米领域则培育了200多个生物新品种。再如，峪口禽业建立了完整的商业化育种体系，不仅选育出京白1号、京红1号、京粉1号、京粉2号、京粉6号、农大3号、农大5号共7个全国占比高达58%的蛋鸡品种（配套系），还先后培育出“沃德168”“沃德158”等小型白羽肉鸡品种和肉蛋兼用品种。其中，2018年通过审定的“沃德168”，成为我国首个小型白羽肉鸡品种，2020年出栏量达到2亿只。

第三节　农业科技资源的纵向传导情况

除了加大自主创新支持力度，推动形成更多高水平成果产出外，北京市也着力推进农技推广体系改革，积极探索农业科技推广服务新模式，激励和引导科教单位、企业等主体积极主动参与成果转化和技术服务，致力于将优质科技资源快速高效地传导至生产经营主体。

一、推进农业技术推广机构改革，加大公益性服务体系统筹力度

党的十八大以来，随着“调转节”和“疏整促”等政策的实施，北京市农业产业结构发生了巨大变化，种植业和畜禽养殖业一度呈现规模持续缩减的趋势，仅在最近几年才有所恢复，而水产养殖面积和产量则持续下降。这种新的形势和变化为农技推广体系带来两个方面的挑战：一方面，农业特别是畜牧业和水产养殖业规模缩小导致技术服务的需求不断减弱，使市级、区级农业技术推广机构的重要性受到冲击；另一方面，养殖业逐步转变为以现代化养殖企业为主体，它们一般经济实力较强，科技水平高，有些甚至自建技术服务队伍，对传统的农技推广体系构成威胁。

在此背景下，全市推动进行了农技推广体系改革。从改革前后对比来看，5家市级主要农技推广机构调整变化幅度并不大。在科室、人员方面，植物保护站、水产技术推广站和农业机械试验鉴定推广站进行了小幅度的压缩；农业技术推广站科室数量不变，实有人数和专业技术人员数量都有所增加；畜牧总站因涉及单位合并，科室数量小幅增加，实有人数和专业技术人员数量也都有所增长。在经费方面，只有植物保护站经费总额明显减少，其他机构都比改革前有一定幅度的提升（见表2-5）。可以说，市级改革更多是进行了

局部调整，而并没有减少推广服务资源。

表 2-5 市级农技推广机构改革前后对比

项目		畜牧总站	农业技术推广站	植物保护站	水产技术推广站	农业机械试验鉴定推广站	合计
科室数量（个）	改革前	15	17	15	10	10	67
	改革后	16	17	13	8	9	63
实有人数（人）	改革前	60	101	69	66	51	347
	改革后	86	103	66	49	47	351
专业技术人员数量（人）	改革前	52	90	61	50	49	302
	改革后	69	92	44	38	44	287
总经费额度（万元）	改革前	5292. 34	8365. 7	5530. 65	2973. 95	2595. 94	24758. 58
	改革后	6743. 10	9338. 6	3652. 57	3184	3056. 14	25974. 41

相比之下，区级改革的调整变化幅度更大。在植物保护体系方面，改革前全市 10 个区设有独立的植保机构，分别为房山、通州、顺义、大兴、昌平、平谷、密云、延庆、朝阳和怀柔；1 个区在农业综合服务中心内设植保部门，为海淀。改革后，全市 8 个区设有独立的植保机构，分别为房山、通州、顺义、大兴、昌平、平谷、密云和延庆；5 个区在农业综合服务中心内设植保部门，分别为朝阳、海淀、丰台、门头沟和怀柔。在农业机械试验鉴定推广体系方面，改革前 11 个区有独立机构，分别为海淀、丰台、大兴、通州、顺义、昌平、平谷、房山、怀柔、密云和延庆；1 个区在农业综合服务中心内设农业装备科，为门头沟。改革后，区一级除大兴、房山、昌平、密云、顺义依旧保留独立机构外，其他区均合并或下派。在水产技术推广体系方面，改革前有 6 个区设有独立站，分别为海淀、通州、大兴、密云、顺义和延庆；5 个区为综合站形式，分别为昌平、房山、平谷、门头沟和朝阳。改革后，只有 1 个区保留独立站，为密云；8 个区为综合站，分别为海淀、顺义、大兴、门头沟、房山、朝阳、平谷和昌平；通州、延庆和怀柔已无明确对接部门或人员，而丰台改革后已无水产技术推广职能。在种植业技术推广体系方面，改革前 11 个区有主要负责种植业技术推广的机构，包括区种植业服务中心、区农科所或农业技术推广站等。其中，大兴除农业技术推广站之外还单独设立了蔬菜技术推广站；朝阳的种植业服务机构与养殖业同属一家单位，为区种植业养殖业服务中心；门头沟农业综合服务中心内设农业技术推广科。改

革后，有4个区保留了农业技术推广站，分别为大兴、昌平、密云、延庆；其他区的种植业推广机构均进行了合并或更名。在畜牧兽医体系方面，改革前有独立畜牧和兽医机构的区有9个，分别为朝阳、通州、丰台、大兴、昌平、顺义、平谷、密云和延庆，在综合机构内设相关部门的区有4个，分别为海淀、怀柔、房山和门头沟。改革后，有独立畜牧和兽医机构的区有4个，分别为朝阳、通州、房山和密云，畜牧和水产体系合并的区有3个，分别为大兴、昌平和平谷，在综合机构内设部门的区有6个，分别为海淀、丰台、顺义、怀柔、门头沟和延庆（见表2-6）。

表2-6　区级农技推广机构改革情况

区	植保站系统	畜牧站系统	农机站系统	推广站系统	水产站系统
海淀	合并	合并	合并	合并	合并
朝阳	撤销	保留+合并	原无	合并	合并
通州	保留	保留	合并	合并	合并
丰台	合并	合并	保留	合并	撤销
大兴	合并	保留	合并	保留	合并
昌平	保留	保留	合并	保留	合并
顺义	保留	合并	保留	合并	合并
平谷	保留	合并	合并	更名	合并
房山	拆分	增加	合并	更名	合并
密云	保留	部分保留	保留	保留	保留
怀柔	拆分	合并	撤销	合并	合并
门头沟	合并	合并	保留	更名	合并
延庆	保留	合并	合并	保留	合并

区一级农技推广机构的改革，更多是各区从自身农业发展需求和农业科技资源实际出发，围绕优化科技资源配置、提高农技推广体系效率而进行的实践探索。其中，有的区改革前农技推广系统较为薄弱，改革后加大了人员和经费投入力度，如海淀和丰台；有的区改革前资源投入量较大，改革后做了适度压缩，如密云、平谷和通州；还有的区改革前后变化并不显著，如昌平和房山（见图2-1和图2-2）。

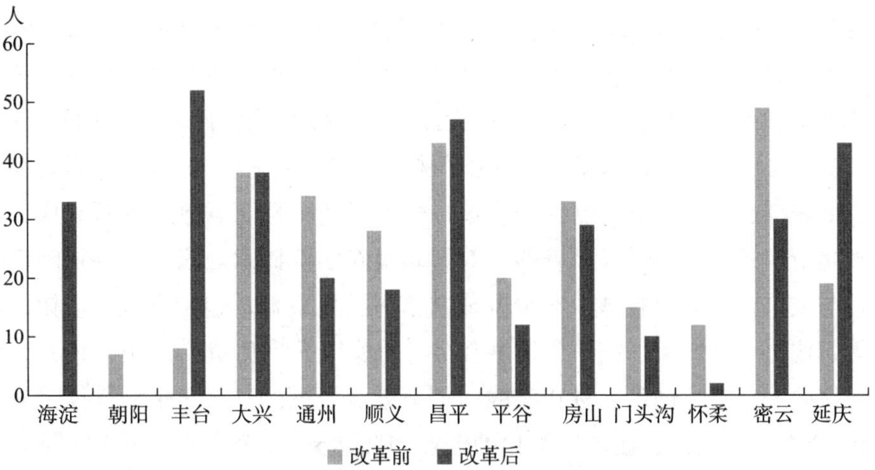

图 2-1　改革前后各区农技推广机构专业技术人员情况对比

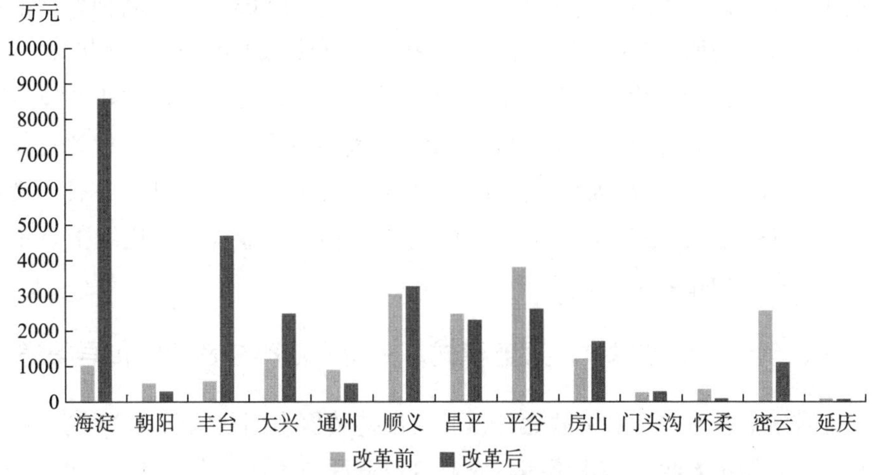

图 2-2　改革前后各区农技推广机构总经费情况对比

总体来看，市区两级农技推广机构改革在维持了已有体系架构的前提下，进一步提高了区级政府的统筹力度，在加大地方政府自主权的同时，也增加了其提升体系运行效率、更好服务当地农业发展的责任。

二、完善农业科技创新体制机制，激发科教单位成果转化积极性

除了公立农技推广机构之外，科教单位也是“一主多元”农技推广体系

的重要组成部分。科教单位拥有非常丰富的科技投入资源和产出资源，如果能进行充分的推广转化，一定会显著提高北京农业的科技和装备支撑水平。近年来，北京市印发《关于推进北京市种业人才发展和科研成果权益改革工作的若干意见》《强化创新驱动科技支撑北京乡村振兴行动方案（2018—2020年）》《北京市关于加快推进农业中关村建设的十条措施》等一系列政策文件，部署推进农业科技体制机制改革，引导科研机构探索科技创新和成果转移转化新模式，取得较为显著的成效。北京农学院探索国家大学科技园创新创业与成果转化共赢模式，充分开放共享科技园资源，包括资金、场馆、基地等，构建“立政策、搭平台、供资金、重实践、享免费”的服务体系，营造积极向上、敢于创新、贵在实践的创新创业氛围。近三年来，科技园累计孵化 52 个创业项目，在园区孵化的创业团队达到 22 个。北京市农林科学院探索新型科企合作模式，联合中种国际、德农种业、登海种业等 7 家企业，成立“1+7”联合体，将独立研发和审定的玉米新品种转让给多家企业进行产业化开发，加快了玉米新品种大面积推广。“京科 968”玉米品种累计推广超 1 亿亩，实现增产 104. 43 亿公斤，带动农民增收 167. 09 亿元。同时，北京市农林科学院持续深化院属种业企业改革，京研益农（北京）种业科技有限公司历经两次改制，建立了院控股 40. 25%、育种家以品种知识产权评估作价入股 51. 38%、成果转化人员入资 8. 37%的股权激励制度。2021 年，公司销售额达到 1. 78 亿元，净利润位居全国 7000 多家种子企业前十，连续十余年在全国蔬菜种企中排名第一。

三、创新农业技术推广服务模式，拓宽农业科技资源的传导渠道

在传统农技推广服务方式之外，北京市持续探索创新团队、全科农技员、科技小院等服务新模式，不断拓宽农业科技资源向生产经营主体传导的渠道。一是探索创新团队建设与管理新模式。2009 年启动建设现代农业产业技术体系北京市创新团队，组建了果类蔬菜、叶类蔬菜、食用菌、粮经作物、西甜瓜、生猪、家禽、奶牛、观赏鱼和鲟鱼鲑鳟鱼等 10 个创新团队，构建了“产学研推”一体的农业科技创新和服务体系。“十三五”期间，创新团队累计推广技术 1123 项、品种 717 项，培训人员 71. 4 万人，直接经济效益 27. 8 亿元。2021 年，针对新形势对创新团队建设与管理提出的新要求，进行了团队调整和成员换届，共设立产业类团队 7 个、共性技术类团队 4 个，聘任首席专家 11 人、岗位专家 165 人、综合试验站站长 47 人、农民田间学校工作站站长 95

人。二是转变村级全科农技员管理模式。2010年，通过政府购买服务的方式，在农业主导产业村设置村级全科农技员，实现了农技推广体系在村一级的延伸。截至2019年底，全市有村级全科农技员2424名。根据《中共北京市委办公厅、北京市人民政府办公厅〈关于印发北京市城市协管员队伍管理体制改革实施方案的通知〉》，2020年村级全科农技员队伍已由市委社会工委统筹，全部下沉至街乡统一管理。三是打造北京科技特派员“线上+线下”服务模式。搭建科技特派员在线服务平台，面向全市科技特派员开展管理、培训、展示、交流等服务；在大兴、通州、门头沟等区建立科技特派员工作站15个，导入专家、技术、信息、市场等科技资源，定期开展技术培训、产业咨询、人才培养、就业技能辅导等综合科技服务。四是深化“科技小院”推广服务模式。通过建设“科技小院”，使师生和科研人员与农民同吃同住同劳动，开展农业教育培训，从而促进知识传播，提高技术到位率。目前，已在10个涉农区建立了60余家“科技小院”，辐射带动300余个村，解决2000余人就业，实现农民技术培训2万余人次。五是创新科研院所服务模式。北京市农林科学院探索“农业科技综合服务试验站—北京科技小院—专家工作站—试验示范基地”四个层级的农技推广服务体系，共建立农业科技综合服务试验站3个，专家工作站12个，北京科技小院16个，双百对接基地323个，在京郊推广各类新品种及相关配套技术500多项，示范各类物化新成果、新装备近170项，示范区亩产量提高15%以上，节水30%以上，增收节支2亿元。六是实践产教深度融合服务模式。北京农学院推行专任教师科技挂职制度，将科技挂职工作纳入教师社会服务工作量考核体系，鼓励科研人员长期坚持在农业产业一线开展工作，推动产教深度融合。2021年，全院共推广新技术37项，新品种102个，推广种植面积6309亩，建设示范基地42个，受益农户数达1300余人。七是完善农民学历教育培训模式。北京农业职业学院于2016年在全国率先实施高素质农民学历提升工程，精准对接产业需求，开设家庭农场经营管理、休闲农庄经营管理、现代农艺等专业，实施“半农半读、农学交替”的培养模式，创建了“学历能力双提升”系统化培育路径。2016—2021年，共培养从事技术推广的高职学历农民大学生4000多人，其中，118人成为龙头企业负责人，500余人成为企业、合作社等的技术骨干。

四、发挥企业紧密连接市场优势，促进科技资源向农户直接传导

制定《关于推进首都特色新型农业社会化服务体系建设的若干意见》等政策文件，加快农业科技社会化服务体系建设，鼓励引导企业等市场主体面向农业生产者开展技术服务，涌现出一批实现企业“增利”和农户“增收”双赢的典型。北京博创联动科技有限公司以无人农机为切入点，服务农业“耕、种、管、收”全流程作业，打造农服生态圈。2022 年，公司实施京西稻无人智慧农场项目，开展“标准化、集约化、智能化”保姆式服务面积 400 余亩。无人农场节省化肥、农药、灌溉用水支出 30%以上，增加产量 10%~15%，节约人工 80%左右。经详细测算，亩均节约生产资料成本及人工支出 530 元，产量增加 100 斤，增收 600 元，亩均节本增效合计 1130 元。北京中农富通园艺有限公司利用“公司+基地”在种子种苗供应、农机作业、植保防治、农产品检测、技术培训、运营托管等方面形成的成熟服务模式，为周边园区及种植户提供多元化社会化服务。目前，公司每年可为周边提供 1000 万株优质种苗、2500 亩的统防统治和农机服务、5000 余个样品农残检测，累计进行了 140 多场会集 17300 人的现代农业培训服务。北京互联农业发展有限责任公司通过开展平谷大桃全产业链社会化服务，实现了“四新、提质、绿色、降本、增收”目标。经检测，产品质量大幅度提升，果实含糖量提高 3~5 度，优质果率提升 20%，人均增收 2000 元左右。同时，通过联户、联片规模生产，人工成本降低 750 元/亩/年，水、药、肥成本节省 150 元/亩/年，年增收节支可达 1100 元/亩。北京沃德博创信息科技有限公司搭建了蛋鸡行业首个产业互联网平台——“智慧蛋鸡”，探索数字农业技术集成应用解决方案，创新线上线下一体化服务模式，高效解决蛋鸡养殖的难点和痛点，帮助养殖场（户）快乐养鸡、轻松买卖，提高养殖收益。目前，平台已实现 38 种常见疾病的智能诊断，实现蛋鸡疫病的自助诊疗，结果准确率超过 96%、满意度达到 98%。北京农业生产资料有限公司提出“农资+”经营新模式，将首都农资网络体系移到线上，通过搭建“首都农资”APP 服务平台，提升农业技术指导、精准配送农资商品等服务水平。自 2021 年 9 月底上线试运行以来，上架化肥、农药、农膜等各类农资商品近 60 种，订单量已达 110 余次，线上销售额达 100 余万元。

第四节　农业科技资源配置存在的主要问题

总体来看，北京市农业科技资源非常丰富，但是在配置方面横向缺乏协同，纵向传导受阻，导致资源配置效率并不理想。

一、科技资源分布不均衡，不同主体之间科技资源错配

从前文的分析可以看出，农业科技条件平台、科研人才和优质科研成果等大部分都掌握在科研教学单位手中。这种结果主要是由当前的科技资源特别是科技经费资源配置机制造成的。目前，由于科技金融市场发展滞后，作为创新最根本资源的科技经费主要由政府部门负责分配。由于存在信息不对称，为了避免道德风险，政府部门只能选择将经费投给创新能力最强的竞争主体，从而形成了“棘轮效应”，即创新能力越强的主体获得的经费资源越多。这种分配方式在科技事业处于上升期时对创新能力提升具有显著推动作用，但是，科技事业发展一旦进入成熟期，其弊端也会很快显现出来，主要表现在以下三个方面：

一是科技资源利用效率下降。对同一个主体来讲，科技经费投入并非“多多益善”。边际报酬递减法则表明，科技经费投入持续增加并超过一个特定值以后，单位数量的科技经费投入带来的产出逐步减少，也就是说，科技经费的利用效率会降低。根据毛世平、王晓君、林青宁（2019）的研究，2006—2015 年，北京市农业科研机构科技创新的 TFP 增长率仅为 1.2%，在京津冀地区最低，明显低于河北省的 5.4%和天津市的 4.7%。这说明北京市农业科技产出效率已经增长放缓，正在接近边际报酬递减的临界值。

二是不利于提高科技成果的推广转化和产业化水平。科教单位开展科技创新的导向是多元的，有的研发是为了产业化和市场化，但还有很大一部分成果来自基础研究或应用基础研究，或者为了一些公益目的而进行的研究，甚至还有一些单纯为了取得成果而进行的研究。这就导致科教单位的成果转化率不会太高。根据调查，2019 年，北京市农林科学院、北京农学院、北京农业职业学院共有专利授权、新品种权、登记兽药、登记肥料和登记农药等成果 344 件，但是，以转让、许可和作价投资方式进行转换的成果只有 22 项，仅占总数的 6.4%。

三是导致企业难以成长为真正的技术创新主体。目前，大部分涉农企业的创新能力还比较弱，无法与科教单位展开竞争。在科技资源向科教单位聚集的情况下，企业难以在短时间内获得充足的经费、人才等资源，因而无法实现技术创新能力的快速提升。以种业为例，在投入方面，2020 年北京市种子企业从业人员总数为 8173 人，其中，科研人员总数为 1879 人，占比仅 23%；2020 年种子企业科研投入总额为 7.13 亿元，还不及北京市农林科学院 1 家科研单位的科研经费额度。在产出方面，2017—2021 年北京地区各主体全球植物育种相关专利申请量为 2783 件，其中，科教单位单独申请或与企业共同申请占比 88%，而企业单独申请的仅占 12%；畜禽育种专利科教单位申请量占比 68%，企业单独申请占比仅 32%。

二、资源配置导向不清晰，缺乏明确的组织管理与引导

目前，全市农业科技资源配置的成果导向、问题导向和市场导向并存，既缺少专门的组织管理机构进行顶层设计，也没有对不同的主体做出明确分工，还欠缺完善的体制机制进行引导，不利于形成科技资源的科学布局和高效分配。

一是农业科技组织管理机构不健全。在市科委、中关村管委系统，原农村科技处已并入社会发展科技处，缺少了推动农业农村科技进步的专职机构。专门为农业农村科技工作提供支撑的下属事业单位——农村发展中心也调整为北京科技创新促进中心的农业农村科技部，人员编制大幅减少，无法满足因加强过程管理而带来的增强人员需求。在市委农工委、市农业农村局系统，主要科技工作力量分散在 11 个站所和中心，相互之间缺乏有效的统筹协调，难以形成对全市农业农村科技工作的支撑合力。

二是不同主体的职责分工有待理顺。北京市已构建起“市—区—镇—村”四级农技推广体系，形成了以公益性推广机构为主，以科研教学单位、龙头企业等主体为辅的“一主多元”农技推广服务体系。随着市场化程度加深，科研院所、高等院校、农业合作社和涉农企业等主体，越来越多参与到农业技术推广服务工作之中，导致“主”与“辅”之间的力量对比发生变化，进而产生了各类主体之间职责交叉、重复服务甚至是恶性竞争等问题。

三是相关科技创新激励政策有待完善。当前形势下，以“松绑+激励”为导向的体制改革仍处于推进过程中，很多方面存在“条条框框”的约束和条件不足的限制。第一，对科研单位下属企业的约束仍比较多，如不能新办企

业、职工不能现金入股、科研人员在非种业企业兼职不能取酬等，极大地制约了企业的经营活力。第二，对市属推广机构的科技属性赋能不够，日常工作中形成的国家发明专利、兽药批准文号、标准物质等具有自主知识产权的科技成果难以落地转化，不能及时形成社会市场效益。第三，缺少科技成果转化综合服务平台，造成成果需求与成果应用不能及时有效衔接，影响了推广转化效率。同时，科研成果转化激励机制不够完善，在科技成果权益处置、权益分配等方面还需要制定实施细则予以规范。

三、资源配置渠道不通畅，农技推广服务力量有所弱化

改革之后，市级农技推广机构调整变动不大，但是，各区在自己区情的基础上进行了整合、调整或下派，很多机构都经历了人员减少或人员变动，导致基层农技推广链条不完整，服务力量有所弱化。

一是市区乡镇之间职能职责不匹配。受市区农技推广机构改革不同步的影响，市区乡镇三级之间职责匹配度较差，难以形成顺畅传导。以植物保护体系为例，市级植物保护站上传下达植物检疫、农药管理、病虫害测报与防治等职能职责，需要对接区级植物保护和农药管理等两个以上的部门。市级植物保护站新增了农业生态环境保护、农业野生植物保护等职能，但区级植物保护部门没有相应的职能职责。此外，部分区植物检疫、病虫害防控技术指导等工作职责也未明确具体承担单位或部门。除此之外，由于缺少起侦察兵作用的乡镇级植物疫病防控专业技术人员和村级植保员，大部分乡镇级的植保任务只能由区级植保部门直接承担。

二是基层推广体系不健全。改革之后，区级农技推广机构人员变动较大，乡镇一级几乎没有农业技术推广专业力量，使得农技推广“最后一公里”出现脱节。很多区乡镇一级的基层农技推广机构实行区级农技推广机构和乡镇政府“双管理”制度，有的农技人员下沉到乡镇政府，很大一部分精力用在应对包村、防火、防汛的常规工作上；有的农技人员则下沉到乡镇农技推广机构，承担本乡镇所有涉农工作，同时实施区级推广项目，导致工作“千头万绪”。例如，延庆区农技推广人员下沉到乡镇后，与乡镇政府工作人员合署办公，不仅全部承接了改革前乡镇政府内部农业综合服务中心的工作，还承担了区级农技推广机构的各项科技项目，但工资待遇却与乡镇政府纳入规范管理类事业单位工作人员相比有不小差距，因而工作积极性和工作效率明显降低。

三是管理制度不完善。首先，推广工作受科技项目制约。农技推广机构作为公益一类事业性单位，大部分试验示范工作依靠执行相关的科技项目来完成。但是，科技项目资金到账、农用物资出入库、结题验收等执行周期往往与生产周期不一致，导致部分试验示范工作开展受到限制。其次，管理制度与工作实际不相符。以植物保护体系为例，开展植物疫病监测防控工作需要车辆保障，系统监测点不能施用农药，监测及测产时需要损毁一部分农作物，由于用车、病虫观测圃和监测点的监测补贴（或危害损失补贴）缺少标准及依据，导致系统监测点运行非常困难。此外，下沉到乡镇的区级农业技术推广人员在开展科研项目时，需要向所在的乡政府请假。请销假次数多则不利于乡镇政府对其的考勤管理，导致基层农技推广人员做推广研究项目与乡镇政府日常的行政工作产生矛盾。最后，人员支持和激励政策不充分。在科技创新、成果奖励方面虽然设有国家、市级相关科技奖项，但是，这些奖项对推动科技成果转化的效果不够显著，科技成果与技术人员的直接收益相关性不大。此外，改革涉及的农技推广人员是财政拨款全额事业编制，大部分从事专业技术岗位，改革前主要从事农业技术推广、技术研究、市级农业技术推广项目实施等工作。改革后所下沉的农业综合服务中心是纳入规范管理类的事业单位，主要从事行政管理工作。因此，改革后形成的人员编制不在乡镇政府但是在乡镇工作的局面，导致职位晋升和职称评定渠道变窄。

四是基层农技推广力量被削弱。机构改革后，各区实际从事农技推广工作的人数明显减少。以植物保护体系为例，虽然各区核定的植保机构编制共有 336 人，但是，其中有 100 多人不从事植物保护工作。部分区新设植保机构是由原植保机构与种子管理部门合并而成，有很多人员承担着种业相关职能。部分区的内设机构中，没有相对固定岗位，人员调动频繁。此外，在机构改革过程中，部分区原有的植保技术人员几乎全部转至执法部门，致使植保专业技术人员大幅缩减。农机推广体系的情况也大致如此，推广人员纳入乡镇政府统一调配，再加上抽调至别的岗位，实际到岗人数不足原来的 1/3，只能应付日常的信息统计等简单事务。除了人员减少外，农技推广队伍中年龄断层、人员老龄化的问题十分突出，同时，有专业性学习经历人员少，取得相应专业技术职称普遍不高，缺少技术带头人，因此，对新技术、新知识接受能力不强，影响业务工作顺利开展。

五是试验示范专用基地有待开发。试验示范是农技推广工作的重要组成部分。农技试验不仅是对技术先进性、适用性、安全性等的试验，而且要通过科学的试验提出适应本地区生产实际的适应性改进技术方案，更需要通过试验对不同来源品种、技术和装备进行筛选、集成，形成适应当地农业生产的配套新技术。这些试验工作都需要在多因素、多组合、多重复的条件下才能得出科学的结论，然而，由于缺乏专用试验基地，目前农技推广机构基本是通过项目与生产园区、合作社等合作，受合作方条件限制，很难做到充分试验。

四、政策保障体系不完善，急需稳定的资金和政策支持

一是农业科技投入力度有待加强。虽然北京市委、市政府高度重视农业科技的发展，在农业农村改革发展资金中不断加大对农业科技工作的支持力度，但仍存在两方面的问题：一方面，市级财政资金中农业科技投入占比低，市级财政预算“农业农村改革发展资金”专项资金每年 20 亿元左右，其中，用于农业科技的经费不足 1 亿元，占比不足 5%，而且，2020—2022 年市级农业科技资金不断压缩，呈逐年递减趋势。另一方面，农业科技资金支持机制有待完善，农业科技创新主体呈现多元化和分散化的特点，受财政资金支出渠道限制，缺少对科研单位和各类企业等科技创新主体的稳定支持方式。

二是政策与技术配套衔接不畅。目前，一些在生产上应用效果较好的新技术、新材料、新设备由于成本较高或发展前景不明朗，农户自主采用的意愿不强，因此在生产中往往沿用一些老设备、老技术。此外，现有产业扶持政策不够细化，难以发挥产业促进实效。例如，新品种和技术的推广首先要依托产业，但是，很多村没有发展相关产业的配套条件，导致新品种、新技术难以发挥最大效力。农技推广工作者精力有限，主要依靠试验示范发挥辐射带动作用，以点带面，但难以覆盖全面，因此也需要依托一定政策扶持，以发挥示范带动作用。

三是农技社会化服务发展滞后。目前，北京市常规设施农机专业服务组织仍属于起步阶段，高效设施（连栋温室）相关社会化服务组织处于发展初期，专业化育苗、温室消毒、植株残体处理等服务企业均处于探索和高成本运营阶段。肥料生产、销售和服务领域基本没有新型农业经营主体及独立的社会化服务组织，生产销售以经销商、种植大户直供等方式为主，对种植大户、规模化园区等新型种植主体，施肥技术服务多融入种子销售、农机作业和水肥一体化设备肥料配套中，尚未形成专业化的农技服务市场。

第五节 农业科技资源配置的优化路径

科技创新活动中科技资源投入并非越多越好，在既定的投入水平下，应注重农业科技资源配置的规模、结构和重点，进一步优化资源配置的路径，实现配置成效的最大化。

一、明确农业科技资源配置的特点

一般来讲，政府和市场是两种最主要的资源配置方式，其中，市场配置方式是指通过市场运行机制进行配置，而政府配置方式是指通过制定和实施政府政策、推出并实施科技计划进行配置。在资源配置过程中，政府并不直接干预科技资源配置过程，而是通过加强组织领导，完善农业科技政策，理顺农业科技资源配置体制机制，为强化农业科技创新和成果转化提供资金、人才、信息等方面的综合保障，为优化农业科技资源配置创造良好环境。所以，农业科技资源配置的特点就是以政府为引导，科研院所和高等院校以基础性和公益性研究为主，农业技术推广机构以成果推广和技术服务为主，企业以技术研发、产业链增值以及成果转化、市场化为主，政府和市场同时发挥作用。

二、理顺农业科技资源配置的思路

针对农业科技资源配置存在的问题，应建立健全“横向多元协同，纵向传导顺畅”的网格化农业科技资源配置体系，既保障科教单位、推广机构和企业相互协作、取长补短，又能实现科技创新与产业和市场紧密连接。在这一体系下，首先应该明确市属农业科技资源配置应坚持目标导向，即通过农业科技资源的高效配置，支撑都市型现代农业绿色高质量发展。针对科技资源在科教单位聚集度高但成果转化率不高的现状，应利用农技推广服务体系和市场体系两条主线将科技资源向下层传导，形成以科教单位为源头、双线并行的科技资源配置模式（见图 2-3）。

在上述模式中，科研教学单位主要职能是提高自主创新能力和成果产出效率，产出更多优质科研成果。市属科教单位形成的科技成果主要分为两类：一类是产业化潜力比较大的市场化成果；另一类是产业化潜力比较小的公益性成果。其中，市场化成果主要通过合作研发、转让、授权、作价入股等方

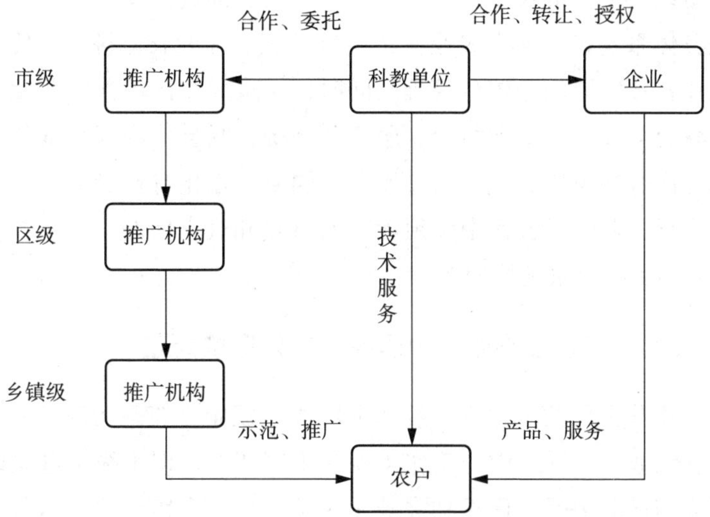

图 2-3　双线并行的农业科技资源配置模式

式，经由企业向基层传导。由于企业一般没有"市—区—乡镇—村"这样的层级安排，可以直接对接农户或应用于生产，因而能够实现较高的传导效率。在此过程中，企业也对自己研发的技术成果进行市场化。公益性成果主要通过合作研发、委托服务等形式，经由农技推广机构向基层传导。由于农技推广机构传导需要经过"市—区—乡镇—村"等多个层级，效率自然会受到影响。此外，科教单位还会根据履职或科研需要，直接对接基层，开展一些"点对点"的技术服务工作。

第六节　保障措施

为保障所提出的优化路径能够顺利实施，还需要着重解决几个关键问题，包括补齐基层农技推广体系短板、明确不同主体的分工、完善利益联结机制、强化基础条件保障等。

一、健全组织领导体系，组建农业科技促进机构

以市科委、中关村管委系统和市委农工委、市农业农村局系统为重点，整合分散在不同单位的科技工作力量，参照农业农村部科技发展中心的架构，借鉴上海市农业科技服务中心的成功经验，成立全市农业农村科技发展中心，

主要承担组织实施全市农业科技发展规划计划、推进农业科技创新体系和农技推广服务体系建设、加强农业科技项目管理、开展农业科普宣传等，实现对全市农业科技发展的一体化管理。同时，探索成立区域性农业社会化服务联合体、联合会或服务行业协会、服务联盟等，联合体内部明确各组织合作方式、服务内容和范围，统一对外服务，同时，强化行业自律、规范服务行为，围绕主导产业发展过程中亟须解决的重点和难点问题，制定农业生产经营综合解决方案，开展协同服务。

二、强化合理分工协作，明确参与主体职能定位

依据《中华人民共和国农业技术推广法》规定，梳理明确市、区、乡镇等各层级在农业技术推广中的工作重点和不同职责，即市级推进关键核心技术集成研究与试验展示，区级加强技术示范推广，乡镇强化技术服务，做好上下衔接。围绕公益性、普惠性的要求，找准公益性推广机构必须做且只能由政府部门推进的职责，区分公益性与市场化的职能。同时，根据各部门特点，明确农业科研、教学、推广部门等不同部门的任务，理顺科研与推广之间的关系。此外，强化产学研协作，支持涉农企业联合科研院所、高等院校等第三方创新机构，牵头组建产学研深度融合的、责权利明晰的、长期稳定的各类创新联合体，开展关键技术攻关、新品种（配套系）创制和提升等创新活动。

三、补齐农技服务短板，提升资源纵向传导效率

一是进一步理清职能职责。要加强市级技术推广机构与涉农区的对接，厘清业务对接关系，打通技术推广路径。进一步健全市区两级农业技术推广机构工作组织协调机制，推动政策衔接配套，实现上下协同联动。各区根据农技推广工作任务和特点，合理设置完善相关的机构职能职责，避免职责悬空、任务落空。重点明确区级农技推广机构职责，加强乡镇、村级农技推广力量，使农技推广工作形成完善体系。相似职能职责尽可能统一归口管理，避免“一对多”的乱象。同时，针对新增加的职能，要做好职能衔接。

二是科学核定人员编制。各区要按照“活有人干、事有人管”的总体要求，科学合理配备农技推广人员。乡镇应按照“定责定岗定人”要求，足额配齐配强相关专业人员，可通过政府购买服务方式，在行政村配备村级农技人员。要充分盘活用好现有农技推广人员，确需增加编制的，优先从农业农

村部门内部调剂，如确实无法满足的，可根据实际通过跨部门调剂等方式加以保障。同时，优化调整人员聘任机制，在编办核准的岗位结构比例总数内，建立动态统筹调整使用新机制，统一组织制定岗位设置方案，统筹调配使用，打破一个单位制定一套岗位设置方案的惯例。

三是进一步提升专业服务能力。针对标准不明确等相关问题，应整合有关领域人员，协同开展相关研究，尽快制定相关技术和工作标准。另外，要根据发展形势，提前围绕重点工作做好布局，制订培训工作计划，加强基层农技推广人员知识更新培训，做到每 3 年全员轮训一次。鼓励在岗人员参加在职学历教育、短期进修、职称评审等，提升业务能力。

四是创新农技推广服务方式。制定并实施农业技术推广服务行动计划，评选并发布农业主推技术，推进科技创新成果的转化应用和产业化。创新科技推广项目支持方式，对推广项目形成的成果在评选农业技术推广奖和农业主推技术时重点予以考虑。改进推广服务方式，推进信息化手段的运用，完善农科大讲堂、科技云平台等服务平台，遴选 100 个重点园区和基地，推进技术成果集成示范。

四、完善利益联结机制，营造良好成果转化环境

探索建立合理的推广责任制，通过对评价标准等方面进行改革，将成果落地、技术服务效果综合评价纳入评价体系。建立科技成果转化负面清单制度，细化并规范成果转化具体操作流程，建立容错与改错机制，强化对科技创新和成果转化的制度保障。健全成果评估评价制度，结合落实《北京市促进科技成果转化条例》，建立科学、合理、有效的科技成果价值分析及评估体系，对科技成果进行有效筛选和客观评价，提高科研成果转化潜力。搭建科研成果转化综合服务平台，完善配套制度，引导农业科技成果进行公开交易，促进需求与应用对接，探索建立政府推动、市场引导、企业化运作的农业科技成果转化新模式。完善科技成果转化激励机制，制定事业单位科技成果使用、处置和收益管理办法，对科技成果研发团队和完成人以及为科技成果转移转化作出贡献的人员、技术转移机构等相关方的奖励支出，计入事业单位绩效工资总量，但不受当年绩效工资总额限制，不作为绩效工资总额基数。完善“政府引导、企业主导、院所参与”的创新机制，充分链接整合高校、科研院所、产业链企业研发机构的优势资源，建立产学研一体化协同创新平台，引领农业科技企业创新发展。健全有利于科技人才向企业流动的政策环

境，引导科研人员“到企业”“为企业”开展科技攻关和指导服务，支持农业科技人员到企业兼职兼薪、领办创办企业等。进一步在科研项目立项、信贷、担保、兼并重组、人才流动等方面加大对企业的支持，强化企业在科技创新中的主体地位，促进技术、人才、资本等创新要素向领军企业聚集。

五、强化基础条件保障，确保科技资源持续增长

一是完善资金投入机制。建立稳定的财政投入支持机制，做好农业科技的中长期规划，进一步增强投入的稳定性，保存量、拓增量，同时，加大对农业技术推广的支持力度。提升财政投入有效性，根据农业生产和科研规律，制定符合客观需要、切实可行的农业科技项目资金管理制度和方法，明确对企业等市场主体以及各级各类科研机构的财政资金支持政策和渠道，激发各类主体农业科技创新积极性。加大对农业技术推广服务的资金支持，将基层农业技术推广的培训经费、农技推广服务所需装备费等列为经常性项目经费，确保财政经费支持到位。丰富股、债、贷、担保、保险等科技金融产品和工具，鼓励政策性银行和各类商业银行在符合监管规定的前提下，加强信贷资源配置，支持农业科技企业成长和新型研发机构培育，鼓励农业科技企业在北交所等资本市场上市，健全适合农业科技创新的金融服务体系。

二是优化产业生产扶持政策。开展适度规模经营试点，推进以家庭农场、专业大户、农民合作社、农业产业化龙头企业等为主的适度规模经营。鼓励主要农业大镇直接投资并参与土地合并、调整以及土地整理等基础建设，规范、监督和管理土地流转行为，引导小块土地合并，限制农用土地分割，实现土地联营。大力培育现代新型经营主体，通过完善土地流转机制、科技推广机制和政策支持机制，做强龙头企业，做实农民专业合作社，扶持家庭农场经营，为科技成果的推广应用创造良好的基础条件。

三是支持培育农业科技社会化服务组织。支持专业服务公司、服务型农民合作社、农村集体经济组织等服务主体，重点面向从事粮菜等大宗农产品生产的小农户以及新型农业经营主体开展技术服务，促进服务主体服务能力和条件的提升。总结推广财政支持农业生产全程社会化服务和新型农业社会化服务试点经验，促进供种供肥、农机作业、农技推广、生产管理和产品销售等生产经营的组织化和统一化，提高农业规模经营效益。积极推行供销合作社的组织体系和经营网络建设，重点围绕农业生产服务、农产品流通服务、农村金融服务等，加快构建综合性、规模化、可持续的为农服务体系。

第三章
科技支撑种业高质量发展的路径

为深入分析北京种业发展面临的关键瓶颈问题及需求，科学提出推动种业高质量发展的政策建议，调研组赴平谷、通州、延庆3个种业布局区听取情况介绍，与中国农科院、北京市农林科学院等2家科研单位，峪口禽业、先正达等16家种业相关企业进行座谈调研，广泛听取各方面意见建议。

第一节　北京种业创新体系发展基本情况

市委、市政府高度重视种业工作，坚决贯彻落实党中央、国务院关于种业工作的决策部署，全力打造“种业之都”，推动北京种业发展取得明显成效。

一、四大种业研发体系稳步提升

目前，全市已经形成了较为完备的农作物、畜禽、水产、林果四大种业研发体系。玉米、蔬菜、小麦、蛋鸡等北京特色优势物种育种成果显著。以平谷区畜禽水产种业创新示范区、通州区于家务农作物种业创新示范区、延庆区林果花草蜂药种业创新孵化基地和北京南繁科研育种基地建设为主的种业发展格局不断优化。种业资源要素聚集，全国80%以上的国家级种业科研力量集中在北京，聚集了中国科学院、中国农科院、中国农业大学、中国林科院、北京市农科院等一批优质科研教学机构，拥有涉农科研院所24家，种业研发机构80多家，涉及种业的国家级和北京市级的工程技术研究中心和重点实验室30余家，会聚种业领域过半数的两院院士，专业育种人员2000多人，农业科技人员近2万人。

二、关键技术创新取得积极进展

聚焦种业重大基础研究与关键核心技术创新，发展具有源头性领先优势的现代种业创新链。围绕杂交小麦、玉米、蔬菜和蛋鸡、奶牛等优势种业，强化组织创新和机制创新，支持以企业为创新主体、产学研用深度融合的创新联合体，围绕分子标记、DNA 测序、基因编辑等前沿技术开展科技攻关，并在新品种选育中广泛应用，通过持续支持取得一批具有国际影响力的种业科技创新成果：创制了世界首个水稻全基因组芯片，绘制了世界首张西瓜全基因组序列图谱；建成全球数量最大的玉米品种标准 DNA 指纹库；建成了全国最大、遗传水平最高的奶牛良种繁育体系，一系列科技创新成果强化了打赢种业翻身仗的科技支撑。培育一批科技含量和市场占有率高的重大优良品种。全市每年育成各类粮、菜新品种 400 余个，约占全国年审定量的 10%，“京科 968”玉米品种年推广面积超过 2000 万亩，是全国第二大玉米品种。自主培育 WOD 系列白羽肉鸡，为确保白羽肉鸡种源自主可控奠定基础。蛋种鸡、奶牛国产冻精分别占全国市场的 58%、40%，鲟鱼种苗年产量约占全国 70%。推动数字技术赋能种业创新，构建了全国首个自主知识产权“互联网+”商业化育种大数据平台——“金种子育种平台”，已经成为国内成功案例多、应用成效好的育种软件之一，推动了我国由传统育种向商业育种、经验育种向精确育种的转变。

三、种业企业市场竞争力持续增强

截至目前，全市共有种业企业 1863 家，种业销售额达 160. 2 亿元。“育繁推”一体化企业 13 家，占全国的 14%；注册资本超过亿元的企业 20 家，数量、比例均居全国之首。有“中国种业信用明星企业”3 家、“中国种业信用骨干企业”3 家、“蔬菜种业信用骨干企业”2 家。有全国农作物种业前十强企业 3 家，农作物种业企业销售额约占全国的 8%。首农食品集团是我国畜禽良种领域具有雄厚产业优势的领军企业，旗下峪口禽业成为世界第三大蛋鸡育种公司，北京奶牛中心奶牛冻精排名全国第一。近 70 家大中型种子企业具有自己的研发队伍，研发投入从 2011 年的 1. 42 亿元增长到 2019 年的近 7 亿元，占销售额的 10%，占全国种子企业科研投入的 17%，与国际种业巨头投入比例相当。世界种业前十强企业均在北京设立了研发中心或办事处。2017 年，原中国化工集团完成对世界第三大种子公司先正达集团的全资收购，增强了中国在国际种业上的影响力。北京种业走出国门抢占国际市场，其中，鲜食玉米品种已经成为韩国、越南等国家鲜食糯玉米生产主导品种；杂交小麦、青贮玉米在巴基斯坦和哈萨克斯坦等国家大力推广；京研优质蔬菜良种也出口到美国、日本、俄罗斯等 20 余个国家。

四、扶持政策体系逐步建立健全

立足农业科技金融，发挥北京市科技创新基金的引领作用，建立北京平谷农业科技创新投资基金（5 亿元），为现代种业创新发展提供精准靶向的资金支持。发挥金融服务科技创新作用，设立平谷区中小微企业融资担保基金（1 亿元）、平谷农业中关村产业发展基金（2 亿元），构建“融资+上市”的双服务体系，为企业融资提供全方位支持。近 3 年，平谷区支持种业发展资金投入约 7.94 亿元，有力支撑了“农业中关村”建设。成立农业中关村产业发展联盟，举办农业中关村创新大会、筹备中关村论坛——2022 世界农业科技创新论坛等活动，建设种业创新服务站，打造院士专家小院和人才公寓等，为各类创新要素集聚提供良好的发展环境。

五、种子监督监管力度不断加大

《北京现代种业发展三年行动计划（2020—2022 年）》《北京市种子条例》《北京种业振兴实施方案》等相继颁布出台，为“种业之都”建设、北京种业振兴提供了坚强保障。强化种业市场监管，严厉打击假冒伪劣等违法行为，有效激励原始创新。建立来源可查、去向可追、责任可究的种子质量追溯体系，主要农作物种子质量抽检合格率稳定在 97%以上。2021 年，全市共组织开展伪劣种子执法检查 46.99 万件次，查处违法案件 3568 起，罚没款 331.44 万元。以加强种业知识产权保护为重点，建立种子侵权信息共享和线索移送机制，聚焦品种管理、市场监管、案件查处等环节，严厉打击套牌侵权行为，维护品种权人合法权益，为建设现代种业创新高地营造良好环境。

第二节　北京种业科技创新面临的主要问题

总体来看，全市立足国际科技创新中心这一战略定位，发挥首都资源要素富集优势，在推进种业发展方面取得了不少成绩，在全国位于前列。但与发达国家种业相比、对标高质量发展要求，北京种业在育种创新、企业培育、知识产权保护、扶持政策等方面仍存在一些短板、弱项。

一、种质资源精准鉴定和挖掘利用不足，制约育种创新能力提升

农业种质资源是国家战略性资源，是种业原始创新的物质基础。种质资源保护与挖掘利用是当前种业创新的突出短板。目前，北京拥有全国最丰富的农业种质资源，现有国家级作物种质资源库5个，长期保存数量超过52万份，保存总量居世界第二位，是我国作物种质资源的战略保存中心，以及粮食作物、蔬菜等种质资源的保护与研究利用中心。国家畜禽种质资源库已保存畜禽体细胞和干细胞9万余份，在全国位于前列。从数量来看，我国和北京地区的种质资源保存量并不低，但是与国际相比，种质资源保护利用和引进挖掘差距仍较大。优异特色资源储备不足、精准鉴定挖掘不够、利用率偏低、资源消失风险加剧等问题值得高度重视，种质资源优势尚未转化为品种和产业优势。主要体现在以下方面：一是种质资源质量总体不高，精准鉴定利用不足。目前，美国保存种质资源总量居世界第一，其中72%来自国外，凭借这些资源成为种业强国。而我国种质资源数量虽多，但丰富性不够，85%来自国内，引进的不足15%。导致种质遗传多样性不够广泛，优异且有特色的资源不足，种质资源质量不高，在种业源头上处于不利地位。在长期保存的52万份农作物种质资源中，开展基因型和表型精准鉴定的数量不到10%，开展深度鉴定的只有5%。相比农作物种质资源，林草种质资源保护更为滞后，精细特性鉴定和优异基因挖掘严重不足，难以为育种创新提供种质基础。二是市属种质资源库建设滞后。全国已有23个省（市、区）相继建成省（市、区）级种质资源库，其中北京市种质资源库优势并不突出。据了解，由市农业农村局挂牌、市农林科学院建设的市属农作物种质资源库库容量仅为20余万份，保存期仅为10~15年，且库体老化、设施条件相对落后，信息化和智能化水平低，与国家农作物种质资源库差距非常明显，无法完全满足种业科技快速发展的需求。三是种质资源信息公开不足，资源共享利用不够。利用财政资金建立起的种质资源库，面向社会开放共享不够，种质资源信息未实现互通，与真正实现资源共享、数据共享、利益共享尚有较远距离。

二、品种选育水平仍有差距，协同创新体系需持续探索

根据国内外生物种业育种发展进行综合研判，目前跨国种业公司“拜

耳—孟山都”和“科迪华”的主要作物育种已经走向“4.0”阶段，而我国的生物育种正处在“2.0”向“3.0”迈进阶段，与跨国公司相差一代。北京在生物育种方面已经建立了重要动植物基因敲除、基因转录调控等基因组定点编辑技术体系，获得了育种新材料，但是与生物育种技术发源地的欧美国家相比，在原创性基因编辑技术、编辑工具等研发方面还存在差距，生物育种技术总体处于跟跑阶段，关键技术创新不足。

种业上下游衔接不紧密，产学研结合较为松散。近些年，北京在推进产学研一体化方面做了较多尝试和探索，如推进联合育种、良种的联合攻关、龙头企业出资组建分子育种平台等，但大多数产学研结合主要停留在短期或单项技术合作上，以“短、平、快”的项目合作和成果转化为主，尚未形成长期、紧密、可持续的纽带关系，产学研分割、“两张皮”问题未能根本破解。公益性研究与商业化育种间创新要素的流动机制仍需完善。人才激励政策落实遇到瓶颈。由于品种选育产出周期长，在科研院所及高校的科研人才在科研项目申请、职称评定等方面具有很大的优势。而企业发展具有不确定性，育种家向企业流动动力不足。此外，在大力鼓励科研人员成果走向市场并给予优惠政策的情况下，如何平衡从事基础性研究科研人员和从事市场化育种科研人员利益，也是需要考虑的问题。

三、种子企业育种创新能力还有待提升，创新链和产业链融合发展不够

以市场和商业化成果为导向的商业化育种模式，是全球种子研发的趋势。北京畜禽种业企业技术研发实力强，优势畜种中奶牛已经建立了完善的商业化育种体系，蛋鸡有北京华都峪口、中农榜样等 2 家育种企业建立了完整的商业化育种体系。但总体看，商业化育种体系建设尚处于起步阶段，具有原始创新能力的领军企业少，企业研发能力弱制约种子产业做大做强，产业发展水平低反过来又影响企业育种研发投入，如何以育种创新驱动产业发展、实现创新链与产业链良性互动仍需持续发力。种业企业育种技术创新能力不足。由于自主育种周期长、投资大、风险高，北京市大多数种业企业自身科研力量和创新能力相对较弱，研发经费不足，具有自主知识产权的科研新品种较少。从植物育种相关专利数据看，2017—2021 年北京地区各主体全球植物育种相关专利申请量 2897 件，其中 2446 件是科研院校单独申请，占比 84%（见图 3-1）。畜禽育种相关专利数据方面，北京地区各主体全球畜禽育种相关专利申请量 1407 件，其中科研院校申请量 967 件，占比 69%（见图

3-2)。大部分育种和制种技术掌握在科研院校手中，科研院校仍是种业科技创新的主体。

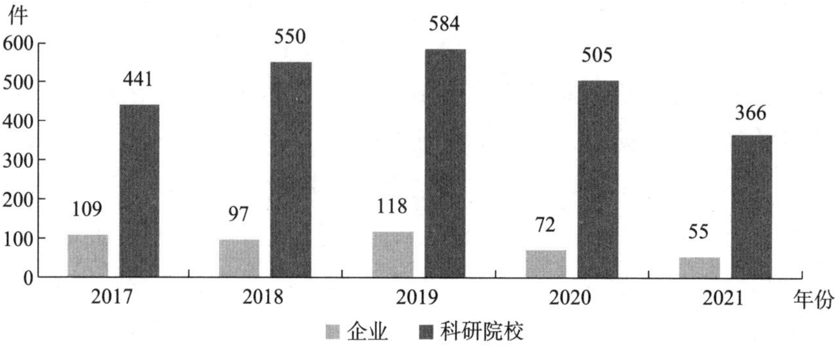

图 3-1 2017—2021 年北京地区各主体植物育种相关专利申请量

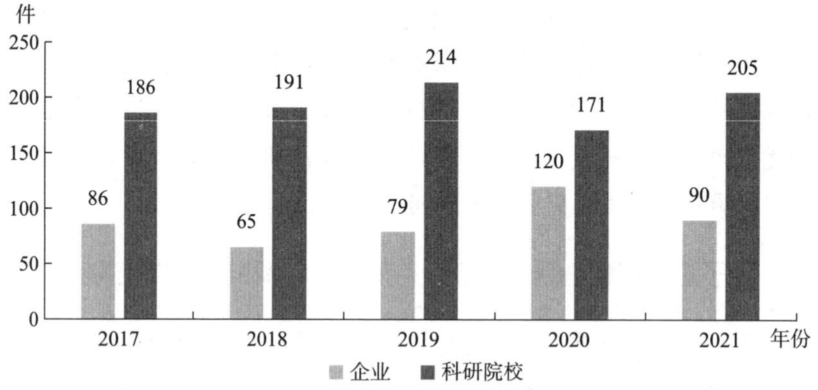

图 3-2 2017—2021 年北京地区各主体畜禽育种相关专利申请量

种业龙头企业国际竞争能力较弱。从近 5 年（2017—2021 年）全球植物育种相关专利申请量排名前 10 的全球种业企业与排名前 10 的北京地区种业企业的数据对比看，国际种业公司在植物育种相关领域进行研究和专利布局优势较为明显，尤其是美国孟山都（2343 件）、先锋国际良种（2068 件）、瑞士先正达（968 件）等，北京地区育种企业最高申请量 101 件，与国际育种企业的专利申请量相去甚远（见图 3-3）。国内数千家种业企业研发投入比不上一家孟山都。近年来虽然也在持续加大研发投入，但相对于国际巨头仍属较低水平。国内以隆平高科、荃银高科为代表的 10 家主营种子的上市公司研发人员合计 1048 人，孟山都在全球拥有 106 个种子研发中心，超 2 万人的科研团队，其科研团队是这 10 家公司合计数的约 20 倍。2017—2021 年北京企业畜禽育种相关专利申请量见图 3-4。

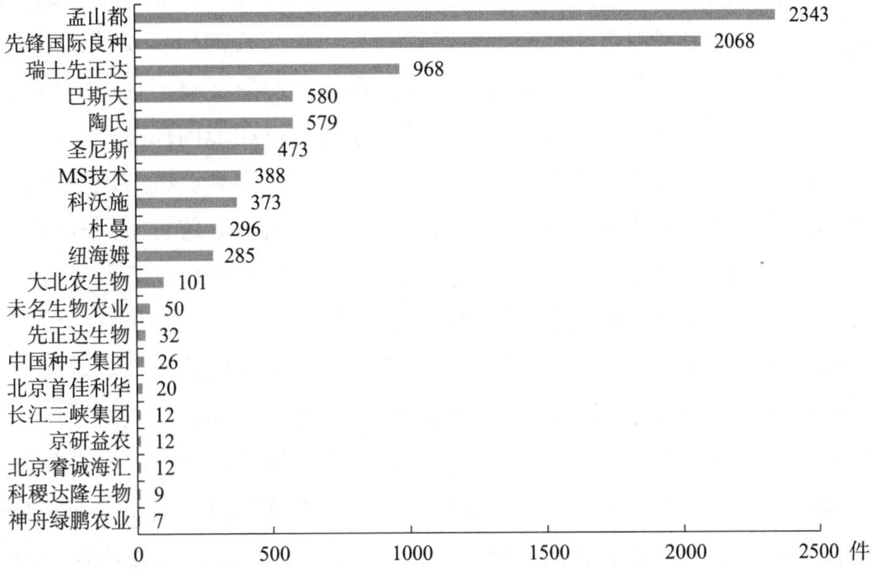

图 3-3 2017—2021 年全球种业前 10 企业和北京种业前 10 企业植物育种相关专利申请量

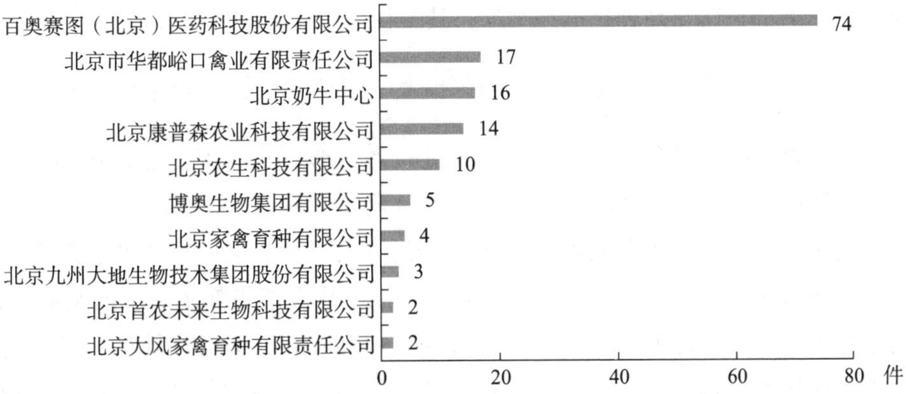

图 3-4 2017—2021 年北京企业畜禽育种相关专利申请量

四、种业扶持政策措施尚有弱项，育种创新支持保障体系需要不断完善

种业发展的用地保障不足是调研中各区各种业企业的普遍反映。众多科研单位、种业企业面临育种试验用地不稳定、建设用地困难等问题。郊区耕地资源越来越稀缺，科研用地以短期租用方式为主，土地流转价格在 1500 元/亩左右，且存在逐年递增趋势，不利于科研单位长期投入、踏实育种。租

赁基地缺乏稳定性，不断面临被关停、拆除或租地成本随意增长等问题，导致新成果、新技术、新产品缺乏集中高效展示示范载体。种业育种基地条件落后，无法满足国家种业平台基础建设和条件建设项目的门槛要求，致使项目无法在北京落地，制约了北京市种业科技优势在国家战略布局中的作用发挥。对种业发展的育种、生产、生活等基础设施建设用地的保障力度亟待加强。种业知识产权保护力度弱，纠纷应对难度大、成本高。由于现行知识产权法律制度对种业新品种保护不够规范、具体，基层市场监管不同程度存在职责界限不明晰、执法标准不统一、违规处罚不严格等现象，降低了种业领域侵权成本，北京市种业企业研发的新品种被外省市中小企业仿冒、侵权套牌等违法现象屡有发生，严重挫伤种企投资新品种研发的积极性。缺乏长周期的科技资金匹配机制。科研项目实施机制与育种长周期性特点不适应。育种专家普遍反映，现在的科研项目一般以 5 年为一周期，短时间内很难有创新成果产出，需要长周期稳定性的支持。社会资本支持种业企业发展的路径还需探索。一个植物新品种的育成至少需要 10 年，畜禽新品种培育时间更长。育种过程时间长、投资多、风险大、结果不确定性高、回报周期长，社会资本对其青睐度不高，如何利用少量的政府资金撬动社会资本支持种业企业发展，推动植物新品种权抵押贷款，其路径尚在摸索中。

五、部市联动、央地协同、市区统筹的协调发展机制仍待增强

北京聚集国家级种业科研院所，人才资源优势突出，但是还存在部市联动、央地协同不够，国家队和地方队在育种研发和资源共享方面结合不够紧密的问题，资源辐射带动效益有待进一步发挥。国家、北京市种业创新重大战略任务承接不够。目前，平谷“农业中关村”集聚了华都峪口、正大蛋业、北京奶牛中心、中育种猪等一批畜禽育种企业和项目，但是尚缺乏国家级高水平畜禽核心育种场，对国家、北京市种业创新课题研究任务承接较少。通州国际种业园发展已逾十年，但目前发展状态明显落后于湖南岳麓山种业创新中心。2018 年通州国际种业园区机构改革时将独立设置的种业园区管委会并入中关村通州园管委会后，园区建设发展在组织管理和统筹推进层面受到很大影响，工作专班人员配备、日常服务严重不足，政府的支持和服务力度大大减弱。延庆区扎实推进林果花草蜂药种业孵化基地建设，但林果种业发展基础还比较薄弱，需要多争取中央市级政策资金扶持，对接市级资源，推进种业创新与世园公园融合发展。北京市南繁科研育种基地建设率先走到全

国前列，但市属种业企业的南繁基地地块分散，管理难度大，显示度小，不易形成聚合效应。部门协同、上下联动、市区统筹的种业协调发展机制仍需进一步强化，形成种业发展合力。

第三节　提升北京种业科技创新的几点建议

强化创新体系建设，推动北京种业高质量发展，要深入贯彻落实党中央关于打好种业翻身仗的决策部署，站在确保国家安全的战略高度，立足推动我国由种业大国向种业强国转变的目标任务，加快构建种质资源保护利用体系，完善有利于种业科技创新的体制机制设计，全力打造“种业之都”，筑牢推进首都乡村全面振兴和农业农村现代化的种业基础。

一、进一步加强优异种质资源保护与开发利用

重视优异种质资源的发掘、保存与利用，保障种源安全和种质资源多样化。鼓励科研单位、企业利用种质资源库进行育种材料创制，全面提升种质资源保护与创新利用水平。

一是加大对本土种质资源的收集、保存、评价、利用和重大应用价值功能基因的发掘。加强市内名、优、特、乡土种质资源的收集保护和开发利用。出台市属种质资源库建设支持政策，设立市属种质资源库建设专项，对农业种质资源库（圃）建设给予必要用地保障，加快用地、施工等行政审批进度，促进新建、改扩建种质资源库（圃）项目的落地。将市属种质资源库运行维护经费纳入财政预算。同时，推进建设北京市作物种质资源保藏中期库，与国家库高低搭配、相互补充，确保北京地区特有种业遗传资源留在北京。

二是支持国际种质资源引进交流合作，促进种质资源多样化。进一步加强种质资源基础研究，推进种质资源优异基因挖掘，尤其针对特殊、特有资源，应予以专项支持。推进国际种质资源引进交流合作，支持在世界范围内收集引进、鉴定评价、创新利用动植物种质资源，开展性状改良基础研究。适应国家种业开放新形势，对接海关，联合相关科研单位，在京建设种质资源引进中转基地，先行先试，提高新品种新材料引进效率。

三是构建市级农业种质资源大数据平台，推动种质资源共享利用。完善种质资源信息公开、共享利用机制，加快优异农业种质资源交流利用，给予

基础型、公益型种源科研人员合理的成果报酬、奖励。结合农业数字化和数字乡村建设，构建市级农业种质资源大数据平台，实现样品位置、基本信息、表型鉴定信息的数字化和信息化管理，提供资源保存、鉴定评价、预警监测、权益交易保护及共享利用等服务，定期发布种质资源登记信息和公布本市可供利用的种质资源目录，推动种质资源共享与高效利用，并与国家平台互联互通、信息共享。

二、进一步增强种业关键技术协同创新能力

加强种业基础研究和前瞻性布局，加快推进核心种源技术攻关，发展具有源头性领先优势的现代种业创新链，促进种业科技自立自强、种源自主可控。

一是积极承接国家现代种业重大项目工程。立足种业创新示范区定位，发挥在京科研院校和种业企业优势，积极承接国家现代种业自主创新工程、国家生物种业创新中心、重点研究计划等种业领域重大项目在京部署实施，对重点种业项目在北京落地给予支撑和保障。鼓励央地协同设立北京联合研究基地。

二是组织育种共性关键技术联合攻关。对标国家种源自主可控战略目标，以突破重要种源核心技术难题为核心，组织开展多样化的育种联合攻关和遗传改良协作。聚焦高效设施蔬菜、奶牛和蛋鸡等“菜篮子”保障重点物种，玉米、小麦、马铃薯等涉及国家粮食安全的战略物种，北京鸭、北京黑猪、鲟鱼、桃、乡土树种等具有区域优势的地方特色物种，围绕材料创制、品种改良与新品培育等创新链关键环节，开展联合攻关。开展绿色优质多抗高效性状改良及新品种选育联合攻关，形成具有源头性领先优势的种业科技成果，提升北京种业自主创新能力。

三是大力推动智慧育种，促进种业跨越式发展。构建智慧育种技术标准体系，建立育种性状数据的智慧采集、精准测定分析标准，使育种方案建立在大数据基础上，能够有效地优化基因组的选择模型；通过建立智慧化养殖系统标准，实现育种流程与养殖流程的数据协同，建立多维度育种体系。建立基于人工智能、大数据和基因等育种共性技术研发、转化、共享的跨平台合作机制，开展共性关键技术攻关，集中突破一批关键技术，并推动技术跨平台转让、推广和共享应用，大幅降低企业研发成本。

四是有序推进生物育种产业化应用。生物育种是农业科技领域具有引领

性和颠覆性的战略高新技术。推进生物育种产业化，是追赶世界科技前沿和保障国家粮食安全的战略选择。当前生物育种技术研发及其产业化处于重要战略机遇期，具有广阔前景，应进一步采取有力措施，有序推进生物育种产业化应用。部署重大科技项目，提升生物育种创新能力，培育企业主导型产业化平台。加快创建装备先进、研发能力强、市场网络健全、技术服务到位的一体化种业企业平台，降低生物技术品种研发监管成本、缩短监管周期，保障生产领域及时获得低成本、多种优良性状的品种。营造生物育种产业化市场环境，做好生物育种技术和产品的风险评估，创新检测技术体系和健全安全评价标准，积极应对新发和潜在的生物育种安全问题。

三、进一步建立健全商业化育种体系

深化种业体制改革创新，完善科研评价、成果转化、人才培养、收益分配等机制，促进产学研结合、“育繁推”一体化，向商业化育种迈进。

一是持续深化种业体制机制改革，总结改革经验。进一步推进种业创新政策的落地，落实种业科技干部到企业兼职挂职开办企业的具体政策，进一步放宽管理权限，争取相关政策获得监察纪检部门认可，由相关部门联合发文予以明确。建立种业改革的“容错纠错”机制，宽容创新者的失败或者失误，给予改革者、创新者制度层面的鼓励和保障。

二是推进科企深度融合，建立紧密利益联结机制。推进农业科研院校与种子企业开展实质性、有产权关系的产学研结合。通过股权、期股、分红等方式真正实现育种创新要素——育种家、育种材料、技术、资金、政策汇集并整合于企业，建立产学研结合、“育繁推”一体化的现代种业创新体系。探索科企紧密合作方式，企业可联合科研院所、大专院校合作研发，也可采取委托方式，由科研院所和大专院校的课题组按照企业要求进行独立研发，并在约定周期内交付企业需要的成果，还可采取直接买断、入门费加提成、直接提成等方式购买科研单位的科技成果，形成科研单位获利、反哺科研的良性循环。企业通过投资并购科研院所和大专院校所创办的企业，进而与科研院所和大专院校共建联合的产业转化平台，优先转化科研教学单位的成果。

三是增强种子企业育种创新力和市场竞争力，做大做强做优民族种业。借鉴对制造业研发投入税收的“加计扣除”政策，激励企业加大研发投入，提升种子企业良种选育和育种技术创新能力，促进“育繁推”一体化发展。提高种子企业资质门槛，控制种子企业数量扩张，支持创新能力强的种业龙头企业对产业链上下游实施兼并重组，推动资源、技术、人才、资本等创新要素向优质企业集聚，引导缺乏自主选育能力的企业向营销服务商转型，改变行业低效无序竞争状态。扶持种业企业打造品牌优势，重点扶持种业企业做好商标战略规划，构筑北京种业品牌优势。

四、进一步完善育种创新支持保障政策

出台人才、土地、税收等配套性优惠政策，吸引和聚集国内外优秀种业科技研究机构和创新人才，进一步巩固和扩大北京市种业科技创新优势，支撑北京种业科技创新高地建设。

一是着力解决种业发展用地问题。土地管理部门设立种业发展保护区，为种子科研生产、展示示范提供研发基地，对长期土地租赁给予补助。探索种质资源保护和良种培育扩繁用地利用模式，保障种质资源库建设、种子生产加工用地需求。在开展“大棚房”清理整治工作过程中，鉴于科研展示园区附属设施需求的特殊性（以现代化、标准化、实用化为基本原则，所有附属设施均为满足科研试验及对外展示的基本需求，有别于传统蔬菜生产园区，科研展示园区在人员数量、配套附属设施等方面都有特定的需求），本着“一事一议”原则，对园区实际附属设施用地与其他生产型农业用地区别处理，保障其科研试验、科研展示功能，充分发挥其高效示范、辐射和带动作用。

二是根据基础性育种研究长期性特点，对重大育种项目给予长周期稳定支持。出台符合育种长周期特点、适合种业发展的支持政策。对基础性公益性育种研究，推动建立以财政资金投入为主的保障机制，对重大育种项目给予长期稳定支持。改革项目支持方式，推行揭榜挂帅，引导科研机构、企业积极参与推进“揭榜挂帅”机制，发挥关键共性技术和交叉融合技术的能力，吸引多方具备研发实力的创新团队参与。

三是增强金融服务现代种业发展的有效性，健全对种业企业财税金融支持政策。进一步完善种业创新的多元化投入机制，发挥政策性金融补短板作用，支持金融机构创新信贷产品，探索品种权质押模式。统筹整合市区现有政策，加大对种业发展的支持力度。拓宽企业融资渠道，加强在京种业企业上市、并购、重组等投融资服务，为种子企业在资本市场融资开设绿色通道，扩大种业发展基金规模，完善政策性产业基金支持种业的长效机制。

四是加大种业人才培养力度。支持引进领军人才、高层次人才、紧缺人才和高水平创新团队，支持在京种业企业、第三方机构与高校合作设立种业

人才培训基地。用足用好现有中关村各项政策措施，鼓励科研人才向种业企业流动。

五是完善种业新品种保护制度体系。在有条件的种业集聚区设立植物新品种权快速维权中心，畅通植物新品种权快速审查、快速确权、快速维权的绿色通道，由快速维权中心开展植物新品种权受理和初步审查工作，使符合条件的植物新品种权申请进入快速审查通道，特别是DUS测试环节，建议采用栽培设施一年安排2次种植测试，或者采用DNA测试法，缩短植物新品种权申请授权周期，满足种业创新主体植物新品种权审查和确权快速增长的需求。针对植物新品种权维权周期长、成本高、鉴定难等突出问题，快速维权中心可探索提供行政、司法相衔接的“一站式”纠纷解决方案，更高效、更专业地开展植物新品种权协同保护，降低维权成本，提高维权效率，提升植物新品种权保护对种业的创新激励作用，形成以植物新品种权为核心的知识产权协同保护新体系。

五、进一步强化全市种业统筹协调机制

一是完善工作机制，加大统筹力度。将全市种业高质量发展任务列入国际科技创新中心战略行动计划统筹推进，由主管市领导挂帅，成立专班，部市共建、央地协同。协调中央和北京市相关部门，探索建立央地种业发展协同推进机制，统筹中央在京院所、高校和企业的优质种业资源向园区集聚。强化与发改、科技、财政、规自、知识产权和法律等部门协调配合，细化实化规划审批、用地保障、政策支持、人才激励、执法监管等工作措施，协调解决实际困难和问题，有序有力推进现代种业发展。

二是将种业列入“高精尖”产业，享受优先发展政策支持。落实种业是第一产业中的“高精尖”，同类享受北京市高精尖产业扶持政策支持，为项目、人才集聚提供优越的营商环境和社会服务保障，营造服务创新、鼓励创新的社会氛围。将农业中关村和中关村的政策协同起来，鼓励种业企业申报农业高新技术企业。

三是针对平谷、通州、延庆、南繁四大种业基地出台种业先行先试政策。出台人才、土地、税收等配套性优惠政策，吸引和聚集国内外优秀种业科技研究机构和创新人才，进一步巩固和扩大北京市种业科技创新优势，形成全国乃至全球种业科技创新高地。加强平谷农业中关村建设，打造畜禽种业创新策源地。加快设置北京通州国际种业科技园区管理委员会，着力完善内部

机构设置，加强队伍建设，配备专门力量专一做好园区建设发展的统筹协调、资源整合、管理服务等工作。

六、进一步提升依法治种水平

细化各项政策制度，确保《北京市种子条例》颁布后发挥实效，从而建立健全种业创新和支持机制，提升种业自主创新能力和市场竞争能力，切实推动北京种业高质量发展。进一步加大对《北京市种子条例》的宣传力度，深刻领会其立法精神和条文内涵，增强全社会保护植物新品种、打击制售假冒伪劣产品的意识。要进一步完善种业知识产权保护制度，推行全链条、全流程监管。加强种子市场规范管理，监管执法，加强执法队伍建设，发挥好行业协会作用，推进依法治种、依法兴种，共同营造有法必依、执法必严的良好局面，保障种业健康发展。

第四章
科技支撑北京农业高质量发展路径研究

第一节 概述

一、问题的提出

科技在农业现代化进程中发挥着重要作用，加强农业科技对推动北京农业现代化发展具有重要意义。党的十九大提出了乡村振兴战略，而要发展农业现代化，推进农业科技的进步和创新是其重要环节。当前，北京都市型现代农业进入新的发展时期，“四个中心”和建设国际一流的和谐宜居之都战略目标提出了新定位，重要农产品的“稳产保供”需求及日益发展的农业生活、生态功能对北京农业发展也提出新要求。新形势下研究科技对北京农业的支撑作用，明晰发展重点和抓手，加快推进农业科技创新与推广，更好地发挥科技创新的引领和支撑作用，为相关部门提供决策参考具有重要理论及现实意义。本研究基于北京乡村振兴战略实施要求，通过文案研究、实地调研及层次分析方法等，从理论层面分析科技支撑农业高质量发展的作用机制，结合科技支撑北京农业高质量发展的现状分析，构建指标体系，从实证角度对科技支撑北京农业高质量发展开展评价，总结存在的不足，提出科技支撑北京农业高质量发展的对策建议。

二、国内外同类课题研究现状

（一）关于农业高质量发展的实证研究

关于农业高质量发展的理论研究主要集中在农业高质量发展内涵的探讨，实证方面多集中在农业现代化评价方面的研究上，如辛岭等（2016）从农业发展水平、农村城镇化水平、农业支持保护水平与农业可持续发展水平4个方面构建县域农业现代化发展水平评价体系，测算县域农业现代化发展水平。赵丹丹等（2017）以人口系统可持续能力、社会系统可持续能力、经济系统可持续能力、资源系统可持续能力及环境系统可持续能力为一级指标构建农业可持续发展评价体系，对我国粮食主产区农业可持续发展水平进行评价。李谷成（2017）从农业增长质量的内涵出发，构建了包括农业增长的效率、结构、稳定性、福利和环境代价5个评价维度的农业增长质量综合评价指标体系。何红光（2017）从农业经济增长、农业经济结构、农村社会发展水平和农业可持续发展水平4个维度构建了农业经济增长质量评价体系。

近年来，学者关于农业高质量发展的评价逐渐增多，张智（2018）从资源与要素利用水平、粮食综合生产能力、生产与经营管理水平、生产效果与效益水平、可持续发展潜力等5个维度，初步构建了农业高质量发展指标体系。李芳（2019）构建了农业经济发展水平、农村社会发展水平、农业可持续发展水平3个因素层，建立了新疆农业高质量评价体系。辛岭（2019）从农业高质量发展供给提质增效、规模化生产、产业多元融合、绿色发展引领4个方面出发，构建了我国农业高质量发展综合评价体系。张春玲（2019）从农业资源、经济效益、农业从业人员以及生态环境4个维度来构建农业高质量发展的评价指标体系。李首涵等（2022）以鲁、苏、浙3个发达省份为研究对象，用综合评价方法设计了包含两级25个指标的农业高质量发展评价指标体系，并以德尔菲法和熵权法分别确定评价指标体系各层次指标的权重。在权重选择方面，张春玲等（2019）、刘涛等（2021）采用层次分析法，谷洪波等（2019）运用层次分析法和熵权法，张智等（2018）、辛岭等（2019）、黄修杰等（2020）等采用熵权法来确定农业高质量发展评价中的权重。

（二）关于科技支撑农业发展的研究

国内关于科技支撑农业发展的研究，主要围绕农业科技创新能力进行，可分为理论研究和实证研究两个方面。理论研究主要集中在农业科技创新能力的内涵（高启杰，2004）、构成因素（许朗，2009；郭梅，2012）、我国农业科技创新能力的影响因素（陈萌山，2014）、农业科技创新能力效率分析（吴敬学，2012）、提升农业科技创新能力的政策建议等方面。

实证研究方面以区域农业科技创新能力评价研究居多，从国家层面测算多个区域的农业科技创新能力（朱玉春，2008；李杨，2009；唐娟莉，2017；

魏琦，2018），或从省域层面测度不同发展阶段的农业科技创新能力（杨秀玉，2017；陈耀，2017）；也有学者从国际层面对农业科技创新能力进行比较研究（王丹，2018）。评价方法主要有因子分析法、主成分分析法、熵权法、层次分析法、综合评价法、BP 神经网络等。

目前国内外学者在农业高质量发展宏观分析及指标评价、农业科技创新能力提升及评价方面的研究均有探讨，但从科技支撑角度分析评价科技对农业高质量发展的支撑作用相关研究还较少涉及，尤其缺乏关于科技支撑北京农业高质量发展的宏观分析以及指标评价方面的实证研究，本研究将有助于探讨科技对农业高质量发展的支撑作用，促进北京现代农业产业的优化升级。

三、研究计划执行情况及形成的主要成果

（一）研究计划执行情况

1. 科技支撑农业高质量发展的作用机制

结合文献研究，分析农业高质量发展的内涵、特征以及科技对农业高质量发展的支撑作用。

2. 科技支撑北京农业高质量发展现状

北京农业立足自身资源禀赋实际，充分发挥首都科技、人才、资本、信息等优势，从农业科技创新能力条件建设、农业科技资源储备、农业科技创新及成果转化、科技支撑农业绿色发展、农业科技推广与服务、农业科技对外交流与合作等方面分析科技支撑北京农业高质量发展现状。

3. 科技支撑北京农业高质量发展评价

以北京、天津、上海、重庆 4 个直辖市为研究对象，围绕科技提升农业产业效益、环境效益和社会效益，构建评价指标体系，用科技支撑农业高质量发展指数来衡量科技对农业高质量发展的支撑作用，通过与其他主要城市的横向比较，对科技支撑北京农业高质量发展水平及存在的问题展开深入评价和分析。

4. 科技支撑北京农业高质量发展路径分析

针对当前科技支撑北京农业高质量发展面临的主要问题，本课题针对加大现代农业关键技术研发、加强农业绿色发展、注重农业科技人才培育、提

升农产品附加值等方面提出10条政策建议。

（二）形成的主要成果

（1）形成《科技支撑北京农业高质量发展路径研究》研究报告1份。

（2）发表中文核心期刊论文1篇——《产业集群视角下北京设施蔬菜产业发展的思考》。

第二节　科技支撑农业高质量发展的作用机制

一、农业高质量发展的内涵

随着经济水平的整体提升，我国农业已经由“有没有”的数量型农业转变为“好不好”的质量型农业，核心是逐渐改变以往以追求数量增长为导向的农业发展思路，把农业发展目标调整到追求质量的道路上来。农业进入转变发展方式、优化产业结构、转换增长动力的关键时期。2018年中央一号文件明确提出，实施质量兴农战略，推动农业由增产导向转向提质导向。坚持质量第一、效益优先，不断适应高质量发展的要求，提高农业综合效益和竞争力，实现我国由农业大国向农业强国转变。农业高质量发展是农业量变到质变必经的阶段。一方面要巩固现有的农产品供给量，尤其是保障国家粮食安全；另一方面要提升农产品的质量，保障食品安全。在农业生产过程中农业经营主体对农产品的数量和质量的影响起正向的促进作用，高素质的经营人才是发展高质量农业的必然条件。相比于以往粗放型的数量增长，农业高质量发展还体现在生产效率提高、产业效益提升以及竞争力增强等方面。要素生产率的提高反映了经济质量的提高，产业结构升级和转换也是经济高质量的重要体现。生产效率的提升意味着农业发展质量的提升，农业高质量发展需要改变以往依靠高要素投入的粗放型农业增长方式，调整农业投入产出比例，以最小的成本投入得到最大的收益。从产业间的融合来看，加强农业产业与其他相关产业的融合，推动产业结构升级和转换，给农业注入新的增长源泉和提供新的增长点。生产效率的提升可有效降低农业生产成本，而产业结构升级则提高了农业的附加值，使得农产品的国际竞争力得到加强。

目前学界对农业高质量发展还没有准确定义，尚未形成确切统一的共识。我国学者金碚（2018）认为，高质量发展是以各种有效和可持续方式满足人民日益增长的美好生活需要的发展。夏锦文（2018）认为，高质量发展是通过转变发展方式、优化经济结构、转换增长动力实现经济质量的提升和经济效益的提高。何立峰（2018）认为，高质量发展，是能够反映五大发展理念，即创新、协调、绿色、开放、共享，能够不断满足人们对美好生活需求的发展。王永昌（2019）认为，所谓高质量发展，是一种投入产出比小、生产效率高、环境成本低、社会效益好的绿色可持续发展。

综上，农业高质量发展就是深入推进农业结构调整，突出农业发展的绿色化、优质化、特色化、品牌化，既包括高标准的农产品，也包括高效完备的生产经营体系、高生产效益的农业产业和高品质的国际竞争力等方面。农业高质量发展是以科技创新为增长动力，产业结构更加合理、生产效率大大提高、农民收入不断增长的，能够提供更加安全优质农产品的绿色可持续发展。

二、农业高质量发展的特征

农业高质量发展应包括优质的农产品质量、高水平的农业经济效率、良好的农业社会效益和可持续的农业绿色发展，其特征主要包括以下五个方面：

（1）绿色发展引领。2018 年中央一号文件提出要“以绿色发展引领乡村振兴”。因此，在乡村振兴背景下，促进农业高质量发展，首先要实现农业绿色发展，加强资源环境保护，优化生态环境，以缓解我国农业发展生态环境压力，提高农业生产中的资源利用水平，以解决农业生产中资源短缺困境。建设生态农业，发展农业可持续、循环模式，实现生态宜居目标，满足人民对优美生态环境的需求。

（2）供给提质增效。推动农业高质量发展，要实现由增产导向转向提质导向，种植、生产更多更优质的绿色农产品。提高农业全要素生产率，推进土地、劳动力、人才、资金、科技等各种资源要素合理流动优化配置，以提升农业质量效益，实现产业兴旺目标。

（3）规模化、集约化生产。推动农业高质量发展，要以提升我国农产品国际竞争力为动力，以实现农业农村现代化为目标与方向。实施农业标准化是建设现代农业、保障食品质量安全、提升生产水平与竞争力的重要基础，而规模化经营、集约化生产是推行标准化生产、提高农业生产效率、降低生产成本、提高农业国际竞争力的前提条件。因此，发展农业适度规模经营，是农业生产经营专业化、标准化、规模化、集约化的必然要求，也是农业高质量发展的必然要求。

（4）产业多元融合。推进农村第一、第二、第三产业融合，不仅有利于促进农村资源要素重新整合，还有利于引导科技创新要素向农业生产实践需要集聚，适应农村经济发展规律，为我国农业产业结构升级提供基础与保障。农村产业多元融合作为农业供给侧结构性改革的切入点，能更好地促进农民增收、农业增效和农村繁荣，推动农业高质量发展。

（5）劳动者素质提升。高素质的农业经营主体是农业高质量发展的基础。农业生产经营主体是农业生产过程的主导者以及执行者，经营者素质的高低与农产品产出质量以及农业生产效率密切相关，也关系产业的效益。

三、科技对农业高质量发展的支撑作用

（一）农业生产高质量发展必须依靠科技引领

农业科技进步与创新已成为加快转变农业发展方式、发展现代农业的决定性力量。农业高质量发展必须充分发挥农业科技的强大推动作用，构建现代乡村产业体系，实现农业农村发展新旧动能转换。从当前乡村对科技的需求角度来看，随着新农村建设的不断推进，农村的科技需求层次和类型日益多样化，不仅需要最基本的农业科技，对于生态科技、农村人居环境改造、饮用水质量提升、农业废弃物治理、新能源生产及利用和互联网技术等的需求也非常强烈。乡村科技需求的满足以及资源的优化配置需要在政府和市场机制的共同作用下，不断加大科技要素在乡村的投入，以科技创新培育乡村发展新动能，加强美丽乡村建设、现代化治理、科学发展规划等使乡村实现跨越式发展。

（二）农业绿色发展需要科技支撑

农业高质量发展需要实现生产、生活、生态“三生”融合发展，打造出乡村生态产业链，使“绿水青山”变成“金山银山”。但随着经济社会的快速发展，资源约束趋紧、环境污染与生态系统退化的形势日趋严峻。农村的生态环境状况不容乐观，农业绿色发展亟待科技支撑。以北京为例，肥药持续减量的难度不断加大，有机肥替代、病虫害绿色防控投入成本较高，短期内生产效益不明显，影响主体绿色发展的自觉性。肥药持续减量、高效环保农药替代、绿色防控技术等农业绿色发展具体措施迫切需要更多的政策保障和技术支撑。同时，农业绿色发展加大了农业生产成本，必须依靠配套成熟

的农业科学技术进一步降低生态农业、绿色农业生产总体成本，进一步激发绿色发展内驱动力。

（三）农业高质量发展需要智力支持

农业高质量发展要依靠有文化、有思想、有胆识、有魄力和有乡村情怀的人来推进。在信息时代，科技为想要学习的人提供了丰富的知识和广阔的学习平台，各类媒介和网络都可以提供海量的信息，如农业耕种技巧、果蔬种植技术、病虫害防治技术、销售技术等。通过互联网或者专业的科技服务平台，有学习意愿的人都能获得知识。同时，通过科技人员下乡服务的方式，不仅能实现面对面传授科技知识，开展规模化的技能培训，提升农村人力资本，而且能发挥科技人才的引领示范作用，带动有志青年积极投身农村建设，逐步提升农民的整体综合素质。科技支撑农业高质量发展作用机制见图 4-1。

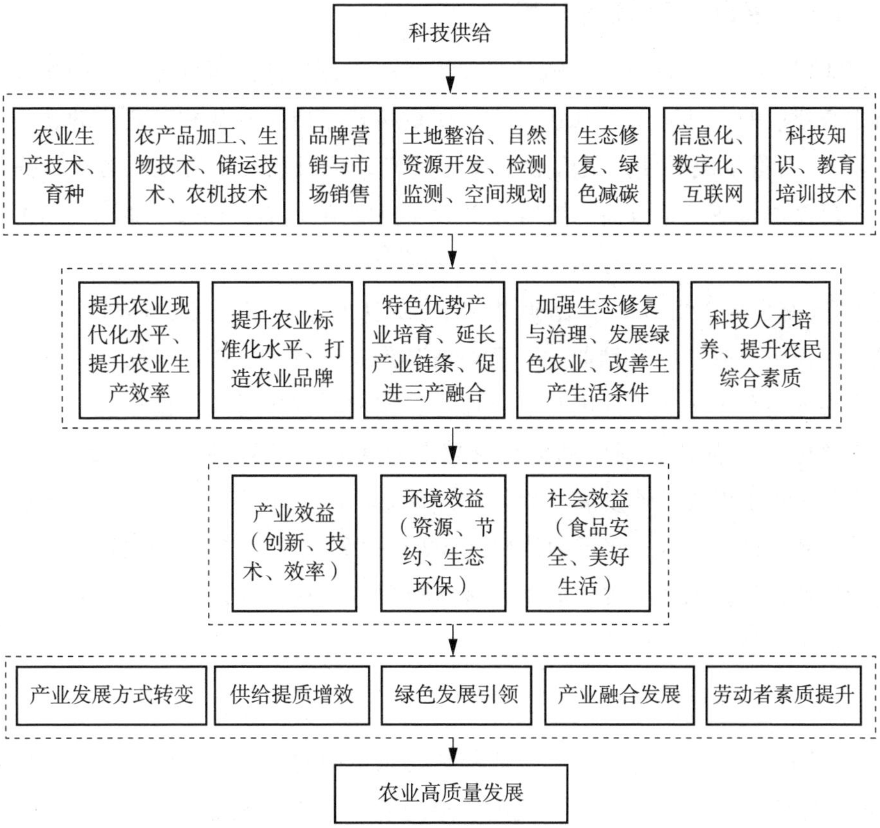

图 4-1　科技支撑农业高质量发展作用机制

第三节　科技支撑北京农业高质量发展现状

北京农业立足自身资源禀赋实际，充分发挥首都科技、人才、资本、信息等优势，着力依靠创新驱动农业产业结构调整和发展方式转变，在提高创新能力、改革体制机制、完善创新体系、提升服务水平等方面进行了一系列探索和实践，创新基础更加稳固，科技支撑更加有力，不断推动农业质量效益与竞争力提升。2020 年，北京市农业科技进步贡献率达到 75%，继续在全国保持领先。

一、推进农业科技创新能力条件建设

（一）营造良好的政策环境

2014 年，北京市发布实施了《关于进一步创新体制机制加快全国科技创新中心建设的意见》及《加快推进科研机构科技成果转化和产业化的若干意见》，针对科技成果使用处置收益管理、科研项目和资金管理、构建“高精尖”经济结构等 8 个方面，提出了 20 条重大改革举措，创造了激励创新的政策大环境。北京市科委与北京市财政局联合实施了首都科技创新券制度，共有 1498 家小微企业和 80 个创业团队与开放实验室合作开展了 1694 个创新券项目，积极营造“大众创业、万众创新”的良好环境。“十三五”期间，北京市相继出台了《关于推进北京市种业人才发展和科研成果权益改革工作的若干意见》《强化创新驱动科技支撑北京乡村振兴行动方案（2018—2020 年）》《北京现代种业发展三年行动计划（2020—2022 年）》《平谷区农业科技创新及产业提升三年行动计划（2020—2022 年）》等系列政策文件，解决制约农业科技创新的突出问题，规范科研成果权益分配，推进农业科技创新，促进科技成果转移转化。

（二）打造科技条件平台支撑

2010 年 8 月，在科技部、农业部和北京市政府的联合推动下，正式启动“北京国家现代农业科技城”，按照“央地联动、资源统筹、服务引领、产业融合”的原则，创新机制体制、突破关键技术、优化产业链条、促进产业融合。现已建成了 5 个国家农业科技支撑服务平台、7 个国家农业科技园区、3

个国家现代农业科技示范展示基地、35 个市级农业科技示范基地，并积极推进“中关村量子生物农业产业技术创新战略联盟”等 14 个现代农业领域科技创新服务联盟建设，成为农业科技成果转化与推广的重要平台。2021 年 10 月，北京市与农业农村部签署了《共同打造中国·平谷农业中关村合作框架协议》，确立了合力打造“中国·平谷农业中关村”发展战略，将围绕现代种业、生物技术、营养健康、温室园艺、农机装备等重点领域，强化创新条件能力建设。2022 年进一步引入瓦赫宁根大学产业发展团队，由中国农业大学、北京市农林科学院、首农集团、新希望集团和京东集团共同发起成立了北京京瓦农业科技创新中心科技示范园，建设集奶牛养殖、温室园艺、果树栽培于一体的低碳循环种养结合的科研示范基地，借鉴科技产业化的成功经验和产学研融合发展的创新思维，打造科技创新大孵化器。

二、农业科技资源储备优势突出

（一）科研机构聚集度高

北京是我国农业研究领域最全面、优势团队最多、高端人才最为集中的区域。聚集了国家级、市级农业科研教育机构 44 家，拥有国家（省部）级农业领域重点实验室、工程技术研究中心、企业研发中心和工程中心 100 余家，其中，国家重点农业实验室 18 个，占全国（45 个）的 40%；国家工程技术研究中心 17 个，占全国（88 个）的 19.3%；农业农村部重点实验室 27 个，占全国（178 个）的 15.2%。北京市认定的现代农业重点实验室 31 个、工程技术研究中心 28 个。

（二）科技人才资源丰富

首都人才聚集高地优势为北京提供得天独厚的农业科技资源条件。北京市现有中国农业大学、北京林业大学、北京农学院、北京农业职业学院等农业综合性院校 4 所，北京大学、清华大学、中国人民大学等 14 所高校开设了涉农院系，聚集了数量众多的农业科技人才。全市有涉农院士 44 人（中国工程院院士 26 人，中国科学院院士 18 人），涉农“长江学者”56 人，涉农国家高层次人才特殊支持计划入选人才 69 人，为北京农业高质量发展提供了战略人才储备。

（三）科研基础条件扎实

北京拥有种质资源长期库 1 个，中期库 14 个。保存国家级种质资源 39 万份，列全国第一，世界第二位。农业农村部（北京）蔬菜种子质量监督检验测试中心和中国农业大学牧草种子实验室通过国际种子检测协会（ISTA）认证，成为具有国际种子检验资质的实验室，为我国种业走出国门、破除种业国际壁垒夯实了基础。

三、推动农业科技创新及成果转化

（一）“种业之都”建设持续推进

2021 年，北京育种发明专利授权 336 件，占全国的 15.7%，居全国首位。通过国家审定的品种 147 个，占全国的 12.7%，植物新品种权 300 件，占全国的 9.32%。在作物种业方面，成功创制了世界首个水稻全基因组芯片，大幅提高了种子真实性检测的准确性；构建了全球首个亚洲栽培稻泛基因组；建成全球数量最大的玉米品种标准 DNA 指纹库；首次破译西瓜基因组序列，绘制了首张基因组框架图谱和高密度连锁图谱；构建了国内首个蔬菜品种 DNA 指纹数据库和蔬菜高通量分子育种平台，率先实现高通量分子标记辅助育种技术在蔬菜上的规模化应用；育种专利数量和植物新品种权申请量均居全国首位，玉米国审品种数量位于全国前列。“京科 968”作为全国玉米主导品种之一，累计推广已超过 1 亿亩，MC670 品种创下亩产 1663.25 公斤的最新全国玉米高产纪录；“京农科 728”等系列早熟宜机收玉米新品种被遴选为 2020 中国农业农村十项重大新产品；“京秋 3 号”大白菜占华北和东北市场份额的 40%左右，是我国唯一上千万亩蔬菜品种；西瓜品种“京欣 2 号”成为我国保护地西瓜主产区的第一大品种，被农业农村部确定为西瓜主导品种；畜禽种业方面，建立了北京鸭、北京黑猪、北京宫廷金鱼等特有遗传资源的保种体系，培育出“中育”种猪配套系，拥有国内唯一的 SPF（无特定病原菌）种猪安全生产体系；建成亚洲最大的天敌昆虫种质资源库，保有天敌昆虫 30 余种 150 多个功能品系；京红、京粉系列蛋鸡品种市场占有率达 58%；鲟鱼种苗年产量占全国 60%以上。

（二）农产品采后保鲜、冷链物流配送与精深加工研究跃上新台阶

苹果矮化砧木和主要品种脱毒技术研究取得新突破，建立了苹果矮化自根砧苗木工厂化繁育技术体系。围绕大城市蔬菜保障供应，建立了从田间到市场的果蔬农产品冷链物流技术体系，针对蔬菜贮运、配送及加工过程中的衰老、冷害、机械伤等问题，制定了蔬菜采后品质劣变的分子调控机制，研

发了相应的品质保持技术，并被蜀海供应链公司、北京天安农业等多家公司应用。鲜切果蔬自动化杀菌技术，为服务2022年冬奥会鲜切蔬菜供应提供了技术保障。开发出番茄红素、花色苷系列产品，获得保健品批准文号，成功实现转化。

（三）农业信息技术及智能装备水平快速提升

具备现代化、规模化、标准化特征的大型智能连栋温室建设取得快速发展，蔬菜工厂化生产进入全新发展阶段。建立了全国第一个国家精准农业研究基地，智慧农场在北京建成并运营，区块链技术应用到生猪养殖环节。据测算，全市信息技术在农作物种植中的应用率达22%，在设施栽培中的应用率为20%，在畜禽养殖中的应用率为68%。近年来，物联网、大数据、人工智能等新一代信息技术创新空前活跃，在产品开发和技术平台构建方面实现重要突破。2016年，通过大数据、物联网等现代信息技术与传统育种技术的融合创新，北京发布国内首个大型商业育种大数据平台“金种子育种云平台”，在垦丰种业、隆平高科等300多家育种单位得到应用，为商业化育种提供了信息化解决方案；全国农业科教云平台会聚全国5万名农业专家和50万名基层农技人员，覆盖2845个县，受益农民1.39亿人；土壤墒情监测系统覆盖全国400多个粮食主产县，构建了全国墒情监测网；“基于北斗的农机自动导航与作业精准测控关键技术”入选“2020世界智能制造十大科技进展”，“露地甘蓝无人化作业关键技术”入选“2020年农业农村部十大引领性技术”，“设施作物水肥一体化智能控制装备”入选“2020年中国农业农村重大科技创新成果十项重大新装备”。

四、深化科技支撑农业绿色发展

围绕绿色、生态、高效、优质、安全的农业高质量发展需求，重点突破农业节水、循环农业、面源污染治理、肥药减施增效等关键技术，深化实施化肥农药使用减量工作和设施农业土壤改良工作，加快形成资源利用高效、生态系统稳定、产地环境良好、产品质量安全的农业发展新格局。在农业节水及面源污染治理方面，建立叶根菜精量播种技术体系、蔬菜无基质营养液育苗系统、果菜管道栽培系统、封闭式循环槽培系统等，节水节肥。研发了农业面源污染动态监测、全程阻控减排及防控关键技术，建立了农业面源污染综合防控管理技术体系，并在京郊开展大面积示范。截至2020年，规模化养殖场畜禽粪污综合利用率92.6%，郊区的生活污水处理率达到72%，煤改清洁能源覆盖率86%，生活垃圾无害化处理率达到97%，农田节水灌溉率超90%。

研制出微孔矿物肥、高含量微生物菌剂、有机源土壤调理剂和有机物料腐熟剂、可降解材料包裹型缓释肥料、土壤熏蒸剂以及生物质纳米零价铁等15类新产品，建立各类产品示范生产线10条，为“耕地保育与提升”提供核心技术支撑。加强生物燃气科技创新，实现全市主要农作物秸秆综合利用率达到97.7%，农村生活垃圾和畜禽养殖废弃物资源化利用率达到90%，沼渣100%有机肥利用。以农业生态系统自我提升为核心，开展天敌繁育饲喂、土壤修复、水土保持等技术研发、科技成果集成应用与示范，拥有亚洲最大的天敌昆虫种质资源库，保有天敌昆虫30余种150多个功能品系，累计释放面积700万公顷，实现生态系统的健康化、稳定化以及自我净化。

五、不断提升农业科技推广与服务水平

（一）提升公益性农技推广服务能力

北京加强基层农技推广体系改革与建设，建立科技人员蹲点和包村服务机制。以“基层农技推广体系改革与建设补助”“阳光工程培训”等项目为工作抓手，持续开展技术推广人员素质提升培训；打造一支拥有9218名科技特派员的农村创新创业人才队伍，搭建北京科技特派员在线平台，全面对接科技特派员创新创业需求，为科技特派员开展全链条、专业化、便捷化的教育培训、创业指导和技术咨询等服务提供有力支撑；建立“农技人员+科技示范基地+科技示范主体+农户”的技术推广模式，探索建立科技与需求的互动机制，不断完善田间学校、院（校）区共建、科技小院、科技大讲堂等做法，如北京市农林科学院目前已在全市挂牌成立40家“科技小院”，辐射带动周边192个村，解决1300多人就业，实现农民技术培训6500余人次。自2009年起，北京启动了由产业技术研发中心、综合试验站和农民田间学校组成的现代农业产业技术体系创新团队建设工作；优化整合在京科研力量和科技资源，针对北京农业发展中存在的技术瓶颈问题，建设了涉及果类蔬菜、粮经作物、食用菌等10个优势产业创新团队，积极开展新品种、新技术、新模式、新业态示范与推广，累计产生直接经济效益27.8亿元，带动农户13064人增收17.6亿元。

（二）完善农业科技社会化服务体系建设

支持公益性农技推广机构与社会化服务组织协同开展农技服务。积极培育龙头企业、农民专业合作社、家庭农场等社会化力量开展如收购仓储、基地建设、农资供应、技术指导和培训、市场信息、贷款担保等多种形式的农业科技服务。截至2020年，北京有市级以上龙头企业149家，带动全国农民合作社4590家；扶持专业化服务组织，推动专业服务机构的社会化、市场化、产业化建设和运行，目前，北京共有各类植保服务组织69家，植保从业人员1150余人，高效植保机械939台。拥有各类农机服务组织及农机专业户共14003个，原值50万元以上的农机占比为63.8%，农机从业人员18728人，农机作业服务总收入1.98亿元。北京通过政策引导和政府购买服务，引导社会力量参与农技推广和咨询服务，提高服务效率。

六、加强农业科技对外交流与合作

（一）世界农业大会纷纷落户北京

国际交往中心是北京作为首都的功能定位之一，开放的北京云集了众多的外交机构、国际组织、国际商业机构，为北京现代农业的发展搭建了国际化平台，有利于北京建设成为全球交易和展览展示中心，增强北京作为国际性大都市在世界上的影响力。2012年世界草莓大会、2012年世界食用菌大会、2014年世界种子大会、2014年世界葡萄大会、2015年世界马铃薯大会、2018年世界精准农业航空大会、2019年世界园艺博览会、2021年世界休闲大会等各类世界农业大会相继在北京成功举办，一方面让全世界最新、最好的农业技术和人才向北京聚拢，另一方面有效带动了相关产业的发展。

（二）农业科技企业国际化进程加快

孟山都、先锋等世界种业前10强企业均在北京设立了研发或分支机构，加速了世界种子企业进入我国种业市场进程，并以北京为中心向全球提供优质品种和优质种子。国际马铃薯中心亚太中心（中国）正式落户北京入驻延庆科研基地，在种质资源交换、技术交流、人员培训等方面开展深入合作。在企业“走出去”方面，截至2021年6月底，北京共有18家企业参与了农业境外投资，在境外共设立23家农业企业，投资额超过8.9亿美元，比2017年增长6.6亿美元。如大北农自主研发的转基因大豆品种获得阿根廷政府的种植许可；首农集团联合中信农业100%收购英国种鸭繁育企业樱桃谷农场有限公司，提升国内肉鸭育种能力；北京三元食品股份有限公司完成对加拿大奶业公司阿瓦隆的收购；中国化工集团完成对世界第三大种子公司先正达的全资收购，增加了中国在国际种业上的国际影响力；隆平高科收购了北京联创种业，中信农业控股隆平高科后又收购了陶氏巴西种子业务，成为全球第九大种子公司。同时，金色农华、九圣禾等种业企业贯彻落实国家“一带一路”部署，先后在阿根廷、英国、哈萨克斯坦、巴基斯坦、俄罗斯、埃及、越南等国家开展玉米、水稻、马铃薯、大豆等作物品种试验示范。

第四节　科技支撑北京农业高质量发展评价

科技引领是农业高质量发展的重要支撑，但聚焦经济视角、突出科技支撑在农业高质量发展中作用的研究相对较少，尤其怎么认定科技对农业高质量发展的支撑作用，目前，国内理论和实践界尚未形成一致的见解和统一的监测评估标准。结合当前我国农业高质量发展的时代需求及中心城市在推动科技及经济高质量发展中的引领作用，本研究尝试以北京、天津、上海、重庆4个直辖市为研究对象，拟用科技支撑农业高质量发展指数来衡量科技对农业高质量发展的支撑作用，通过与其他主要城市的横向比较，对科技支撑北京农业高质量发展水平及存在的问题展开深入评价和分析。

一、科技支撑农业高质量发展指标体系构建

（一）指标选取原则

科技支撑农业高质量发展评价是一个复杂的系统过程，对科技支撑农业高质量发展指标体系中指标的选择应遵从以下原则：

1. 科学实用性原则

选择的指标要“少而精”，均为具有较强代表性、针对性、延续性、可操作性的关键指标，指标间既存在联系、互相印证，又彼此独立、避免交叉，确保监测评价简便易行、务求实效。

2. 指标有效性原则

选取的指标能准确反映出科技支撑农业高质量发展程度，是决定农业产

业质量水平高低的主要特征，对科技支撑农业高质量发展的评价具有代表性，并且是有效的。

3. 具有可操作性原则

选择社会公认的、反映科技支撑农业高质量发展水平的指标，突出权威性和透明性；指标数据应符合国家统计制度特点，最好能够从现有统计数据获得。

4. 体现指导性原则

突出高质量发展与高效益的有机结合，既有度量农业产业经济效益水平的结果性指标，又有突出推进农业产业高质量发展的绿色生态建设方面的过程性指标，能够为推进农业高质量发展工作提供指导借鉴。

（二）指标体系构建

通过前文对农业高质量发展的本质内涵与特征以及科技对农业高质量发展的作用机制研究，可以得知科技作用于农业高质量发展主要体现在通过转变农业发展方式实现农业提质增效，进而提升农业经济效益、社会效益和环境效益。本研究围绕绿色、生态、高效、优质、安全的农业高质量发展需求及科技对农业高质量发展的作用机理，设计科技提升农业产业效益、环境效益和社会效益为目标层（即一级指标），进而分解出包含农业集约化发展、农业生产效率提升、农业绿色发展、农村人居环境改善、农产品质量安全、科技人才培养与智力支持6个子系统作为指标体系的准则层（即二级指标），最后对准则层进行迭代处理选取19个具体的指标层（即三级指标），指标体系各级指标的具体含义及计算说明见表4-1。

表4-1　科技支撑农业高质量发展指数综合评价指标体系

目标层（一级指标）	准则层（二级指标）	指标层（三级指标）	指标计算方法或获取途径
1. 产业效益	1. 农业集约化发展	（1）农作物耕种收综合机械化率	农业农村部农机化司行业统计数据
		（2）高标准农田面积比重	高标准农田/耕地总面积×100%
		（3）农田灌溉水有效利用系数	农业农村部行业统计数据
		（4）设施农业产值占比	《中国统计年鉴》

续表

目标层（一级指标）	准则层（二级指标）	指标层（三级指标）	指标计算方法或获取途径
1. 产业效益	2. 农业生产效率提升	（5）农业土地产出率	《中国农村统计年鉴》、各省（区、市）统计年鉴、《中国农村经营管理统计年报》
		（6）农业劳动生产率	中国农业统计资料
		（7）农业科技进步贡献率	各省（区、市）近年公布数据
		（8）农业知识产权授权量指数	中国农业知识产权创造指数报告
2. 环境效益	3. 农业绿色发展	（9）万元农业 GDP 耗水	《中国统计年鉴》
		（10）畜禽养殖废弃物资源化利用率	农业农村部行业统计数据
		（11）农药施用强度	《中国农村统计年鉴》
		（12）化肥使用强度	《中国统计年鉴》
	4. 农村人居环境改善	（13）无害化卫生户厕覆盖率	《中国统计年鉴》
		（14）农村生活污水处理率	《中国统计年鉴》
		（15）村庄规划覆盖率	《中国农村统计年鉴》
3. 社会效益	5. 农产品质量安全	（16）农产品监测合格率	农业农村部行业统计数据
		（17）每万公顷优质农产品数量	每万公顷优质农产品数量=（地理标志农产品登记数量+当年有效使用的绿色食品标志产品数量+有机农产品数量+无公害农产品数量）/耕地面积
	6. 科技人才培养与智力支持	（18）万人农业 R&D 人员数	《中国农村统计年鉴》
		（19）农业社会化服务小农户的比重	农业农村部行业统计数据

（三）指标解释

1. 产业效益

该指标反映通过科技支撑推进农业产业效率提升，促进农业转型升级。具体包括农业集约化发展及农业生产效率提升两个指标。

（1）农业集约化发展。反映科技促进农业转型升级。选取农作物耕种收综合机械化率、高标准农田面积比重、农田灌溉水有效利用系数、设施农业产值占比 4 个指标。

a. 农作物耕种收综合机械化率：机耕率×40%+机播率×30%+机收率×30%。指各种农作物机耕、机播（栽、插）、机收的综合作业水平，反映农业物质装备能力。2020 年全国农作物耕种收综合机械化率达 71.3%，北京市为 90.9%。

b. 高标准农田面积比重：高标准农田/耕地总面积×100%。指土地平整、集中连片、设施完善、农电配套、土壤肥沃、生态良好、抗灾能力强，与现代农业生产和经营方式相适应的旱涝保收、高产稳产，划定为永久基本农田的耕地。高标准农田面积占比为耕地总数中高标准农田的比重。《国务院办公厅关于切实加强高标准农田建设　提升国家粮食安全保障能力的意见》指出，到 2022 年全国确保建成 10 亿亩高标准农田。2018 年我国已建成高标准农田约 6.4 亿亩，耕地面积 20.2 亿亩，比例为 31.6%。2020 年北京市任务 4 万亩，比重 40%。

c. 农田灌溉水有效利用系数：灌溉水利用系数是评价灌溉渠系的工程状况和管理水平的一个重要指标，它既反映了灌区各级渠道的渗漏损失，又反映了在管理过程中无益的水量损失，如日灌夜排、因过量引水或不合理的配水所引起的渠尾泄水、渠道跑水、田面跑水和深层渗漏等。2020 年北京市农田灌溉水有效利用系数为 0.735。

d. 设施农业产值占比：设施农业产值/农业总产值×100%，反映科技支撑农业新业态发挥其生产、服务功能的水平。2020 年，我国设施农业产值达 9800 亿元，按农业总产值 71748.2 亿元计算，设施农业产值占比在 13.7%左右，北京设施农业总产值为 50.1 亿元，占农业总产值的 49%。

（2）农业生产效率提升。高效生产是农业高质量发展的保证。该指标反映了各种要素投入最终转化成产出的有效程度，科技支撑农业高质量发展下的产出投入比。具体选取农业土地产出率、农业劳动生产率、农业科技进步贡献率、农业知识产权授权量指数 4 个指标。

a. 农业土地产出率：第一产业增加值与耕地面积之比。该指标衡量土地生产效率，在一定程度上反映出农业的综合发展水平。我国 2020 年耕地的农林牧渔业总产值为 7183.64 元/亩，北京市为 8231.23 元/亩。

b. 农业劳动生产率：第一产业增加值/第一产业从业人员×100%。该指标衡量农业劳动生产效率，是农业生产技术水平、经营管理水平、农民技术熟练程度、生产资料的规模和效能等的综合表现。2020 年我国农业劳动生产率为 4. 05 万元/人，2020 年北京市仅为 2. 68 万元/人。

c. 农业科技进步贡献率：是农业科技进步对农业总产值增长率的贡献份额，可反映出科技进步对经济发展作用的大小。2020 年北京市农业科技进步贡献率达到 75%。

d. 农业知识产权授权量指数：区域农业知识产权授权量/农业知识产权申请总量×100%，综合反映农业科技创新对农业农村发展的支撑程度。2020 年北京农业知识产权授权量指数为 62. 75。

2. 环境效益

该指标反映通过科技支撑推进农业资源节约利用、生态环境改善的情况，具体包括农业绿色发展及农村人居环境改善两个指标。

（1）农业绿色发展。该指标反映科技支撑农业经济绿色可持续发展水平，科技引领促进农业农村发展与生态环境保护协调统一，推进农业投入品减量增效、生产清洁化、废弃物资源化、产业模式生态化，加快发展资源节约型、环境友好型农业。具体选取万元农业 GDP 耗水、畜禽养殖废弃物资源化利用率、农药施用强度和化肥使用强度 4 个指标。

a. 万元农业 GDP 耗水：农业用水量与第一产业增加值的比重，考察资源节约型农业节水效率。

b. 畜禽养殖废弃物资源化利用率：畜禽养殖废弃物主要是畜禽粪污利用率。“十三五”以来，全国秸秆综合利用率达 86%，畜禽粪污综合利用率达 75%，农膜回收率为 80%，农业废弃物利用率为 79. 3%。截至 2020 年，北京市畜禽养殖粪污综合利用率达 92. 6%，且基本实现了秸秆全利用。

c. 农药施用强度：农药施用量/耕地面积。农药过量施用与农药残留严重是影响农产品质量安全和农业产地环境的重要因素，农药零增长是未来一段时间农业绿色发展的重要举措之一。2020 年北京市农药使用量为 88. 6 吨，农药施用强度为 1. 69 千克/亩。计划 2030 年将欧盟农业合成农药施用量减少 80%，2035 年淘汰所有合成农药。

d. 化肥使用强度：本年农用化肥折纯用量/耕地面积，反映本年度农用化肥的使用量与耕地面积的比值。2020 年北京市化肥使用量为 6. 2 万吨，使用强度为 46. 6 千克/亩。

（2）农村人居环境改善。其是科技支撑农业经济高质量发展的外部间接环境效益的体现。包括无害化卫生户厕覆盖率、农村生活污水处理率、村庄规划覆盖率 3 个指标。

a. 无害化卫生户厕覆盖率：完成农村厕所改造的农户数/（本行政区内农户总户数-空挂户数-空心户数）×100%，指集中下水道收集式、沼气池式、三格式（含砖砌三格式、一体化预制式化粪池等）户厕。本指标指完成农村卫生厕所改造的农户数占本行政区内农户总户数的百分比。截至 2020 年底，全国农村卫生厕所普及率达 68%以上，北京市达到 97.7%。

b. 农村生活污水处理率：生活污水得到有效处理的行政村数/本行政区内行政村总数×100%，指本行政村区域自有污水处理设施进行生活污水集中处理或纳管处理，或者虽然没有污水处理设施，但是对生活污水进行了资源化利用或外运处理。本指标指生活污水得到有效处理的行政村总数占所有行政村总数的百分比。2016 年我国农村污水处理率仅为 22%，2020 年底，上海市农村生活污水处理率达到 85%，北京市为 72%。

c. 村庄规划覆盖率：有村庄规划管理的行政村/行政村总数×100%，是对村庄发展布局和主要建设项目发展进行指标量化，2019 年北京市 53.4%的村庄已经完成规划编制。

3. 社会效益

该指标反映通过科技支撑推进科技人才培养及科技服务提升，为农业高质量发展提供高素质的农业经营主体，推进农产品绿色安全，实现生活美好。具体选取农产品质量安全及科技人才培养与智力支持两个指标。

（1）农产品质量安全。反映科技支撑农产品品质及标准化水平的提升。推进农产品包装标识、冷链物流与农产品储藏标准体系建设，在标准化的基础上促进农业品牌提升。包括农产品监测合格率、每万公顷优质农产品数量 2 个指标。

a. 农产品监测合格率：反映农产品质量安全。

b. 每万公顷优质农产品数量：每万公顷优质农产品数量=（地理标志农产品登记数量+当年有效使用的绿色食品标志产品数量+有机农产品数量+无公害农产品数量）/耕地面积，指每一万公顷耕地上产出无公害农产品、绿色食品、有机农产品和地理标志农产品的数量，是反映农产品优质供给的重要指标。2018 年北京市每万公顷优质农产品数量为 2.48 个。

（2）科技人才培养与智力支持。该指标反映科技为农业发展提供的人才培养与技术服务，带动劳动者素质的提升。包括万人农业 R&D 人员数、农业社会化服务小农户的比重 2 个指标。

a. 万人农业 R&D 人员数：指每万常住人口中的农业 R&D 人员数，是对 R&D 人员数量进行比较的常用指标。2020 年北京万人农业 R&D 人员数为 25 人。

b. 农业社会化服务小农户的比重：农业社会化服务小农户数量/农业社会化服务农户数×100%。

二、科技支撑农业高质量发展的实证分析

（一）数据来源及处理

本章基于所构建的指标体系，以北京、上海、天津、重庆 4 个直辖市科技支撑农业高质量发展作为研究对象，以层次分析法确定指标体系权重，使用综合评价法进行评价并比较。本研究所需各级指标的数据主要来自 2021 年 4 个直辖市的统计年鉴、农村统计年鉴、政府工作报告以及公开公布的相关研究报告及数据。

在进行综合评价时，由于不同的指标体系指标在度量单位、数量级、方向趋势等方面存在差异，因此需要提前对数据进行指标一致化和无量纲化以消除趋势和量纲影响，将其转化为在单位上、数量上以及方向趋势上无差别的标准指标值，此后进行指标合成。这样得到的指标体系所有指标具有可比性并且方便进行数学运算。具体处理方式如下：

正向指标的处理 $r_{ij}=\dfrac{x_{ij}-x\min}{x\max-x\min}$

负向指标的处理 $r_{ij}=\dfrac{x\max-x_{ij}}{x\max-x\min}$

其中，x_{ij}表示 i 城市在三级指标 j 指标的原始数据，r_{ij} 为无量纲化后的数据。

（二）研究方法

本研究采用层次分析法对科技支撑农业高质量发展的指标体系进行赋权。层次分析法是指将一个复杂的多目标决策问题分解为多个目标或准则并构建多层次指标，按决策目标、考虑的因素和决策对象之间的相互关系可划分为目标层（A）、准则层（B）和指标层（C）三个层次。通过定性指标模糊量

化方法计算各指标层次的权重，以作为多指标、多方案优化决策的系统方法。其指标权重确定步骤如下：

1. 构造判断矩阵

对科技支撑农业高质量发展评价指标体系的准则层进行两两比较，比较准则层各因素对目标层影响的重要性程度，采用1~9的标度量化（赋值标准见表4-2），将第i个目标对第j个目标的相对重要性记为C_{ij}，构成判断矩阵，形式为A表示目标，C_i，C_j（i，$j=1$，2，…，n）表示因素，则：

$$A\text{-}C\text{ 判断矩阵 } p=\begin{pmatrix} c_{11} & c_{12} & \cdots & c_{1n} \\ c_{21} & c_{22} & \cdots & c_{2n} \\ \vdots & \vdots & \ddots & \vdots \\ c_{n1} & c_{n2} & \cdots & c_{nn} \end{pmatrix}$$

表4-2 判断矩阵元素的赋值标准及含义

序号	i指标比j指标重要性判断	C_{ij}量化值
1	相同	1
2	稍微重要	3
3	明显重要	5
4	非常重要	7
5	极端重要	9
6	稍不重要	1/3
7	明显不重要	1/5
8	非常不重要	1/7
9	极端不重要	1/9

2. 求最大特征根λmax对应的特征向量ω

根据判断矩阵，由方程$P\omega=\lambda\max\omega$求出判断矩阵$P$的最大特征根$\lambda\max$，对应的特征向量即权重向量$w=[\omega_1, \omega_2, \cdots, \omega_n]^t$。

3. 一致性检验

为验证判断矩阵的客观性、合理性，此时需要用一致性比率CR对判断矩阵进行一致性检验。

$$CR = \frac{CI}{RI}$$

其中，*CI* 为一致性指标，由公式 $CI = \frac{\lambda max - n}{n-1}$ 计算得出，*RI* 为平均随机一致性指标，其特征值对应的矩阵为 1~9 阶（见表 4-3）。

表 4-3　1~9 阶判断矩阵 *RI* 值

1 阶	2 阶	3 阶	4 阶	5 阶	6 阶	7 阶	8 阶	9 阶
0.00	0.31	0.56	0.9	1.12	1.24	1.32	1.41	1.45

一致性比率 CR 可以用来判定矩阵能否被接受，当 CR<0.1 时，则该判断矩阵通过了一致性检验，否则需要重新调整。

（三）指标权重的确定

本研究围绕科技支撑农业高质量发展评价问题，构建层次结构模型，组织农业及相关领域专家对产业效益、环境效益、社会效益等相关因素进行评估打分，对专家打分结果按上述层次分析法步骤进行统计处理，最终得出科技支撑农业高质量发展指标体系各级指标权重，具体结果见表 4-4。

表 4-4　科技支撑农业高质量发展指标体系权重

目标层（一级指标）	准则层（二级指标）	指标层（三级指标）	绝对权重	相对权重
1. 产业效益（0.432）	1. 农业集约化发展（0.198）	（1）农作物耕种收综合机械化率	0.333	0.066
		（2）高标准农田面积比重	0.227	0.045
		（3）农田灌溉水有效利用系数	0.298	0.059
		（4）设施农业产值占比	0.141	0.028
	2. 农业生产效率提升（0.234）	（5）农业土地产出率	0.265	0.062
		（6）农业劳动生产率	0.167	0.039
		（7）农业科技进步贡献率	0.333	0.078
		（8）农业知识产权授权量指数	0.235	0.055

续表

目标层（一级指标）	准则层（二级指标）	指标层（三级指标）	绝对权重	相对权重
2. 环境效益（0.354）	3. 农业绿色发展（0.229）	（9）万元农业 GDP 耗水	0.18	0.054
		（10）畜禽养殖废弃物资源化利用率	0.184	0.055
		（11）农药施用强度	0.27	0.062
		（12）化肥使用强度	0.253	0.058
	4. 农村人居环境改善（0.125）	（13）无害化卫生户厕覆盖率	0.256	0.032
		（14）农村生活污水处理率	0.496	0.067
		（15）村庄规划覆盖率	0.192	0.026
3. 社会效益（0.214）	5. 农产品质量安全（0.083）	（16）农产品监测合格率	0.409	0.034
		（17）每万公顷优质农产品数量	0.59	0.049
	6. 科技人才培养与智力支持（0.131）	（18）万人农业 R&D 人员数	0.549	0.072
		（19）农业社会化服务小农户的比重	0.45	0.059

注：相对权重=准则层权重×绝对权重。

如表 4-4 所示，三项维度指标中权重最高的是产业效益指标，为 0.432，这符合科技支撑农业产业发展是农业高质量发展第一动力的要求；其次是环境效益指标，为 0.354；最后是社会效益指标，为 0.214。科技支撑农业高质量发展最突出的表现就是促进经济增长和环境友好，最终目的是实现效益共享。准则层六大水平权重的大小分别为：农业生产效率提升（0.234）>农业绿色发展（0.229）>农业集约化发展（0.198）>科技人才培育与智力支持（0.131）>农村人居环境改善（0.125）>农产品质量安全（0.083）。其中农业生产效率提升、农业集约化发展和农业绿色发展的权重较大，占比之和接近 70%，是科技支撑农业高质量发展的集中体现。

三、科技支撑农业高质量发展比较分析

通过层次分析法得出科技支撑农业高质量发展指标体系指标权重后，采用综合评价法计算 4 个直辖市科技支撑农业高质量发展指数得分，计算公式为：

$$F_{is} = \sum_{j=1}^{n} W_j R_{ij} \tag{4-1}$$

其中，F_{is}为第 i 市第 s 个准则层指标得分，j 为指标个数，W_j 为第 j 项指标的权重，R_{ij}为第 i 市第 j 个指标的标值。

利用式（4-1），对北京、上海、天津、重庆 4 个直辖市的科技支撑农业高质量发展指数进行计算和评价。将层次分析法计算出的各级指标权重及标准化的相关指标标值代入式（4-1），计算得出 4 个直辖市科技支撑农业高质量发展指数及指标体系一级、二级和三级指标的最终得分值，具体计算结果见表 4-5。

表 4-5　科技支撑北京、上海、天津、重庆 4 个直辖市农业高质量发展评价结果

	北京	上海	天津	重庆
科技支撑农业高质量发展指数	0.436	0.385	0.306	0.287
综合评价排名	1	2	3	4
各级评价指标				
1　产业效益	0.498	0.402	0.314	0.238
1.1　农业集约化发展	0.614	0.502	0.255	0.189
1.2　农业生产效率提升	0.382	0.302	0.373	0.287
2　环境效益	0.384	0.417	0.368	0.326
2.1　农业绿色发展	0.339	0.397	0.354	0.317
2.2　农村人居环境改善	0.429	0.437	0.382	0.335
3　社会效益	0.366	0.336	0.236	0.297
3.1　农产品质量安全	0.298	0.251	0.243	0.312
3.2　科技人才培养与智力支持	0.434	0.421	0.229	0.282

1. 北京科技支撑农业高质量发展综合能力强

北京科技支撑农业高质量产业效益得分 0.498、环境效益得分 0.384、社会效益得分 0.366，综合得分为 0.436，在 4 个直辖市中排名第一，与同为科技创新中心和超大城市的上海（排名第二）相比，综合得分高出 0.05。体现出北京作为全国科技创新中心在农业科技发展方面具有较强的综合实力。说明北京市先进的农业科技水平为推动自身农业高质量发展提供了重要动力，这与北京作为我国政治中心、经济中心、科技创新中心的独特优势条件是分不开的。北京不仅有市属的农业科研院所和高等院校，还云集了中国农业科学院、中国科学院、中国农业大学等中央级单位，北京与中央联动，中央带动北京的特征显著。北京还是跨国公司、上市公司总部的聚集地，对北京农业科技的发展也有一定的拉动作用。此外，近几年北京市政府为了促进科技进步与创新发展，实施了一系列支持政策，为北京的农业科技创新创造了良好的政策环境。在先行先试、科技创新、成果转化、人才激励等方面的举措成效显著，从而促进了科技推动农业高质量发展。

2. 北京农业科技支撑农业高质量发展产业效益相对较高，但农业生产效率仍需提升

北京在科技支撑农业集约化发展方面表现突出，推动农机作业由耕种收环节为主向产前、产中、产后全过程拓展，由种植业向养殖业、农产品加工等领域延伸。设施大棚、智能温室、智能化养殖设施等设计与建造技术和模式不断改进，实施高标准农田建设工程，提升耕地质量，但科技支撑农业生产效率仍需提升，2020 年北京农业劳动生产率仅为 2. 68 万元/人，排名最后，农业科技进步率 75%，虽在国内处于领先水平，但与上海（80%）相比还有差距，在将科技优势转化为现实生产力方面仍面临一些问题，如创新资源分散，传统上以偏重劳动密集型的技术集成为主，物化的新产品新装备在性能和效率上与国外先进水平相比还有较大差距。北京农业生产虽受到资源和成本的双重约束，但需推动农业生产向高效、优质方向发展，提升农业规模化经营水平。

3. 北京农业科技支撑农业高质量发展环境效益相对较弱，需补齐绿色发展短板

北京农业绿色发展得分为 0. 339，仅高于重庆，排名第三。虽然近五年来北京的农药、化肥消耗总量呈逐年减少的趋势，但单位播种面积的农药和化肥用量年均增长了 5. 29%，2020 年北京市化肥使用量为 6. 2 万吨，施用强度为 26 千克/亩，远高于世界平均水平（8 千克/亩）。北京市畜禽养殖粪污综合利用率达 92. 6%、农村生活污水处理率 72%，分别低于上海的 99%、85% 的水平，北京应突出农业科研的绿色导向，推动科技成果、人才等要素向农业绿色发展领域倾斜，继续加强农业“调转节”，把农业科技创新的方向和重点转到低耗、生态、节本、安全、优质、循环等绿色技术上来，为农业绿色发展提供技术支撑。

4. 一线农业科技人才培养有待提升

北京在科技为农业发展提供人才培养与技术服务方面优势突出，万人农业 R&D 人员数占比较高，但北京在“四类人才”队伍建设方面，乡土人才、职业人才队伍建设仍需加强。一方面部分北京本地农户与农业的“黏性”较低，农户生产经营收入占家庭总收入比重低，普遍存在对科技需求的驱动不足问题，另一方面新型农业生产经营主体又存在缺乏稳定、素质较高的一线技术人员问题。

5. 加强优质农产品品牌培育

北京每万公顷优质农产品数量不占优势，2020 年农产品地理标志注册数量为 42 个，而重庆有 309 个，北京农业缺乏有影响力的大品牌，市场价值有待提升。

第五节　科技支撑北京农业高质量发展路径分析

一、加大现代农业关键技术研发，提升农业生产效率

一是突出优势，加强关键核心技术研发。充分依托北京特有的资源优势，突出农业科技创新引领，针对制约北京农业发展的瓶颈问题，在生物育种、节水灌溉、农业智能装备、安全投入品、食品制造与营养健康等领域，加大技术创新与资金支持。二是依托现代信息技术构建新型农业产业模式。加快构建以互联网、云计算、大数据、人工智能为基础的农业产业模式，加大信息技术在育种信息监控、农业精准作业、畜禽精细化管理等方面的应用。实现农业精细化、高效化和生态化发展，推动高尖端技术赋能北京乡村产业。三是提升现代农机装备水平。加大设施装备、自动控制等农业新技术引领。重点研发适合设施农业的机械装备，提高主要作物品种关键环节的机械化水平，推进适度规模经营，提升精细化管理水平，助力农业生产效率提高。

二、加强农业绿色发展，实现农业产业结构绿色升级

一是加强科技支撑农业绿色可持续发展。以绿色、集约、低耗、高效、环保为指引，进一步发挥科技在农业绿色发展中的作用，以农业绿色生产为

重点，加大农业投入品减量高效利用、有害生物绿色防控、废弃物资源化利用、产地环境修复和农产品绿色加工贮藏等重点领域及技术攻关力度，加快成熟适用绿色技术、节水、节肥、抗病等绿色品种的示范、推广和应用，为北京农业绿色可持续发展提供技术支撑。二是推动科学技术与农村生态文明建设相融合。加大科技对提升农村基础设施和公共服务供给水平的支撑作用，加强科技成果在宜居村镇住宅建设、农村垃圾及污水治理、清洁能源技术应用、土壤污染综合治理等领域的扩散和应用，显著改善农村人居环境和生态环境。

三、注重农业科技人才培育，构建农业科技社会化服务体系

一是从“输血”“造血”两方面培育农业科技人才。加强农村“四类人才”队伍建设，搭建农业科技人才交流平台，引导农业科技人才向乡村流动。“线上+线下”相结合，加大农业科技推广力度，将一批传统农业生产经营户培育成懂技术、会管理、善经营的现代农业经营专业大户。二是积极发展农业科技社会化服务。支持公益性农技推广机构及各类农机、农药等社会化服务组织，培育和发展“代耕、代种、代管、代收、代售”的全过程、精准化、个性化科技服务市场，积极探索如技术托管、产业化联合体、“技物结合”等创新服务模式。积极开展面向农户生产经营的农资、农机、营销、物流、疫病防控等各类生产性服务。

四、提升农产品附加值，支撑北京农产品高品质发展

一是科技支撑高品质优农品牌培育。积极研究与培育增产增收、绿色生态、高质量新品种，在“品种（种苗）+品质+品牌”上下功夫，以安全、营养、健康、特色农产品生产新技术研发为重点，促进农产品增值高效，积极培育地方特色优农品牌。二是加强新型加工技术应用。加强如超临界流体蒸馏技术、分子蒸馏技术、真空冷冻干燥技术等新型农产品加工技术的应用发展，提高农产品附加值和农产品资源利用效率。三是推动农产品采后保鲜技术发展。加强农产品物流信息化建设，对物流信息进行实时监测，研究应用农产品采后包装保鲜技术、智能温度控制技术、车厢环境监测系统等，减少农产品损耗。

第五章
农业科技人才下乡服务乡村振兴的机制优化研究

第一节 引言

一、研究背景和意义

习近平总书记强调“要把人力资本开发放在首要位置，强化乡村振兴人才支撑”，并提出“激励各类人才在农村广阔天地大施所能；打造一支强大的乡村振兴人才队伍”。办好中国的事情，关键在党，关键在人，关键在人才。如何做好人才工作，首先要坚持以马克思主义人才观为指导。脱贫攻坚战取得全面胜利，乡村建设实现从脱贫攻坚转入巩固拓展脱贫攻坚成果以及乡村振兴阶段，中国特色社会主义进入了新时代，习近平总书记有关人才队伍建设的新论述、新思想，提供了新的理论支撑和指导，赋予了新时代背景下人才队伍建设新内涵。农业，作为国家的第一产业，是国民经济不可动摇的基础，也是解决群众基本温饱问题最重要的产业支柱。中国要强，农业必须强，农业科技人才是强农兴农的关键所在。农业科技人才一般是指掌握某一专业技能并专门从事农业科研、教育、推广服务等专业性工作的人员。2017 年，党的十九大报告首次提出“实施乡村振兴战略”，强调培育“一支懂农业、爱农村、爱农民的‘三农’工作队伍”。2018 年，中央一号文件强调“加强‘三农’工作干部队伍培养、配备、管理、使用”。2020 年，中央一号文件再次提出“落实县域内人才统筹培养使用制度，抓紧出台推进乡村人才振兴的意见”。2021 年，中央一号文件中指出推进产业、人才、文化、生态、组织“全面乡村振兴”。同年 2 月，中共中央、国务院印发《关于加快推进乡村人才振兴的意见》，结合党中央、国务院有关决策部署，提出“促进各类人才投身乡村建设，加快推进乡村人才振兴”，并明确提出“加快培养农业农村科技人才”，包括“培养农业农村科技创新人才、培养农业农村高科技领军人才、培养农业农村科技推广人才、发展壮大科技特派员队伍”。2022 年 2 月，21 世纪以来第 19 个指导“三农”工作的中央一号文件又进一步提到“加强乡村振兴人才队伍建设。加快培养科技领军人才、青年科技人才和高水平创新团队”。这些都充分说明了党中央和国务院对乡村振兴战略的重视和决心，体现了对农业科技人才队伍的关心和爱护。

农业科技人才是“三农”工作队伍的重要组成部分，加快农业科技人才队伍建设是乡村振兴战略的现实需求，有助于引导和鼓励广大农业科技人才服务“三农”、扎根基层。农业科技人才是农业技术研发、转化和推广的重要载体，随着乡村振兴战略的不断推进，在农业发展新的形势和新的要求下，加强农业科技人才队伍建设具有重要的现实意义。

近年来，北京紧抓实施乡村振兴战略这个新时代“三农”工作的总抓手，不断深化农村改革，加快促进农民增收，扎实推动城乡融合发展，成效显著。农业科技人才是推动北京农业现代化发展、解决“三农”问题、促进乡村全面振兴的关键所在，打造一支高水平、高素质的农业科技人才队伍对农业技术创新和推广应用有着重要的推动作用。就目前北京农业科技人才队伍建设情况来看，仍存在总量不足、结构不合理、专业素质不高、人才流失严重、农业推广效率不高等问题，农业科技人才“引进难、留不住”仍是制约北京加快全面推进乡村振兴的重要原因。因此，做好新时期农业科技人才引进、人才培育、人才考核评价等工作，探索建立“长短结合、标本兼治”的农业科技人才下乡服务乡村振兴工作机制，对全面推进新阶段乡村振兴战略实施具有重要意义。研究成果将为优化科技创新驱动乡村振兴的动力机制和路径提供新思路，为助力北京拓展具有首都特色的乡村振兴之路提供借鉴参考。

二、国内外研究进展

（一）国外研究现状

国外有关农业科技人才的研究主要从农村人力资本、农业科技人才教育以及农业科技人才的管理主体角度，为农业科技人才下乡服务乡村振兴优化与激励研究提供相关的学术理论参考。

1. 农业科技人才研究

一是农业科技人才作用的研究。Partidario（2009）指出高质量的农业科技人才推动农业产业适应经济发展的要求，促进了本国农业科学技术的快速发展。Schultz（2014）通过对国家经济发展进行研究，发现农业科技人才在促进农业发展模式上起到了关键作用，用现代化农业生产模式代替过去农业生产模式，不仅对农业经济发展起到了推动作用，对国家经济发展也有一定的激励作用。二是激励科技人才的研究。Pleun van Arensbergen 等（2012）通过研究激励科技研发人员的各类方法，结果发现，职业资助是吸引以及激励科技研发人员的重要手段。Marina Latukha（2016）认为奖励制度能促使人才目标与组织目标更好地结合，同时对于吸引人才、激励人才和调动人才工作积极性方面都有重要的作用。这种制度无论在传统企业还是新兴企业的人才管理上都有着不可替代的地位。Sylke Piech（2016）认为在人才激励工作中，首先应该制定有针对性的激励策略，同时还要营造调动每个员工工作积极性的工作氛围，硬措施和软措施相互结合激发每个员工的潜能，提升工作效率，进而提升员工的组织忠诚度。

2. 农业科技人才培训的研究

一是农业科技人才教育培训研究。Wedgwood（2007）通过对坦桑尼亚地区的研究发现，入学率的提高并不一定会改变农村地区贫困现象，只有中高层教育培训的发展，才能真正提升农村地区国民基本素质，改善贫困现象。A. D. Kidd 和 J. RA（2010）提出荷兰对农业科技人才采用分层式培训，在中小学时期注重青少年的实际技能学习，着重培养青少年的动手能力和基础技巧。进入大学以后再开始学习理论知识，补齐理论空缺。加强不同领域之间的相互交流和学习，打造开放式学习空间，注重农业科技人才的继续教育和培养。Banerjee 等（2010）认为教育不仅可以提升国民素质，还可以提高国民生产率，提高国民收入，减轻社会不平等现象，让国家经济走向繁荣昌盛。有学者发现为农户们提供专业培训以后，可以有效提高农户务农效率，提升农户基本素质。相比没有经过专业培训的农户，经过专业培训的农户在产量和收入上有明显提高（Kashiwa Chiba，2013；Lerman Z.，2013）。Adhikarya（2014）认为美国是通过相应的法律法规和激励政策，来保障对农业科技人才的促进作用，并且引导科技人才往政府预期方向发展。有的学者认为加拿大建立的完整农业科技人才队伍，以及拥有的全面农业人才教育体系，这两点为加拿大农业科技发展提供了大力帮助（Jack T. Lee，2014）。Mihai 等（2015）认为低层次的教育培训和次水准的人力资本只会加重农村地区的贫困程度，并不会对农村贫困现象有所缓解。二是农业科技人才培训模式研究。在当今农业科技化和智能化发展的大背景下，各国都将农业科技人才队伍建设放到了国家发展的重要位置，努力探索农业科技人才的激励机制和培训模式。其中，最为出色的是荷兰的农业科技人才队伍建设模式。荷兰政府为农业科技人才建立的理论和技能相结合的教育体系对科技人才队伍建设提供了很大帮助，不仅仅在农业，在环保、水产、农业服务和农业现代化方面也通过优良的教育体系得到了很大帮助。可见教育是荷兰农业科技人才培养成功的秘诀，农业作为荷兰三大经济支柱之一，在农业科技人才培养方面也为其他国家提供了很多宝贵经验（罗伯特·马希斯，2002）。《人力资源开发与利用》一书指出充分做好涉农知识的教育是拓宽农业科技人才掌握知识范围的必要条件。推行产、学、研一体化的人才培养模式可以全面提升农业人才的技术能力水平（Robert L. Mathis，John Jackson，2002）。因此在以后的培训过程中应该对建设农业科技人才教育培训体系给予高度的重视。Ainembabazi 等（2016）通过实证研究发现大部分农户都从农业科技创新的新技术中得到过帮助，并对农业科技发展产生信任，愿意投身农业科技发展事业中。

3. 农业科技人才管理主体的研究

有学者指出涉农技术进步可以促进涉农产业的快速发展。同时在农业技术引进和使用、农业技术推广、技术培训等方面政府应该担负起主要的责任（Hayami Yujiro，1993）。有些学者指出农业科技推广除政府和涉农高等院校、科学研究所等研究机构进行协作之外，可以将部分科技创新信息和资料交由企业或私人部门提供（McDowell，2004；George R.，2004）。Lerman（2005）指出农业科技工作具有公共产品的属性，因此政府作为公共产品的提供者，应该在其中扮演重要角色，比如提供大量经费、制定相关倾斜政策等。

（二）国内研究现状

1. 农业科技人才的研究

一是农业科技人才的重要性。一些学者认为农业科技人才作为农业科技的拥有者和科技创新的中心，随着科技的不断进步，将在农村经济社会发展过程中发挥更关键的作用（吴晓留，2017；毕美家，2017）。苗彤（2019）认为，农业科技人才不仅能促进生态发展、促进产业发展，还可以提高农民收入。章君（2020）认为，农业科技人才是乡村振兴实现的关键之一，也是决胜全面建成小康社会的必要所在。这类人在促进现代化农业发展的过程中起着决定性作用，是富农强农的基础和科技进步的关键。有的学者认为农业发展依赖于农业科技人才，他们肩负着宣传党和国家方针政策、培训现代化农民的责任（王爱琴，2020；金永吉，2020）。还有学者认为农业科技人才标志着涉农科技发展的方向，是推动我国农业科技自主创新的中坚力量（孟洪，2020；李仕宝，2020）。二是农业科技人才在乡村振兴中的作用。王沛（2019）指出农业科技创新人才是科学把握乡村振兴战略每一个环节的创新引领者，他们要不断挑战乡村振兴发展中带来的新任务和新需求，这是农业科技创新人才的使命担当。有学者指出农业科技人才队伍对于乡村振兴战略的实现发挥着决定性和战略性的作用，他们是推动现代化农业发展的中坚力量，是引领农业科技进步的核心（钟智利，2020；郑康，2019）。克琴（2020）指出农业科技人才能够为乡村振兴提供人才支点，促进乡村经济创新活力的提升，达到实现农村地区高质量发展的目的，促进农业现代化发展。

2. 农业科技人才激励的研究

一是农业科技人才激励的作用。闫晓丽（2016）认为，加强对农业科技人才的激励，能够有效鼓舞现代农业科技人才成为创新驱动发展中的引领者，激发其促进科技型的现代农业发展。刘丹（2018）指出，有效的激励机制通过创造良好的工作环境，为科研人才提供与其能力相配的物质性奖励和精神上的表彰，从而充分调动人才的工作积极性，提升人才及所在单位的整体竞争力。郑康（2019）指出，对农业科技人才进行激励有利于加快农民的脱贫进度，实现农村全面小康；有利于推进农业供给侧结构性改革，促进农业现代化进步。二是优化农业科技人才激励的建议。应该充分发挥农林院校和涉农高职院校在人才激励中的作用。结合实际建立高效有序的人才培养机制，在提升农业科技人才素质上应争取更多更好的教育资源，优化和寻求多途径的人才培养策略（甄晓焕，2015；李文珊，2016）。吕珂（2017）指出，为了让农业科技人才发挥作用，应该形成良好的学术氛围和爱农重农的舆论环境。部分学者认为建立健全民主化的环境机制，多元化的物质性、科学性的职称评审机制，可以对农业科技人才进行激励（刘丹，2018；许伟，2015）。同时还有学者认为应该从农业科技创新型人才工作理念、培养机制、评价机制以及创新机制四个方面对农业科技人才的机制进行优化（郑康，2019；郑月波，2019）。部分学者认为对农业科技人才的激励应该把物质激励和精神激励结合起来（任淑敏，2016；王爱琴，2020；宁云，2021）。

3. 政府对农业科技人才激励做法的研究

一是政府对农业科技人才资金投入的研究。各级政府应通过增加财政补贴和制定优惠政策的方式重视农业科技人才，并且为了农业科技人才更好地开展科学研究工作，政府应该积极与涉农高等院校、科学研究所建立联合研究平台，加快人才之间的交流（卜晓冬，2020；徐妍，2021）。还有学者指出政府应该把人才引进与培养作为农业科技人才队伍建设的工作重心，完善相关政策的制定。加大财政投入，优先保障科技人才资金投入充足，把农业科技人才队伍建设经费纳入人才发展专项资金（王爱琴，2020；钟智利，2020）。二是政府对农业科技人才培训的研究。吴晓留（2017）认为要加大教学力度，定期安排农业科技人才参加培训课程，实时更新培训内容，要做到结合实际、与时俱进。逄锦超（2022）建议积极培养新型职业农民，基层政府应把解决农民实际问题作为办公核心，优先建立新型职业农民培训基地，改进培训方法，满足乡村振兴政策对农业科技人才的需求。三是政府对农业科技人才激励机制的研究。政府可以通过建立农村科技人才库和创建人才服务平台来畅通人才流动渠道，促进人才信息交流（任静，2019；章君，2020）。克琴（2020）指出，政府应该建立科学有效的人才激励机制，完善激励政策，通过有效激励手段充分激发农业科技人才的积极性和创新性。例如，建立以物质激励为辅、精神激励为主的激励机制，针对不同激励群体提供差异化激励政策，将激励机制与薪酬考核系统相结合，加大政策宣传力度，优化农业科技人才工作环境，完善科研发展硬件设备，细化激励机制考评标准等。

4. 政府在农业科技人才激励中的问题的研究

许伟（2015）指出，政府在制定培养政策、社会保障政策、预防人才流失政策等相关农业科技人才政策时存在或多或少的缺陷，应根据实际情况及时修补或出台其他政策进行补充，为人才管理提供实时有效的政策依据。部分学者认为政府在出台人才相关政策和成果转化政策等优惠政策时存在政策难落地、各部门认识不统一和政策细节不明确等问题（王晨光，2019；吴晓留，2017）。还有学者指出一些农村基层组织的管理者无法正确对待农业科技人才在提升涉农产业跨越式进步、促进乡村振兴战略最终实现和传达落实党的方针政策等方面的重要作用（王爱琴，2021；金永吉，2021）。

（三）国内外文献评述

综合国外和国内在农业科技人才相关领域的研究，国外学者在农业科技人才培训以及培训模式上具有一定的研究倾向性。大多数学者认为通过组织科学的培训方式进行系统的学习，可以提高农业科技人才农业知识水平和科学研发能力，最终会促进农业科技进步、农村经济增长。因此关于农业科技人才在培训教育和培训方式上的研究成果较为丰富。此外，国外学者对农业科技人才的作用、激励、管理主体也做了相关的研究，为农业科技人才激励丰富了研究内容，提供了重要支撑。从国内综述来看，国内学者对于农业科技人才的研究内容也比较丰富，包括农业科技人才的重要性、在乡村振兴中的作用以及优化激励的建议研究。缺乏对农业科技人才下乡服务乡村振兴的作用机理展开探讨；对农业科技人才下乡服务乡村振兴意愿的影响因素也鲜有提及，这便为从主体性视角切入研究农业科技人才下乡服务乡村振兴意愿问题提供了一定的学术空间。

三、研究目标

本研究基于问卷调研和访谈，分析了北京农业科技人才下乡服务乡村振兴的影响因素，剖析了制约北京农业科技人才下乡服务乡村振兴的体制机制问题，从而探索更加积极、更加开放、更加有效的科技人才下乡服务乡村振兴的促进机制。

四、研究主要内容

1. 农业科技人才下乡服务乡村振兴的作用机理

研读国内外相关文献，梳理农业科技人才服务乡村发展的研究历史与发展脉络，归纳分析研究的内容、方法和成果。根据人才流动理论和科技传播理论，从乡村振兴战略关于“产业兴旺、生态宜居、乡风文明、治理有效、生活富裕”的总要求出发，阐释农业科技人才下乡服务乡村振兴的作用机理。

2. 农业科技人才下乡服务乡村振兴的影响因素理论模型构建

在分析农业科技人才下乡服务乡村振兴的作用机理基础上，构建科技人才下乡服务乡村振兴影响因素理论模型，从个人特征、工作特征、政策特征和个体认知等四个层面剖析科技人才下乡服务乡村振兴影响因素结构特征，其中个人特征因素包括性别、年龄、文化程度、专业技术职称等；工作特征因素包括工作年限、服务类型、服务形式等；政策特征因素包括是否有政策支持、是否有活动经费、是否考核、是否减免原单位工作量等；个体认知因素包括待遇满意度、政策支持满意度、工作成效等。

3. 农业科技人才下乡服务乡村振兴的影响因素实证分析

从北京市农林科学院、北京农学院、北京农业职业学院中随机选取科技人员，采用问卷调查的方式获取一手数据，利用单变量分析法对农业科技人才下乡服务乡村振兴的意愿状况和样本基本特征进行综合的描述性统计分析。基于已构建的影响因素理论模型和数据集，采用有序 Probit 模型对农业科技人才下乡服务乡村振兴的影响因素进行计量分析，探讨科技人才下乡服务乡村振兴的发展规律。

4. 农业科技人才下乡服务乡村振兴的典型模式提炼

在调研的基础上，以案例的形式对农业科技人才下乡服务乡村振兴的不同模式进行总结提炼：项目支持型，是指科技人员在自身承担或所在单位已有项目的基础上，利用自己的学科优势，开展乡村振兴服务，参与或主导乡村的发展规划、产业布局或技术提升等；挂职帮扶型，是科技人员通过担任驻村第一书记或者科技特派员等，凭借自身的专业技能开展科技帮扶，帮助乡村发展；创业带动型，主要是农业科技人员充分发挥自身的技术、信息优势，深入一线创新创业，加快农业新品种、新技术、新模式的推广应用，推进农业科技创新与产业的融合。分析比较不同服务模式的实施条件，为对策建议部分提供有效依据。

5. 制约农业科技人才下乡服务乡村振兴的体制机制

通过对农业农村部门相关人员、典型村镇干部、新型经营主体负责人、典型科技人员进行深度访谈，探讨限制科技人才下乡服务乡村振兴的体制机制问题，以此作为对策建议提出的重要支撑。

6. 农业科技人才下乡服务乡村振兴的机制优化路径

基于北京农业科技人才下乡服务乡村振兴的影响因素和规律，根据制约农业科技人才下乡服务乡村振兴的体制机制问题，从健全农村工作干部培养锻炼制度、建立定期服务乡村制度、健全科技人才下乡激励制度、建立健全人才分级分类评价体系等方面提出北京农业科技人才下乡服务乡村振兴的机制优化路径。

五、研究主要方法

1. 文献研究法

充分利用中国知网、北京农业数字图书馆和其他网络资源，以及图书、期刊、报纸和政策文件等进行文献检索、整理、分析，归纳分析研究的内容、方法和成果，以及现有的相关政策文件和相关成效，为理论研究、模型构建、政策制定提供理论依据。

2. 分析比较法

根据已有的研究内容、方法和成果，对比农业科技人才下乡服务乡村工作实际，构建科技人才下乡服务乡村振兴意愿的影响因素理论模型，从个人特征、工作特征、政策特征和个体认知等四个层面剖析科技人才下乡服务乡村振兴影响因素结构特征。

3. 问卷与访谈调研法

从北京市农林科学院、北京农学院、北京农业职业学院中随机选取科技人员，采用问卷调查的方式获取一手数据。通过对农业农村部门相关人员、典型村镇干部、新型经营主体负责人、典型科技人员进行深度访谈，探讨限制科技人才下乡服务乡村振兴的体制机制问题。

4. 实证分析法

基于问卷调研数据，利用单变量分析法对农业科技人才下乡服务乡村振兴的意愿状况和样本基本特征进行综合的描述性统计分析。基于已构建的影响因素理论模型和数据集，采用有序 Probit 模型对农业科技人才下乡服务乡村振兴的影响因素进行计量分析。

六、 技术路线

通过资料收集、文献研究、问卷调研及与专家座谈，把握农业科技人才下乡服务乡村振兴的作用机理，分析北京农业科技人才下乡服务乡村振兴的影响因素，剖析制约北京农业科技人才下乡服务乡村振兴的体制机制问题，进一步提出更加积极开放有效的科技人才下乡服务乡村振兴的促进机制。技术路线见图 5-1。

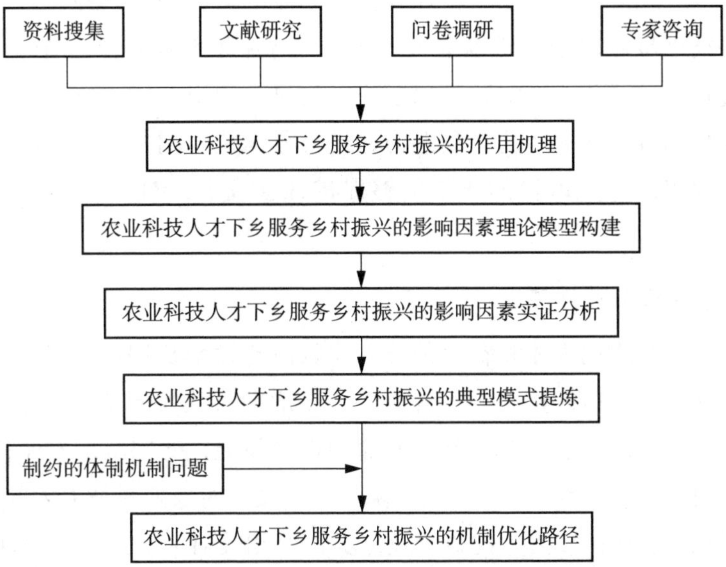

图 5-1　技术路线

第二节　农业科技人才下乡服务乡村振兴的作用机理

一、农业科技人员的内涵

（一）科技人才

科技人才在《人才学辞典》中被定义为科学人才和技术人才。2010 年《国家中长期科技人才发展规划（2010—2020）》中提到科技人才是指具有一定的专业知识或专门技能，从事创造性科学技术活动，并对科学技术事业及经济社会发展做出贡献的劳动者。学术界同样有关于科技人才的定义，有的学者认为科技人才是具有较高学术道德，掌握专业知识或技能，在科学技术领域获得一些成就的人（封铁英，2007）。有的学者从科技创新的角度将科技人才定义为善于采集前沿科技研究信息，抓住科技创新机会，运用自身的创新精神、意识和能力，实现在科学技术领域的突破和创造，并能不断提高自身所在组织的科技竞争优势和创新水平（张向前，2016）。

综合以上观点，本研究认为科技人才是指通过学习和实践掌握科学知识和专业技能，凭借自身的创新精神和坚持不懈的科学探索精神，为社会经济发展和科技进步做出较大贡献的人。科技人才一般具备以下三个主要特征：一是通过自身学习和工作实践积累了一定的科学知识和技术技能。二是能够将自身掌握的科学知识转化为创造力，进行科学技术相关的创造性活动，取得一定的成果。三是取得的成果能够促进社会发展，对科技的进步有重大贡献。

（二）农业科技人才

根据《农村实用人才和农业科技人才队伍建设中长期规划（2010—2020年）》（中组发〔2011〕10号）中的定义，农业科技人才是指受过专门教育和职业培训，掌握农业行业的某一专业知识和技能，专门从事农业科研、教育、推广服务等专业性工作的人员。除了政府文件对农业科技人才的界定外，许多学者也对农业科技人才的概念及分类做了相关研究。武忠远（2006）把农业科技人才分为农业科技科研人才、农业科技推广人才和农业科技实用人才三类。农业科技科研人才主要从事农业方面科学研究，理论知识运用和技术革新工作；农业科技推广人才主要从事农业科学新技术宣传、推广和运用工作，同时也包括研究所、技术服务中心和一些第三方机构中隐藏的推广人员；农业科技实用人才主要是具有多种专业技能，接受过农业专业知识教育，拥有充足生产技能的特殊人才。有的学者认为农业科技人才是指在农业发展过程中做出较多的科学贡献，具有某种专业农业知识或技能的人，包括农业科技管理人员、课题研究人员、推广与应用人员（杨欧、连静，2021）。基于此，本研究根据政策界定、学术研究和农业经济发展的实际情况，将农业科技人才定义为拥有某一专门的农业科学知识，从事农业科研、推广、服务、应用等工作，拥有坚持不懈的科学探索精神和较高的创新精神，推进农业生产发展，为农业科技发展和经济繁荣做出贡献的工作者。

在界定农业科技人才的基础上，本研究认为农业科技人才的分类有狭义和广义之分。其中狭义范围主要包括农业科技推广人才和农业科技研究人才。广义范围上的农业科技人才还包括农业技术实用人才，比如：“田秀才”“土专家”等拥有较高的农业技术水平，在所在地区有一定农业生产带动力的人。本研究所指的农业科技人才，主要包括以下两种人才：一是主要集中在科研机构和涉农学院的农业科技研究人才，这类人才主要是从事农业技术的创新研究工作；二是主要从事农业科学知识、技术推广的农业科技推广人才。

二、农业科技人才下乡服务乡村振兴的理论溯源

（一）“低水平均衡陷阱”理论

1956年，美国经济学家纳尔逊发表了以《不发达国家的一种低水平均衡陷阱》为题的论文，利用数学模型考察了发展中国家人均资本与人均收入、人口增长与人均收入增长、产出增长与人均收入增长的关系，并综合研究了在人均收入和人口按不同速率增长的情况下，人均资本的增长与资本形成问题，从而形成了“低水平均衡陷阱”理论。纳尔逊认为发展中国家人口的过快增长是阻碍人均收入迅速提高的“陷阱”，在没有外力推动下会保持一种高度稳定的均衡现象，必须进行大规模的资本投资，使投资和产出的增长超过人口的增长，才能冲出“陷阱”，实现人均收入的大幅度提高和经济增长。在我国，国家通过各种政策与手段，为农村提供物质与智力支持，正是纳尔逊所言的“外力”。

（二）“嵌入性”理论

“嵌入性”概念最早由卡尔·波兰尼于1957年提出，他认为对经济理论的分析要置于制度的框架之下，强调经济主体的社会嵌入性。他将经济的实质，看作是人和环境互动的制度化过程。他指出“人类的经济嵌入并缠结于经济与非经济的制度之中”，并且“将非经济的制度包括在内是非常重要的”。格兰诺维特（1985）将嵌入性的概念进行深入而系统的阐述并引入社会学领域。格兰诺维特认为，人类的行为、决策是无法脱离社会结构与社会关系的，人的行为选择应放置于既定的社会关系和社会结构中。他将嵌入主要分为结构嵌入和关系嵌入，前者是指行动者嵌于整个社会的关系网络，受社会结构的影响；后者是指个体的经济行为嵌入与他人互动所形成的关系网络。在格兰诺维特的嵌入观点基础上，Zukin和Dimaggio（1990）提出四种嵌入观，即认知嵌入、文化嵌入、结构嵌入和政治嵌入等。在现有的研究中，嵌入性理论主要用来解释经济行为与社会结构间的嵌入性关系，而实际上包括经济行为在内的几乎人类所有行为都嵌入于社会关系网络。因此，嵌入性理论对于分析农业科技人才下乡服务乡村振兴具有一定的启发意义。

农业科技人才下乡服务乡村振兴属于一种嵌入性制度设计。农业科技人

才作为外部力量进入村庄，肩负着农业科学知识的普及使命，还要正确认识和弘扬科学技术价值观、农业科学精神，用自己的专业知识引领建设乡村、振兴乡村，与村民发生互动。农业科技人才这一外生力量的嵌入有利于激发农村发展活力，培育村庄可持续性内生发展动力，从而实现从外部“输血”到内生“造血”的可持续发展。

三、农业科技人才下乡服务乡村振兴的政策基础

中央一号文件是每年中共中央的第一份文件，是国家年度工作的重中之重，现已成为中共中央重视农村问题的专有名词。1982—1986 年连续五年，发布以农业、农村和农民为主题的一号文件，对农业发展和改革农村做出具体部署。2004—2020 年连续 17 年发布以“三农”为主题的一号文件。表 5-1 以 2012—2022 年为重点，列出一号文件关于农业科技人才的表述。

表 5-1　2012—2022 年中央一号文件关于农业科技人才的表述

年份	主题	主要内容
2012	关于加快推进农业科技创新持续增强农产品供给保障能力的若干意见	加快培养农业科技人才、大力培训农村实用人才、推进杰出人才培养计划
2013	关于加快发展现代农业进一步增强农村发展活力的若干意见	大力培育新型农民和农村实用人才、建立合作社带头人人才库和培训基地
2014	关于全面深化农村改革加快推进农业现代化的若干意见	推进农业科技创新
2015	关于加大改革创新力度加快农业现代化建设的若干意见	强化农业科技创新驱动作用，完善科研院所、高校科研人员与企业人才流动和兼职制度
2016	关于落实发展新理念加快农业现代化实现全面小康目标的若干意见	强化现代农业科技创新推广体系建设、加快培育新型职业农民
2017	关于深入推进农业供给侧结构性改革加快培育农业农村发展新动能的若干意见	加强农业科技研发，强化农业科技推广、完善农业科技园区激励机制、提升农业科技园区建设水平、开发农村人力资源
2018	关于实施乡村振兴战略的意见	发挥科技人才支撑作用、建立产学研融合的农业科技创新联盟、深化农业科技成果转化和推广应用改革
2019	关于坚持农业农村优先发展做好“三农”工作的若干意见	建立健全农业科研成果产权制度，赋予科研人员科技成果所有权，完善人才评价和流动保障机制，落实兼职兼薪、成果权益分配政策

续表

年份	主题	主要内容
2020	关于抓好“三农”领域重点工作确保如期实现全面小康的意见	培养更多知农爱农、扎根乡村的人才；强化科技支撑，深入实施科技特派员制度；加快构建高素质农民教育培训体系；优化涉农学科专业设置；抓紧出台推进乡村人才振兴的意见
2021	中共中央　国务院关于全面推进乡村振兴加快农业农村现代化的意见	推进产业、人才、文化、生态、组织“全面乡村振兴”
2022	中共中央　国务院关于做好 2022 年全面推进乡村振兴重点工作的意见	加强乡村振兴人才队伍建设，加快培养科技领军人才、青年科技人才和高水平创新团队

由表 5-1 可知，2012—2013 年一号文件明确论述农业科技人才培养类型，2014—2018 年着重阐述如何培养农业科技人才，尤其 2018 年提出的乡村振兴是发展农业的抓手：乡村振兴是国家振兴的基础。2019 年提出培养“三农”工作队伍：重点支持乡村人才培养计划，实施新型职业农民培育工作，引导各类人才投身乡村振兴。2020—2022 年提出推动人才下乡，强化科技支撑作用，深入实施科技特派员制度。人才兴则农业兴、农村兴。

四、农业科技人才下乡服务乡村振兴的作用体现

（一）农业科技人才是乡村绿色发展的依靠

乡村发展离不开绿色持续发展战略，农业科技带动农业经济的同时需考虑绿色资源与突出环境问题，科学技术具有异化作用，带来希望的同时也可能带来失望，要实现农业的长远健康发展，科技是根本出路，我国已经到了依靠农业科技进步带动落后地方经济的历史新阶段，农业科技人才作为先导人才，要把握农业科技的发展规律，把握现代农业的发展规律，即工业农业、科技农业。中国科协创新战略研究院创新人才研究课题组认为，绿色发展科技创新人才是指以科技创新为素质或职业特征，具有识别、驾驭绿色发展关键性要素的能力，从事绿色生态、绿色生产、绿色生活等绿色发展领域的创造性劳动，实现人与自然和谐共生永续发展的人才。实现农业科技与自然环境相辅相成，引导未来农业走向机械化、绿色化的两端，用现代农业技术创造绿色农业，离不开农业科技人才。

农业科技人才促进农业科学技术的发展，处理着农业技术研发和推广的关系，也是农业可持续科学发展的依靠，国家高度重视科技人才在农业可持

续发展中的作用，出台的一系列人才激励保障政策足以证明。适应新发展理念，科技人才是掌握科学发展的核心技术、工具和能力的群体，充分发挥其价值引领作用能提升我国农业绿色发展的效率和质量。

（二）农业科技人才是科技创新的转化力量

习近平总书记指出：科技创新不仅仅是实验室里的研究，而且必须将科技创新成果转化为推动经济社会发展的现实动力。科技成果转化的前端是科学知识的产生，终端则是科技产品的形成，政府和金融机构作为主体连接这两头并推进携带各类资本形成，三者共同促进科技成果经济价值的实现。实施乡村振兴战略要充分依靠农业科技人才力量去推进农业农村现代化，引领科技创新，实现科技成果转化，实现农产品数量质量双重提升，满足人民的消费结构升级需求。农业科技人才带动着科技创新的方向、规划着重点，真正落实“将论文写在大地上”，将科技创新驱动农业供给侧结构性改革的作用发挥到最优，根据乡村地区差异，规划特色产业、优势产业，以农民切实需求为导向，保障优质农产品能有效供给和乡村的绿色发展为目的，围绕国家农业科技创新需求，实现农产品增产、农民增收。

农业科技人才不断推进农业创新科技成果转化，提升农业服务区域发展水平，联合其他农业科技力量攻关，推进农业科技力量整合与资源共享，是加强农业科技创新与农业产业经济紧密联合的关键环节，也是实施创新驱动发展战略的重要任务，科技人才集合创新精神、工匠精神、企业家精神，不仅解决了科技创新的“最先一公里”，也解决了“最后一公里”，切实将科学技术转化为农业生产力。因此，农业科技人才转化农业科技创新成果对推动乡村振兴战略发展、适应世界竞争发展具有重要意义。

从哲学角度来思考，需要注意以下几个方面：首先，科技人才要综合分析科技创新的过程和产出对社会和伦理的影响，特别侧重其可能带来的生态风险和负效应，如生态环境危机。其次，要在早期阶段进行实时评估，以对科研和创新过程全面了解。最后，要加强科技创新的相关主体广泛参与、讨论协商。

（三）农业科技人才是乡村振兴的战略选择

舒尔茨提出改造传统农业的关键是引进现代农业生产要素，不仅包括杂交种子、先进现代农业机械，还包括掌握现代科学知识、会运用生产要素的人才。杰文森和劳根据对世界 30 多个国家农业研究，指出：在农业投入资金不变的情况下，每个农户户主多接受一年的教育，农业产量平均增长近2%。这表明，实现乡村振兴战略，需要切实可行的人才战略先行。

人才先行，乡村才能发展，尤其是农业科技人才，作为实现乡村跨越发展的基础，只有积累大量人力资源，才能加速经济快速发展，才能强农富村。人才强、科技强，才能带来产业强、经济强、国家强，农业科技人才是推进建立科技强国的关键诉求。农业现代化发展至今其内涵逐渐演变为农业农村现代化，基本特征就是用现代科学技术发展农业，用现代经营管理理念指导农业，这需要开发具有一定科学技术和管理能力的人才，近年来农业的发展也证实了这一点，如杂交水稻之父袁隆平，与武冈市天佑农业发展有限公司合作的工作站自2014年成立以来，作为农业综合产业园核心区，在国内众多知名农业专家支持下建设了新品种示范基地、杂交水稻机械化示范区、湘米示范工程基地等，推广了优良品种108个、新技术12项、现场观摩2100人次，为农民创造了良好的经济效益和社会效益，农民通过水稻机械化提高生产力、解放劳动力。院士团队高端人才的引进同样对企业发展具有重大意义，对现代农业生产体系的建设和乡村振兴战略深入实施产生深远的影响。

农业科技人才是农民实现持续增收的源头，农民自身素质越高，其收入越高，如湖南省从2004—2019年在全省20个国家级贫困县和18个县级贫困县开展劳务技能转移培训工作，结果使农民素质提高，劳务输入增加，收入增多。农业科技人才开发是新农村建设的重要途径，也是农村劳动力由第一产业向第二、第三产业转移的主要途径。

农业科技人才作为乡村振兴的基础，可以激发现有乡村人员的激情与活力，实现农业科技项目的科研成果转化、加速农民技术人员的培养、达成农业农村现代化，乃至整个国家现代化。这既是挑战也是机会，人才走进农村，培训农民致富，最终实现农业现代化、乡村振兴的目标，让农村民主建设和管理得到质的飞跃，将农业科技创新精神贯彻到每一个工作细节当中。

（四）农业科技人才是科技扶贫的攻坚动能

在脱贫攻坚和乡村振兴新局面下，发展现代化农业需要大量农业科技人才，只有深化改革人才培养与引进机制，提高人才的使用效率，才能促进农村地区创新发展，为贫困地区提升创新活力，用完善的农业科技人才支撑体制助力乡村高质量发展，农民素质水平提升，为我国脱贫事业出谋划策。《2020年农业农村科教环能工作要点》提出要着力强化科技扶贫，加大农业技术专家的帮扶力、提升农机服务实效和精准扶贫培训的针对性，贫困地区主要致贫原因是贫困户文化水平低，长期经营传统农业，缺少专业的生产知识，无法掌握新品种、新技术，产量收入极易受地形、气候、病虫害等因素制约，即便外出打工，也只能从事高强度、低工资的体力劳动，导致他们缺乏致富信心和道路，无法从根源上摆脱贫困生活，且这些地区的农业科技人才供给结构不平衡，人才流失加剧，出现人才匮乏现象。另外，农业技术人员专业水平不达标，人员素质参差不齐，无法有效为当地农民提供生产所需技术辅助。因此，解决贫困地区缺少教育、科技资源问题，加快贫困地区经济发展，实现脱贫增收新局面，一定要重视农业技术人才在脱贫工作中的作用。农业科技人才在科技扶贫工作中，一是依托各种教育和培训机构的人才资源优势，将农业科技人才投入到贫困地区中，因地制宜，贴合当地实际情况，采取多种渠道、多种形式，面向广大贫困群众，推广农业技术成果和服务。二是让人才深入基层，针对不同人群开展培训工作，对有需求、缺技术的贫困户，根据受教育程度，提供专项课程，保证受教人群能掌握所学技术。对当地的农技人员，通过高校进修、专家指导等方式，提高专业技能，让这些常驻乡村技术人员成为真正的技术人才。三是广泛引进农业科技人才，通过优化人才发展环境，建立长效发展机制，做好激励保障措施，让农业科技人才愿意扎根贫困地区，推动农业产业扶贫助推乡村振兴。四是实施农业产业精准扶贫带头人培训计划，让精准扶贫计划面向贫困地区，提高带领农民群众脱贫致富的能力。

五、农业科技人才下乡服务乡村振兴的最终要求

下乡服务乡村振兴实际上包含两个阶段，即从最初始的“嵌入”，慢慢转化为“融入”服务，不论农业科技人员服务乡村振兴的形式如何，从“嵌入”到“融入”是农业科技人才下乡服务乡村振兴的最终要求。

针对嵌入的理解，主要有：牢固地或深深地固定或树立，紧紧地埋入、镶入，使一个事物进入另一个事物或系统。从嵌入性的角度来看，农业科技人才下乡服务乡村振兴更多地表现为一种国家的政策或制度安排，农业科技人员与农业、农村的互动、帮扶，更多的是完成国家、省、市、县（区）的工作任务要求，具有机械性、单向性特征。而从融入性的视角来看，当农业科技人员在入村科技服务过程中，应不断调整服务思路、手段，使自身逐步适应并融入农村社会中；另外，农村社会在接受农业科技人员科技服务的同

时，也应根据自身的需求调整对接模式，使农业科技人才的服务工作更顺利进入并结合在一起。值得注意的是，融入性科技服务并不是失去农业科技人员原有的独立性与价值理念，而是在嵌入的基础上更进一步契合到农村社会中，更能充分发挥农业科技人才的主动性与积极性，结合农村工作实际，实现科技服务工作机制上的自然融合而非制度上的强制组合。

嵌入性科技服务与融入性科技服务之间有质的区别。但是，我们并不能将两者完全割裂开而独立发展一种形式，两者属于农业科技人员科技服务工作发展的不同阶段，仍具有某种内在的联系。一方面，嵌入性科技服务是融入性科技服务的基础。科技人员的服务工作刚开展时，会遇到驻村干部或农户不认可的情形，也可能会对科技人员的期待很高，在目标没有达成后可能会对农业科技人员产生一定的抵触心理。而这些，都是农业科技人员适应融入服务工作、解决农村农民实际问题、获得干部和群众认可前的必经阶段。另一方面，融入性科技服务是嵌入性科技服务的趋势和必然要求。融入性科技服务形成后，科技人员服务工作真正在农村社会立足实施，其不断适应对接村的传统文化、行为模式等本土特点，与农户的互动也越来越多，服务效果逐渐显现，服务价值也会不断得到认可。应当说，融入性科技服务的形成实际上是农业科技服务本土化发展的必由之路，有助于促进本土科技服务工作长效机制的建立。

第三节 农业科技人才下乡服务乡村振兴影响因素理论模型构建

一、理论分析与研究假设

农业科技人才的研究一直是当前的研究热点，主要集中于农业科技人才的重要性、在乡村振兴中的作用以及优化激励的建议研究。缺乏对农业科技人才下乡服务乡村振兴的作用机理展开探讨；对农业科技人才下乡服务乡村振兴意愿的影响因素也鲜有提及，因此，对于从主体性视角切入研究农业科技人才下乡服务乡村振兴影响因素尚有一定的学术拓展空间。

在社会科学研究领域，意愿的测量方法主要是基于三点或五点式，例如询问被调查者“下乡服务乡村振兴的意愿如何”，选项设置为意愿低、意愿一般、意愿高时为三点式，选项设置为意愿很低、意愿较低、意愿一般、意愿较高、意愿很高时为五点式，主要开展微观数据调查，这种调查方法的精确性虽然可能受到预设意愿指数的函数分布为正态或者左偏的影响，但是，简单易操作，具有较好的可靠性与可比性。该方法已经成为意愿测度的重要方法，中国综合社会调查、盖洛普调查、世界价值观调查、亚洲民主动态调查等都广泛运用了该调查方法。

借鉴前人有关选派相关人员（如科技特派员）赴农村开展工作的相关文献以及调查访谈初步结果，本研究在分析科技人员下乡服务乡村振兴意愿的影响因素时，认为不仅要考虑其个人特征的内部因素影响，还要考虑其工作特征、政策特征和个人认知等外部因素的影响。本研究提出 4 个待检验假设：

假设 1：个人特征因素对于农业科技人才的工作积极性有影响。农业科技人才的性别、年龄、文化程度、专业技术职称等个人特征，都会对农业科技人才的工作积极性产生一定的影响。

假设 2：工作特征因素对于农业科技人才的工作积极性有影响。个人的工作特征不同，导致个人的行为差异，进而可能影响其工作积极性。农业科技人才的工作年限、专业匹配情况、服务类型等因素可能影响农业科技人才的工作积极性。

假设 3：政策特征因素对于农业科技人才的工作积极性有影响。农业科技人才是否有经费支持、是否考核、是否有食宿交通补贴等因素可能会直接影响农业科技人才工作的积极性，并影响其工作效果。

假设 4：个体认知因素对于农业科技人才的工作积极性有影响。政策了解度、经费满意度、条件关注度、帮扶效果、成就感知、尊重感知等因素对于农业科技人才的工作积极性可能会有影响。

二、研究样本与数据来源

课题组于 2022 年 12 月至 2023 年 1 月，从北京市农林科学院、北京农学院、北京农业职业学院中随机选取科技人员，从个体、工作、政策、心理认知等方面开展问卷调研。根据本研究实际需求，从样本中筛选出有实际助农经历的问卷 258 份，剔除无效问卷，最终获得有效问卷 237 份，问卷有效率达 91.86%以上。课题研究期间，课题组对部分科技人员进行了访谈，听取科技人员下乡服务乡村的工作介绍，以及对于推进科技人员下乡工作的相关意见和建议，对农业科技人员下乡服务乡村振兴的相关情况有了一定的了解。

被调查的科技人员中，男性占绝大多数，占比为 87.63%，女性占比为

12.37%；有一半的科技人员处于36~40周岁的职业黄金年龄，精力旺盛，经验比较丰富；本科以上学历科技人员占比达92.79%，学历比较高，这与北京市农林科学院、北京农学院、北京农业职业学院员工素质的实际情况较为吻合。样本数据基本特征见表5-2。

表5-2　样本数据基本特征

统计指标	样本	统计指标	样本
性别（%）		年龄（%）	
男	87.63	30周岁及以下	13.27
女	12.37	31~50周岁	50.00
文化程度（%）		51周岁及以上	36.73
中专及以下	0		
专科	1.96		
本科	3.63		
硕士	60.63		
博士及以上	28.53		

从科技人员下乡服务乡村振兴的意愿统计结果来看，大部分科技人员很愿意下乡参与到帮扶工作中。在237个样本中，高达92.83%的科技人员表示“比较愿意”“非常愿意”，占比分别为47.13%、45.7%；仅有15位科技人员意愿“一般”，占样本总数的6.32%。据此表明，北京市农业科技人员从主观上愿意到农村的广阔天地中去“大展拳脚”，利用自己的专业知识和资源平台为北京市农业发展、农民收入提高贡献力量。当然，仍有一小部分科技人员由于内在或外在原因，影响了其下乡服务乡村振兴的积极性。

三、模型构建

本研究因变量选择农业科技人才下乡服务乡村振兴的意愿，按照李克特量表将从事此项工作的意愿划分为5个层次：很低、比较低、一般、比较高、很高。由于因变量属于多分类有序变量，且自变量以离散型数据为主，故有序Probit模型是理想的估计方法。

由于实际观测到的 Y 为离散变量，因此，不可直接采用线性估计模型。

假定存在一个依赖于解释变量 X 的理论连续指标 Y^*，Y^* 为不可观测变量，且为 Y 的映射，其符合普通最小二乘法的条件，记作：

$$Y^* = \beta' X + \varepsilon_i,\ i = 1,\ 2,\ 3,\ \cdots,\ n \tag{5-1}$$

其中，β'代表参数向量，$\varepsilon_i \sim N(0,\ \sigma^2 I)$，即观测样本相互独立且具有正态误差。假定存在分界点 μ_1、μ_2、μ_3、μ_4，分别为农业科技人才下乡服务乡村振兴的意愿评价等级的未知分割点，且有 $\mu_1<\mu_2<\mu_3<\mu_4$，即：

$$Y_i^* = \begin{cases} 5;\ Y_i^* > \mu_4 \\ 4;\ \mu_3 < Y_i^* \leqslant \mu_4 \\ 3;\ \mu_2 < Y_i^* \leqslant \mu_3 \\ 2;\ \mu_1 < Y_i^* \leqslant \mu_2 \\ 1;\ Y_i^* \leqslant \mu_1 \end{cases}$$

$Y=1$，2，3，4，5 的概率分别为：

$$Prob.\,(Y=1 \mid X) = \Phi(\mu_1 - \beta' X)$$

$$Prob.\,(Y=2 \mid X) = \Phi(\mu_2 - \beta' X) - \Phi(\mu_1 - \beta' X)$$

$$Prob.\,(Y=3 \mid X) = \Phi(\mu_3 - \beta' X) - \Phi(\mu_2 - \beta' X)$$

$$Prob.\,(Y=4 \mid X) = \Phi(\mu_4 - \beta' X) - \Phi(\mu_3 - \beta' X)$$

$$Prob.\,(Y=5 \mid X) = 1 - \Phi(\mu_1 - \beta' X)$$

Φ 为标准正态分布的累积密度函数。与一般 Probit 模型一样，有序 Probit 模型的参数估计采用极大似然估计法（maximum likelihood method）。但是自变量 X 对概率的边际影响并不等于系数 β'，其中，*Prob.*（$Y=1$）的导数明显与系数 β'有相反的符号，而 *Prob.*（$Y=5$）的导数与 β'的符号一致，而中间取值概率的变动与 β'之间的关系不能确定。

本研究的基本模型设定如下：

$$Y = F(X) + \varepsilon \tag{5-2}$$

其中，以农业科技人才下乡服务乡村振兴的意愿为因变量 Y，以个人特征因素、工作特征因素、政策特征因素、个人认知因素为自变量，ε 为随机扰动项。自变量中，个人特征因素包括：性别（X_1）、年龄（X_2）、文化程度（X_3）、专业技术职称（X_4）等 4 项；工作特征因素包括工作年限（X_5）、专业匹配（X_6）、服务类型（X_7）等 3 项；政策特征因素包括是否有经费支持（X_8）、是否有财务补贴（X_9）、是否考核（X_{10}）等 3 项；个人认知因素包括政策了解程度（X_{11}）、经费满意度（X_{12}）、条件关注度（X_{13}）、帮扶效果

（X_{14}）、成就感知（X_{15}）、尊重感知（X_{16}）等 6 项，共计 16 项。变量赋值与说明见表 5-3。

表 5-3　变量赋值与说明

变量名称	变量定义
因变量	
意愿（Y）	很不愿意=1；比较不愿意=2；一般=3；比较愿意=4；很愿意=5
自变量	
1. 个人特征因素	
性别（X_1）	女=0；男=1
年龄（X_2）	21~30 岁=1；31~40 岁=2；41~50 岁=3；51~60 岁=4；60 岁以上=5
文化程度（X_3）	中专及以下=1；大专=2；本科=3；硕士=4；博士及以上=5
专业技术职称（X_4）	无=1；初级=2；中级=3；副高=4；高级=5
2. 工作特征因素	
工作年限（X_5）	实际值
专业匹配（X_6）	很不匹配=1；不太匹配=2；一般=3；比较匹配=4；非常匹配=5
服务类型（X_7）	有偿=1；无偿=0
3. 政策特征因素	
是否有经费支持（X_8）	否=0；是=1
是否有财务补贴（X_9）	否=0；是=1
是否考核（X_{10}）	否=0；是=1
4. 个人认知因素	
政策了解程度（X_{11}）	很不了解=1；不太了解=2；一般=3；比较了解=4；非常了解=5
经费满意度（X_{12}）	很不满意=1；不太满意=2；一般=3；比较满意=4；非常满意=5
条件关注度（X_{13}）	很不关注=1；不太关注=2；一般=3；比较关注=4；非常关注=5
帮扶效果（X_{14}）	没有效果=1；不太有效果=2；效果一般=3；比较有效果=4；很有效果=5
成就感知（X_{15}）	很低=1；比较低=2；一般=3；比较强=4；很强=5
尊重感知（X_{16}）	很低=1；比较低=2；一般=3；比较好=4；很好=5

第四节　农业科技人才下乡服务乡村振兴的实证分析

一、模型估计

本研究利用 Stata16.0 统计软件，通过对 VIF 值计算来检验各解释变量的共线性，若 VIF<10，则变量间不存在严重多重共线性。结果如表 5-4 所示，所有变量的 VIF 值均小于 10，VIF 均值为 1.39，表示各变量间无严重的多重共线性，可以进行进一步回归分析。

表 5-4　变量的共线性检验

变量	VIF	1/VIF	变量	VIF	1/VIF
性别	1.110	0.898	年龄	1.180	0.846
文化程度	1.12	0.895	专业技术职称	1.350	0.741
工作年限	1.07	0.935312	专业匹配	1.320	0.756
服务类型	1.100	0.910	经费支持	1.320	0.760
财务补贴	1.92	0.520009	是否考核	1.190	0.841
政策了解程度	1.380	0.722	条件关注度	1.24	0.806
经费满意度	1.350	0.739	帮扶效果	1.07	0.935
成就感知	2.370	0.422	尊重感知	2.190	0.456
均值	1.39	—			

利用 Stata16.0 统计软件进一步对数据进行有序 Probit 参数估计，得到对数似然比检验的显著性水平为 0.000，小于 0.05，表明 Probit 模型具有统计学意义。具体回归结果如表 5-5 所示，解释变量的影响方向与预期基本相符。

表 5-5　农业科技人才下乡服务乡村振兴意愿影响因素的有序 Probit 回归结果

解释变量	系数	Z 值	P 值
自变量			
1. 个人特征因素			
性别（X_1）	0.268	0.896	0.332

续表

解释变量	系数	Z 值	P 值
年龄（X_2）	-0.233*	-1.68	0.094
文化程度（X_3）	0.195	0.826	0.367
专业技术职称（X_4）	0.281*	1.69	0.091
2. 工作特征因素			
工作年限（X_5）	0.120	0.42	0.674
专业匹配（X_6）	0.812*	-1.69	0.091
服务类型（X_7）	-0.189	-1.39	0.166
3. 政策特征因素			
是否有经费支持（X_8）	0.361***	2.636	0.006
是否有财务补贴（X_9）	-0.327	-1.02	0.308
是否考核（X_{10}）	-0.094	-0.20	0.842
4. 个人认知因素			
政策了解程度（X_{11}）	-0.239*	-1.75	0.080
经费满意度（X_{12}）	0.438***	2.63	0.009
条件关注度（X_{13}）	0.118	0.723	0.477
帮扶效果（X_{14}）	0.316	0.923	0.345
成就感知（X_{15}）	0.485**	2.30	0.022
尊重感知（X_{16}）	-0.288	-1.44	0.149

注：***、**和*分别表示在1%、5%和10%的水平上显著。

二、结果讨论

对照表5-5回归结果，对农业科技人员下乡服务乡村振兴意愿各影响因素的具体分析如下。

1. 个人特征因素对农业科技人员下乡服务乡村振兴意愿的影响

从模型估计结果来看，性别（X_1）、文化程度（X_3）均无统计学意义。

年龄（X_2）在10%的水平上显著，但系数为负，这与本研究的预期相悖，说明年龄越大的科技人员下乡服务乡村振兴的意愿越弱。从调研情况来看，原因很可能是，一方面，随着年龄的增加，其更愿意将机会让给年轻的农业科技人员，通过发挥传帮带作用助力年轻人才成长；另一方面，精力水平会有所下降，且原单位、家庭各个方面的因素也会分散其精力，对其下乡意愿产生消极影响。专业技术职称（X_4）在10%的水平上显著，与本研究的预期相符，说明职称越高的科技人员下乡服务乡村振兴的意愿越强，原因可能是作为农业科技人员，职称越高，越喜欢带着问题、带着需求进行科研，将论文写在大地上，从而真正让更多科研成果惠及各族群众。

2. 工作特征因素对农业科技人员下乡服务乡村振兴意愿的影响

从模型估计结果来看，农业科技人才的工作特征因素对其下乡意愿的影响不明显。工作年限（X_5）、服务类型（X_7）均无统计学意义，只有专业匹配（X_6）在10%的水平上显著，这与本研究的预期相符，原因在于专业越匹配，农业科技人员开展工作就会越顺畅，下乡意愿也就越强。

3. 政策特征因素对农业科技人员下乡服务乡村振兴意愿的影响

从检验结果来看，农业科技人才的政策特征因素对其下乡意愿的影响不明显。是否有财务补贴（X_9）、是否考核（X_{10}）均无统计学意义，只有是否有经费支持（X_8）在1%的水平上显著，这与本研究的预期相符，有活动经费的农业科技人才比没有经费的工作积极性要高，下乡意愿也就越强。

4. 个人认知因素对农业科技人员下乡服务乡村振兴意愿的影响

检验结果表明，农业科技人才的个人认知因素对其下乡意愿的影响较为明显。条件关注度（X_{13}）、帮扶效果（X_{14}）、尊重感知（X_{16}）无统计学意义，政策了解程度（X_{11}）在10%的水平上显著，但系数为负，这与本研究的预期相悖，说明科技人员对下乡服务乡村振兴的政策越了解，下乡意愿反而越弱，通过调研可知，可能由于政策还不太完善，激励不足以打消科技人员的种种顾虑。经费满意度（X_{12}）在1%的水平上显著，这与本研究的预期相符，科技人员对下乡经费的满意度越高，就越愿意下乡服务乡村振兴，因为服务中不容易受到掣肘。成就感知（X_{15}）在5%的水平上显著，这与本研究的预期相符，科技人员在下乡服务中感受的成就感越强烈，就越愿意前往。

三、分析与总结

总体上看，北京市农业科技人才下乡服务乡村振兴势头良好，科技人才愿意利用自身专长和拥有的资源平台，在农村广阔天地施所能、展才华、显身手，提升科技对农业产业高质量发展的支撑水平。

个人特征因素、工作特征因素、政策特征因素、个人认知因素都对农业科技人员下乡服务乡村振兴的意愿有影响。从个人特征因素看，年龄显著负向影响科技人才的下乡意愿，专业技术职称显著正向影响科技人才的下乡意愿；从工作特征因素看，专业匹配对科技人员下乡服务乡村振兴的意愿有显著正向影响；从政策特征因素看，经费支持显著正向影响科技人员下乡服务乡村振兴的意愿；从个人认知因素看，政策了解程度显著负向影响科技人才的下乡意愿，经费满意度、成就感知显著正向影响科技人才的下乡意愿。由此可见，要更好地引导农业科技人才下乡投身于乡村振兴，精神激励的作用不可小觑。

第五节　农业科技人才下乡服务乡村振兴的典型模式

调研组在调研的基础上，以案例的形式，对农业科技人才下乡服务乡村振兴的不同模式进行总结提炼，分析比较不同服务模式的实施条件、有益经验，可以为对策建议部分提供有效依据。

一、模式提炼

（一）项目扶持型

项目扶持型，是指科技人员在自身承担或所在单位已有项目的基础上，开展乡村振兴服务。以北京市农林科学院为例，以基地建设为主线，北京市农林科学院逐步构建了“综合服务试验站—专家工作站—科技小院—示范基地”组成的“四级”科技服务体系，科技人员凭借专业优势，服务京郊农村发展，打造了一批彰显该院特色的科技推广服务前沿阵地。

北京市农林科学院蔬菜研究中心王宝驹助力京郊“芹菜第一村”。通州区于家务乡的果村芹菜种植可以追溯到20世纪80年代，当时靠着种菜赢得“高收入”，可是好景不长，年年种芹菜导致地里病虫害增加，化肥农药越用越多，产量却没有起色，果村芹菜慢慢失去了优势。2012 年，北京市农林科学院蔬菜研究中心在果村建立蔬菜研究基地，将科技力量带到了果村。怀揣热情和梦想，王宝驹立志要在果村做出一番事业，其中第一件事，就是育苗。和玉米、白菜不同，芹菜的种植需要一个移栽的过程。由于芹菜种子小、发芽慢、易休眠，播种后要先育成苗，然后再移栽到地里种植。可就是这移栽前的芹菜苗，曾让果村村民颇为头痛。7 月和 8 月是北京的汛期，在湿热的季节里，果村村民每年都要忙着育苗。育苗是件费工又费力的工作：遇到大雨，地里极易出现病虫害，稍不注意就会死苗；赶上高温，喜凉的芹菜种子就会热休眠，不易发芽；即便好不容易长出了苗，如果温度、光照、水分处理不好，芹菜苗的长势也会受到影响。彼时，果村用的育苗棚还是临时搭建的简易棚，地里的芹菜苗长得稀稀拉拉，参差不齐、高矮不均。而王宝驹所在的蔬菜基地拥有现代化的蔬菜大棚，他的团队还掌握种子引发技术，能够克服芹菜种子热休眠效应，实现科学育苗。王宝驹和村书记商量，自己的苗可以先找两家试种。当时还有村民放出话来："要是产量不理想，我要找你们赔钱。"然而，当王宝驹把基地育的苗拿出来时，村民们惊呆了，这些芹菜苗又齐整又壮实，当年种植就获得了大丰收，大伙一下子打消了心中的疑虑。丰收的消息很快传遍全村，村民们纷纷把农科院专家的苗当作宝贝，第二年全都要求试种。王宝驹的芹菜苗立即变得供不应求，从刚开始 100 万棵，逐年递增到如今的 400 万棵。其间，王宝驹还把芹菜的种植技术、土壤改良技术和病虫害防治技术普及给村民，帮助果村芹菜产量增加了两成，同时还提升了菜品的品质。

解决了芹菜种植，果村村民还有一个困惑，那就是芹菜收了之后种啥菜。过去村里第二茬各种菜都有，品种很乱，形不成规模，连菜贩子都懒得收，于是村民又跑来找王宝驹拿主意。他和村书记商量，决定在村里搞调研，让村民投票选出想种的二茬菜。结果出炉，番茄胜出，王宝驹又开始为村民培育番茄苗。"芹菜+番茄""专家育苗+村民种植"成了果村经典搭配。2020 年底，北京市农林科学院为果村引入"北京科技小院"，进一步将这种科技帮扶的模式固化下来。据统计，仅靠蔬菜种植，果村平均每户年收入可以超过 3 万元，在周边村庄村民都选择外出务工时，果村仍然有近百户村民选择种菜。

北京市农林科学院林业果树研究所潘青华助推白虎头村全产业链发展。门头沟区斋堂镇白虎头村地处京西深山区，煤矿关停后村民一直以山上的野枣树为生，收入始终没有起色，白虎头科技小院的到来，让白虎头村迎来了蜕变。驻院专家潘青华的一堂枣树科普课，打开了白虎头村脱贫致富的大门。2015 年，白虎头村的金丝小枣得了一种叫枣锈病的“皮肤病”，收成受到严重影响。村民一筹莫展时，在清水镇挂职的北京农科院林果所研究员潘青华来到白虎头村讲了一节枣树课，从春天坐果期到秋天的病虫害，讲得深入浅出，翔实生动。这节枣树课对症下药，帮助村民掌握了预防病虫害的基本方法。这堂枣树课让村民对果树专家很服气，这以后，村里人经常邀请潘青华来指导，从枣树剪枝整形到引种嫁接，“老把式”也心服口服。慢慢地，金丝枣的产量、品质都有所提升，村民的收入也有了些起色。潘青华组织来自林果所、植保所、生物中心、草业中心、玉米中心等 8 个部门的专家组成科技小院帮扶队，他们在山上种鲜食玉米、林下培养食用菌、梯田里栽百合、路边种观赏草，打造了一个三季有花赏、有景看、有果采的京西美丽乡村。同时，组织专家编制了《白虎头村全产业链农旅融合发展规划》等规划，为村庄发展提供科学指引；多措并举助推产业发展，引进和示范“京科甜 608”等优良鲜食玉米品种 100 亩，指导村里开展林下观光采摘食用菌种植示范；引进百合、菊花等观赏植物品种，打造村落景观节点 15 亩。短短 3 年，依托科技小院专家技术团队的科技力量，白虎头村不仅完成了自我蜕变，还成为了远近闻名的脱低致富先进村。

（二）挂职帮扶型

挂职帮扶型，是科技人员通过担任驻村第一书记或者科技特派员，凭借自身的专业技能和资源优势，结合对接村的实际情况，因地制宜开展科技帮扶，助力乡村发展。

北京市农林科学院营资所马连茂复产“金瓜谷”。马连茂曾为派驻密云区西白莲峪村党支部第一书记，到任后，发现西白莲峪村人居条件较差，耕地稀少，土质沙化，2018 年 7 月，该村又遭受特大暴雨灾害，降雨量达到 810 毫米，村内设施损毁极为严重，农业产业园核心区域全部被冲毁，园区残留不足 10%。原有的耕层土壤全都变无。发展农业，首先就得有肥沃的土壤。马书记赶紧求助于“娘家人”——北京市农林科学院，请来植物营养与肥料领域以及土壤方面的专家团队实地查看情况，并根据当地特色南瓜种植产业的特点，制定了施肥方案，用科技手段保证南瓜生育期的养分需求，从而保障特色南瓜的产量和品质，为“金瓜谷”的复产做了强有力的保障。借助于北京市农林科学院这个强有力的科技支撑，2019—2020 年，西白莲峪村先后引进了“贝贝”和“味皇”两种高端南瓜种苗4万株，引进秋葵、紫甘蓝等特色及景观蔬菜新品种等40余种，引进高产玉米品种3种，引进月季、波斯菊及赏食兼用百合等花卉品种40余种，种植在产业园区和道路两旁，共吸收近40名低收入户参与种植生产，人均增收5000元左右，增加村集体经济收入近100万元，西白莲峪村的低收入农户就此全部实现脱低。为提升西白莲峪村农产品知名度，马书记联系各大媒体、网络平台，主动为村中的农产品站台，让更多消费者知晓了解西白莲峪村的农产品；他还带着“贝贝”“味皇”两款特色南瓜的煨熟样品，走到各种会议和展销现场，让消费者亲口品尝和感受西白莲峪村南瓜的与众不同。与此同时，他还申请注册了“西白莲峪”的商标和条形码，打通了商超对接最后一道“关卡”。

北京农学院王成帮扶黄土梁村发展林下中草药种植。王成曾为派驻延庆区黄土梁村党支部第一书记，入驻后，仔细梳理了村里情况，转遍村子周边山地后发现：虽然村里耕地少，但是山坡上林地却不少，板栗、山杏、核桃成片，这让他萌生了发展林下经济的想法。他找来北京农学院专家来黄土梁实地考察，专家建议黄土梁村可以在林下种植经济价值较高的中草药。在北京农学院支持下，村里先拿出5亩试验田试种北苍术和木香薷，试种效果良好。在此基础上，2020年初，黄土梁村又拿出30多亩土地种植中草药，林下产业在黄土梁村红红火火地搞了起来。王书记说：“2020年我们主要种植苍术，出售苗木，大约成活了160万株苍术苗，市场价大约是一棵一毛五。”对于黄土梁村村民来说，不仅中药苗创造的经济价值值得期待，而且地租和务工也能给他们带来不错的收入。村里有一位70岁的村民日常就在自家杏林给苍术除草，2020年初，他将一亩多杏园出租给合作社，林地租金收500元/年，合作社打工收入100元/天，大大增加收入。种植中草药不仅让村民有了盼头儿和干劲儿，也让村里环境发生了不少变化：进村的主干道两侧，整齐地种植着知母，一簇簇淡紫色小花将小村庄装点得格外秀丽；路两旁的板栗树下，上一年种的苍术和紫苏长势喜人。中草药种植让黄土梁这个偏僻的小山村充满了生机与活力。

（三）创业带动型

创业带动型，主要是农业科技人员充分发挥自身的技术、信息优势，按照“做给农民看、带着农民干、帮助农民富”的原则，深入一线创新创业，加快农业新品种、新技术、新模式的推广应用，推进农业科技创新与产业的融合。

农学博士王颖的草莓新奇种植。1983 年出生的王颖是位农学博士，毕业于中国林业科学研究院，硕士研究生阶段专攻设施园艺，博士研究生阶段在植物病理方向深耕。2014 年，抱着学有所成、扎根土地的理想，她到昌平区租下一栋大棚，用无土栽培技术种植圣女果。果子还没长成，一场意料之外的特大暴雨把设备和菜苗全淹了。一年的租约，还剩下半年，于是，王颖干脆选择种一些自己喜欢的草莓。那时候，无土栽培草莓的技术还停留在示范展示阶段，大规模种植仍是未知。无土栽培有几个明显的优势：悬在空中的草莓，采摘效率高，还干净。最主要的是，草莓以土传病害为主，基质栽培便于消毒杀菌，病虫害明显减少。水肥控制更精准，如果头茬果不甜，补充养料，三五天就可以调整过来。从设想到实现，王颖突破了一个个技术难题，实现稳定投产。无药物催熟、标准化培育的草莓干净又漂亮，口感极佳，供不应求。2022 年，王颖与朋友在顺义合伙建设了新的大棚，又尝试了育苗环节的新技术，移栽前经过冷冻，草莓下果时间提前一个月。在这片特殊的温室大棚里，看到草莓植株从白色的管子冒出来，红彤彤的果实垂在两侧；摘果不用弯腰，草莓不沾泥土，这种新奇的种植方式让顺义区杨镇东焦各庄村从事草莓种植的老把式孙振刚也心动了，赶紧向这位年轻的“老师傅”请教，把自家的草莓棚也进行了升级。

80 后海归董伟蘑菇“生金”路。董伟出生于怀柔一个传统的农民家庭，对土地有着特殊的情怀。2010 年，董伟带着自己的梦想回到家乡怀柔，跑遍十几个乡镇、近百个村子，最终在庙城镇王史山村落脚，从种香菇起步。买材料、建大棚、学习菌类种植知识……这一年，董伟经历了众多的“人生第一次”。第一批香菇出棚，因品质良好被抢购一空，董伟成功收获“第一桶金”。但她并未满足于此，此后一年多时间，她邀请专家现场考察，到全国各地的优秀种植基地“取经”，大胆尝试先进种植技术，培育出错季栽培品种“新 20 香菇”。2012 年，董伟带领农民种植的香菇通过了有机认证，并参加北京市食用菌高产创建竞赛获得一等奖；同年，董伟还荣获北京市农业局颁发的“北京市食用菌种植能手”称号。摸到门道后，董伟开始拓展自己的种植品类，并排的温室大棚里，有黄澄澄的金耳、肥嘟嘟的赤松茸、香气四溢的灵芝、穿着白裙的竹荪……400 亩土地上，生产着十多种珍稀食用菌，让人大开眼界。从单一种植香菇到培育稀有菌种，12 年来，董伟的创业道路越走越宽广。眼下，王史山村的温室大棚，作为董伟的北京基地，主攻新品种研发和珍稀菌种的培育。在这处“研发总部”之外，她又陆续在河北省丰宁、围场、兴隆等地，以及贵州省黔西南州、黔东南州、毕节市等地建设了菌类种植基地，总种植面积达14000余亩。以研发促进生产，既带动了当地村民就业和农业技术提升，也收获了可观的经济效益，蘑菇产业年产值超过4亿元。

二、经验启示

（一）积极借助科技服务工作的外力

一名合格、称职的科技人才，除了发挥自身的专业特长外，还要善于发挥桥梁和纽带作用，巧妙借助好外力，充当好对外联络协调、争取支持的桥梁，一定要吃透上情，摸透下情，充分利用好本单位的资源集成优势，结合对接村的实际，形成合力带动村庄发展。

（二）全面提升科技服务工作的创新力

立足村情，如何让村民致富，让集体有收入，找出一条适合本村发展的路子是科技人才科技服务工作的重中之重。要始终坚持俯下身子干事业，摸清底子、找准路子，要打开思路，立足对接村实际，促进科技创新与产业深度融合。

第六节　制约农业科技人才下乡服务乡村振兴的体制机制分析

近年来，在北京市关于鼓励科技人员下乡服务乡村振兴相关政策的大力支持下，依托自身专业和平台资源优势，下乡服务乡村振兴的农业科技人才不断递增，为北京市乡村振兴注入了新活力，但是仍然存在诸多障碍亟待解决。

一、配套服务保障不完善

城乡基础设施和公共服务仍有较大差距，科技人才下乡容易留乡难。近年来，农村就业环境、生活条件虽有很大改善，但仍与人才需求存在差距。农村地区医疗卫生、道路交通、通信网络、快递物流、商超集市等公共服务建设滞后，不同程度地影响着正常生产经营活动和正常居住生活，习惯了城市生活的科技人才如果无法适应简陋的乡村环境，即使下乡也难以长期驻乡。农业科技人才干事创业的平台搭建不足。许多地区没有充分认识到农业科技人才的价值，没有根据农业科技人才特征搭建促进其服务的平台和渠道，或者已有平台条件有限，无法得到干事创业专项基金等保障，科技人才的发展空间和发挥余地都相对狭窄，这在一定程度上阻碍了科技人才下乡留乡、参与乡村振兴的积极性。科技人才补偿机制尚未建立。在职农业科技人才下乡或以其他方式服务乡村总要产生一定成本，这个成本支出需要获得一定补偿。但乡村社会关系复杂，科技人才下乡奉献和公益行为有时得不到村民的认可与信任，甚至会被质疑，这可能极大打击科技人才下乡留乡的积极性。

二、营商环境有待优化升级

对接机制有待完善。科技人员下乡创新创业的过程中，信息的对接与沟通非常重要，目前供需对接机制和对接平台还不完善。企业、社会资本与地方政府、农村集体经济组织之间存在信息不对称，难以同频共振，导致一些企业对政府已出台的相关扶持政策知晓度不高，对各涉农区“三农”发展现状缺乏了解，对各地的优势和需求掌握不全面。而涉农区也不熟悉各类企业、社会资本的业务特长，企业在参与乡村振兴过程中能在哪些领域、哪些项目精准对接不明确。农业融资困难。农业抵押物较少，经营风险高，融资困难。虽然农业贷款担保公司降低了贷款门槛，但没有大幅度降低贷款成本，反而增加了担保费用，而且担保贷款审批周期较长，难以及时解决企业资金短缺问题，加重企业融资成本。土地产权关系不够稳定，下乡企业土地投资收益难以保障。2023 年起，第二轮土地承包开始大批到期，下乡企业流转的土地可能面临因承包到期农户重新选择流转对象的风险。一旦变更土地流转，此前企业土地流转的投资将难以追回，土地产权变更将带来较大不确定性，就会降低企业土地投资的积极性。

三、创业帮扶援助机制不足

受资金、技术、市场、经验约束，下乡科技人才满怀创业激情，但创业高风险使得创业受挫和失败成为常态。如果创业失败，缺乏创业援助机制的支持，科技人才再次创业时资金筹措更加困难、创业风险仍然较高。从调查情况看，市场销路是大多数创业者遇到的最难克服的问题，创业成功是屡败屡战、摸爬滚打的结果，而单靠创业者自身力量往往难以化解创业风险、摆脱创业困境。目前，虽然北京市对于支持返乡下乡人员创业创新出台了相关措施，但从总体上看，创业失败救助机制还有待进一步健全完善，亟须建立社会救助、商业保险、风险投融资相结合的返乡下乡人才创业失败救助和再创业帮扶机制，促进返乡下乡人才走上创业—再创业—成功创业的循环道路，以创业保障政策吸引农业科技人才，以实现成功创业留住农业科技人才。

四、激励保障机制不完善

乡村产业兴旺需要科技推动，北京市在相关文件中也提出“推动科技人才下乡”，但配套激励政策和实施细则有待进一步健全，一些单位虽然出台了本单位的激励政策，对下乡的专业技术人员给予一些经费支持以及工作量的核计，但与论文发表、项目评奖等激励相比，前者激励的有效性显然不足。科技服务创造的价值，在当前人才评价考核体系里，还没有很好地纳入进去。此外，很多科技人员对于发挥自身专业技术优势助力乡村振兴战略明显信心不足，畏首畏尾，顾虑重重。保障机制不足、不全。首先表现为经费不足，专项资助项目少，经费使用的灵活性也不够，下乡大多是在偏远山区山村蹲点调研和服务，交通、住宿、用餐等费用支出大多无法提供发票，无法满足现有的财务报销要求。此外，“不足”还体现在时间不足。科技人员的日常工作已较为繁重，没有空余时间下乡。“不全”指供给侧的人才资源和需求侧的服务需求这两类信息资源的汇聚和对接机制尚未健全，推动科技人才下乡的长效机制尚未形成。信息不对称、对接不精准或难以对接，都将成为科技人才下乡面临的重大困难，严重阻碍了科技人才下乡的步伐。

第七节　农业科技人才下乡服务乡村振兴的机制优化路径

推动农业科技人才下乡服务乡村振兴，要结合影响科技人员下乡服务乡村振兴意愿的关键因素，立足人才差异化需求，营造宜人宜居的生活环境，完善激励相容政策，创造条件，促进人才下得去、干成事、留得住、有退路。

一、加快营造良好用人环境，增强科技人才下乡的内生动力

第一，加快乡村基础设施和公共服务体系建设，营造便利快捷的服务环

境。完善医疗卫生、乡村道路交通、电信网络、快递物流等公共设施，支持流通、销售企业服务网点向农村延伸，建立农村现代化流通体系，构建宜人宜居的社会生活环境。

第二，完善城乡社会服务政策，保障下乡科技人才进得来、出得去。允许农业科技人才带着原有福利返乡下乡，如保留城市户籍、城市福利、工作职位等。下乡科技人才子女若留在城市，可就近优先选择入读学校；如跟随父母下乡，可由新工作地教育行政主管部门安排就近入读重点学校或优质学校。

第三，营造公平竞争的用人环境，促进下乡科技人才健康成长。制定体制内人才服务乡村振兴的支持政策，明确在农村、基层、一线和艰苦边远地区检验人才、发现人才、使用人才的用人导向，营造德才兼备、甘愿奉献的人才评价机制和公平竞争的人才环境。

二、完善乡村创业支持援助机制，缓解科技人员下乡创业后顾之忧

第一，完善下乡创业融资机制。一是引导建立乡村创业风险投资基金。引导社会资本和区级政府设立乡村创业风险投资基金，市政府根据实际状况给予风险补偿。各类农业产业发展基金优先用于支持返乡下乡人才创业。二是探索开展农业融资租赁业务。拓宽涉农融资租赁标的物范围，鼓励试点开展涉农生产加工机械、农业设施、生物资产、农业物资、猪场圈舍、农产品等融资租赁业务。三是完善返乡下乡创业融资担保体系。建立银行与担保机构之间、北京市农业信贷担保机构和区级分支机构之间的多层次风险分担机制和业务联动机制，简化担保办理手续，促进创业人员便捷融资。

第二，完善下乡创业帮扶和失败救助机制。建议实行涉农龙头企业与返乡下乡创业人员结对帮扶和救助机制，龙头企业为返乡下乡人员创业提供各种支持，并将新创企业纳入供应链管理，实现创业企业产销对接、供求衔接，推动形成优势互补、彼此衔接的农村产业链、供应链。由人社部门选聘创业指导专家组建的创业导师团针对返乡下乡创业人员创业中遇到的难题，帮助其分析创业失败原因，寻找解决办法。政府向创业失败者提供再创业资金支持，帮助其尽快恢复元气，走上再创业之路。

三、畅通农业科技人才下乡通道，开辟人才兴乡多元化路径

第一，充分挖掘农业科技人才优势，采取多样化方式促进科技人才兴乡。

一是明确农业科技人才优势在哪里，下乡适合干什么，确定返乡路径和岗位，为其服务乡村振兴找到一条可行路子。二是区分退休和在职农业科技人才。对于退休者，要明确是否愿意下乡定居，如果不愿意下乡定居，可以定期下乡或以其他方式服务农村；对于在职者，可以采取软引进方式，即将其作为乡村链接城市资源的媒介，通过农业科技人才推介，吸纳城市要素下乡，充分利用城市资源要素为乡村服务。

第二，加快推进农村土地管理制度改革，进一步放活宅基地使用权。允许下乡农业科技人才租用农村闲置农房或村两委建设标准化公共住房租赁给下乡人才居住；农村宅基地整理节约出的耕地和建设用地，可根据实际情况用于支持返乡下乡科技人才创业。

第三，切实保障和尊重农业科技人才的基本权益与合法诉求。满足他们尊重、自我实现等多个层面的需求，将物质激励与精神激励有机结合起来，为他们免费参与乡村治理的各项活动提供必要的补贴和奖励。

四、加大政府引导与资源支持，激发科技人员创办企业联农兴乡动能

第一，促进不同主体的供需对接。既要发挥市、区两级农业农村局的作用，及时收集乡村振兴中村级层面的项目需求信息，又要发挥国资委等相关部门的作用，鼓励科技人员创新创办企业参与乡村振兴，并向其提供更多乡村需求信息。同时，收集企业的投资与项目需求，向农业农村部门进行传递，还要发挥行业组织的作用，通过行业组织向科技人员创新创办企业传达关于乡村振兴的相关政策，让其及时了解乡村振兴建设过程中的机会。政府部门及行业组织除了及时传递政府政策、供需信息外，还可以组织企业到郊区农村进行实地考察，让市场主体对乡村振兴过程中的投资机会有更清楚的认知。

第二，引导支持科技人员下乡经营产业或经营村庄。探索整合本乡镇内困难村帮扶资金，加上政府贴息贷款资金，支持科技人员创新创办企业，带动当地农户就业和增收，区政府根据下乡企业联农带农作用确定补贴水平。区、镇（乡）政府在土地流转、行业准入和信贷担保等方面给予企业特殊支持，政府与下乡企业之间结成相互依赖、共生共赢的合作关系。地方政府不仅可以吸纳科技人员下乡经营产业，还可以探索科技人员下乡经营村庄的适宜模式。

第三，稳定下乡资本与农户土地流转关系。支持下乡资本与农户签订土地流转补充协议，约定承包到期后土地流转关系不变更。作为条件，下乡资

本将土地连片整治后优先转包给流转土地的农户，优先雇佣流转出土地承包权的农户。流转出土地的农户有权监督土地的合理使用，防止土地非农化、土地闲置或不合理开发利用。

五、创新体制内人事管理制度，推进科技人才下乡创业

第一，创新激励政策，让科技人才“想下去”。要在科技人才最关注的人才评价考核体系里进行改革、创新。比如，将下乡这样的基层工作经历作为职称评聘的必要条件，对工作业绩突出的科技人才，在评优、晋级和职称评聘中优先考虑；在助力乡村振兴过程中承担的项目与成果转化作为其职称评聘的重要依据；将科技人才承担下乡派驻任务视同承担市级科技计划项目，优先推荐助力乡村振兴的科技人才承担企业横向项目和各类创新推广项目等。在物质奖励上，要将下乡助力乡村振兴纳入本单位工作绩效考核，核计相应工作量，确保其薪酬收入高于原有水平；还要加大对科技人才重要科研成果、项目的奖励力度。在精神奖励上，政府及所在单位要树立一批下乡科技人才的典型，对工作业绩突出的科技人才，要大力宣传其突出事迹，并给予隆重表彰和鼓励。

第二，健全保障机制，让科技人才“下得去”。一是组织领导保障。一方面，政府充分发挥主导作用，用顶层设计指导、推动多部门（如市乡村振兴局、市委组织部、市人社局、市科委、市科协）联动协作，从人事管理、职称评聘、科技项目全方位制定推动科技人才下乡助力乡村振兴的配套政策，形成政府职能部门协同、上下联动的组织体系；另一方面，科技人才在助力乡村振兴过程中，服务内容可能会涉及研发、种植、加工、品牌打造、销售等环节，需要精准对接科技、农业农村、经信局等不同的主管部门。这就需要农业、科技、产业部门一起，协同为科技人才提供组织保障。二是对接机制保障。市、区、镇（乡）三级政府有关部门要加强统筹规划和组织协调，要为广大科技人才下乡搭建平台，切实发挥桥梁纽带作用。三是业务经费保障。市级层面及所在单位要建立科技人才下乡专项工作基金，用于交通、住宿、用餐等日常业务费用支出，也可用于相关的项目研究、绩效工资、成果奖励等激励政策费用支出。此外，应充分考虑到下乡交通、住宿、用餐等大多无法提供发票的实际情况，建立灵活、科学的经费使用和财务报销制度，探索项目经费使用“包干制”改革，让科技人才不再“有钱难花、花钱难报”。

第六章
科技聚力改善农村生态和乡村人居环境的路径

第一节　项目基本概要

一、立项背景

改善与提升农村生态与乡村人居环境，建设美丽宜居乡村是实施乡村振兴战略的重要任务，是实现城乡融合与城乡一体化的重要载体，是实现共同富裕的必然要求。习近平总书记指出，科技是第一生产力，创新是引领发展的第一动力。当前全球新一轮科技革命孕育兴起，正在深刻影响世界发展格局，深刻改变人类生产生活方式。北京作为科技创新与科技人才聚集高地，正大力推进国际科技创新中心建设。广阔的乡村作为全市科技发展与应用的短板，要牢牢把握这一重要战略机遇期，实现科技聚力改善农村生态和乡村人居环境。

回溯历史可见，人居环境是个古老的概念，创造一个良好的生活居住环境是人类长久以来孜孜追求的理想，各种新技术新理念不断加以利用实践，人居环境建设水平不断提高，但同时它又是个新课题，它的具体内容，达到的水平目标，总是随着时代发展、科技的进步而不断变化。人居环境建设与经济社会发展条件、科技进步水平息息相关。在我国，人居环境的最初关注点集中在城市住宅及其居住环境，研究者主要是建筑与规划专业人员。直到20世纪90年代，随着农村经济的快速发展壮大，我国农村生态与居住环境才开始得到重视。特别是2005年党的十六届五中全会正式提出社会主义新农村建设，农村基础设施投入得到快速增长，农村生态与乡村村容村貌得到有效改善；2017年党的十九大报告中提出实施乡村振兴战略，农村人居环境建设的重要性、水平和标准得到进一步提升，内涵也更加丰富。农村生态与乡村人居环境建设对提升民生福祉意义重大，各地积极探索实践，不断创新举措，形成了一批有效经验模式。

当前，北京正以建设国际一流和谐宜居之都为战略目标，广阔的农村作为全市重要生态屏障，乡村人居环境建设中还存在一些薄弱环节、短板，我们要按照习近平总书记所强调的“要把满足人民对美好生活的向往作为科技创新的落脚点，把惠民、利民、富民、改善民生作为科技创新的重要方向”，立足现状，找出科技在农村生态与乡村人居环境建设中存在的主要问题与改善路径，以更好更快地加速北京农村生态与乡村人居环境建设。

二、研究目标

乡村人居环境是生态文明建设和乡村振兴战略实施的重要载体。课题通过资料研究及对北京典型镇村的实地调研与科学评估，系统掌握科技支撑北京乡村人居环境建设的整体现状、成效以及存在的关键问题；结合国内外经验借鉴，提出科技支撑北京乡村生态与环境治理的路径方案，为国际一流和谐宜居之都建设提供有力支撑。

三、研究内容

（一）国内外乡村人居环境建设比较研究

选择美国、日本、欧洲等西方发达国家和地区以及浙江等国内城市，对其在乡村生态和人居环境建设中的科技支撑路径选择、建设成效及经验做法等进行比较研究，为本课题提供方法和实证支撑。

（二）北京农村生态与乡村人居环境建设成效分析研究

在对北京农村生态与乡村人居环境建设历程回顾基础上，以推进美丽乡村建设专项行动计划的实施项目内容为重点研究对象，按照“清脏、治乱、增绿、控污”总体思路，对北京在农村垃圾处理、厕所革命、污水治理、节能与新能源利用、村庄绿化美化、村庄风貌管控、村镇规划与评价、宜居村镇住宅建设、传统村落与传统建筑保护利用等方面开展的工作，特别是科技支撑促进作用进行典型调研与材料收集整理，对其实施成效、形成的典型模式、存在问题与经验进行系统分析。

（三）科技促进北京农村生态与乡村人居环境改善路径研究

针对北京农村生态和乡村人居环境建设中存在的问题，结合国内外建设经验，从科技支撑战略重点、关键技术短板与技术瓶颈问题识别、科技创新与适宜技术研发示范应用、基础设施管护能力等方面，对科技聚力改善北京农村生态与乡村人居环境建设的路径进行研究。

（四）科技促进北京农村生态和乡村人居环境改善的对策建议

从组织管理、人才与服务、政策与资金保障等方面，提出科技促进北京农村生态与乡村生态环境建设的对策建议。

四、研究方案、研究方法与技术路线

（一）研究方案

本课题在科技支撑北京农村生态与乡村人居环境建设现状分析基础上，以问题为导向，重点结合美丽乡村建设专项行动，通过对西方发达国家以及国内特别是江浙等典型乡村在人居环境改善过程中路径选择、科技投入水平、建设成效方面进行实证案例分析，为北京提供借鉴。

组建多专业领域专家团队，通过场地调研和统计分析，对北京市已完成或阶段性完成的乡村人居环境建设项目进行全面梳理，并选择具有代表性的典型案例，组织专家进行现场踏勘评估，系统分析乡村开展的人居环境建设相关工作，辨识科技在乡村环境治理中的作用。

在科技聚力改善北京农村生态和乡村人居环境建设路径上，通过问题诊断和对解决方案的甄别，结合北京市美丽宜居乡村建设行动及相关技术导则、标准、规范，研究提出具体实施路径与对策建议。

（二）研究方法

本项目研究内容涉及领域广、前瞻性强，需要多门学科知识为基础。为实现研究目标，拟采用多种研究方法相结合开展研究：①文案研究与调查研究相结合；②理论研究与实证研究相结合；③宏观研究和微观研究相结合。

（三）技术路线

技术路线见图 6-1。

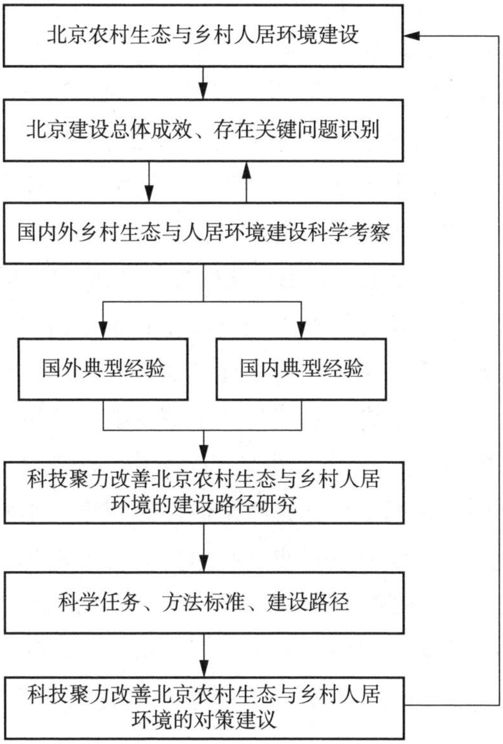

图 6-1　技术路线

第二节　取得的主要研究成果

一、概念解析与研究框架

良好人居环境，是广大农民的殷切期盼。习近平总书记指出："乡村振兴了，环境变好了，乡村生活也越来越好了。要继续完善农村公共基础设施，改善农村人居环境，重点做好垃圾污水治理、厕所革命、村容村貌提升，把乡村建设得更加美丽。"因此，可以说建设美丽宜居乡村是乡村振兴战略的重要目标。美丽乡村的提出对农村生态与乡村人居环境建设提出了新要求，即乡村既要具备自然之美，又要遵循生态规律，要坚决落实生态文明发展观。纵观新中国的发展进程，可以说我们越来越尊重自然、尊重人民的感受，把人民的幸福生活作为落脚点。改革开放推动了我国经济社会的快速发展，让我们摆脱了贫困，同时也带来了环境污染和生态破坏等问题，这在广大农村地区表现得尤为明显。这让我们认识到物质富裕但生态环境质量很差，同样也不是我们需要的美丽中国。美丽乡村应该是人与自然和谐的乡村，“既要金山银山，也要绿水青山”才是发展的真正落脚点。所以，乡村建设要以保护生态环境为前提。要留得住青山绿水，记得住乡愁。

农村生态概念一般较为宽泛，是指农村范围内的资源环境等问题。它的表现是多种多样的，很多专家学者都对此进行了论述。比如“有机化学之父”李比希在《有机化学》中论证了植物的健康生长不但需要有机物质，而且需要无机物质。李比希着重强调了现代农业的破坏性。李比希警示人们，现代农业带来的人与自然间新陈代谢的紊乱和土壤贫瘠，最终将导致整个欧洲文明的衰败。恩格斯也指出：“美索不达米亚、希腊、小亚细亚以及其他各地的居民，为了得到耕地，毁灭了森林，但是他们做梦也想不到，这些地方今天竟因此而成为不毛之地，因为他们使这些地方失去了森林，也就失去了水分的积聚中心和贮藏库。”美国生物学家蕾切尔·卡森在《寂静的春天》（1962年）中，全方位揭露了化学农药的危害。蕾切尔·卡森呼吁公众要制止那些关于有毒化学品使用的公共计划，认为这些计划将最终毁掉地球上的生命。那些阴险的毒物，通过喷雾剂和尘土、食物传播，要远比核战争的放射性危害大。卡森希望人们在了解真相后采取有针对性的行动。在我国，农村生态问题一般是指农村环境与农村居住人口之间的关系，主要通过了解农村生态现状，分析农村生态破坏的原因，并探讨保护农村生态的措施。换言之，农村生态保护主要是解决农村生态破坏问题，解决人类活动所导致的森林破坏、水土流失、土地荒漠化、过度捕捞、生物灭绝等问题。与农村生态紧密关联的另一个概念是农村环境问题，即通过分析农村环境污染现状，探寻解决农村环境污染的途径，并提出治理农村污染的对策与措施。

人居环境是指人类聚居生活的地方，人类利用自然、改造自然的主要场所，是人类在大自然中赖以生存的基础。人居环境一般包括城镇人居环境和农村人居环境，清华大学吴良镛先生将人居环境定义为“人类聚居生活的地方，人类利用自然改造自然的主要场所，是人类在大自然中赖以生存的基础”，人居环境科学的研究对象包括乡村、集镇、城市等在内的所有人类聚落，着重研究人与环境之间的相互关系。吴良镛在强调把人类聚落作为一个整体开展研究的同时，借鉴道氏“人类聚居学”将人类聚落的构成划分为自然、人类、社会、居住、支撑五大系统。在人居环境中，自然系统奠定居民生活的物质基础；人类系统与社会系统是人居软环境的总和，关乎人的个体发展以及聚落成员所组成的集体发展；居住系统与支撑系统是人居硬环境的主体，是人类以生存和生活为目的对自然进行改造与建设的结果。

乡村人居环境作为人居环境的一个重要领域，是乡村区域内农户生产生活所需物质和非物质的有机结合体，是一个动态的复杂巨系统，包括自然生态环境、人文环境和地域空间环境。乡村人居环境既包括气候条件、自然资源、区位特征的生态环境和不同经济发展水平创造的宏观经济环境，也包括住宅、基础设施等硬环境，以及信息交流等软环境，反映出乡村的地理空间、生活状况和社会之间的关系，是一个相互依存和相互影响的有机整体。

农村生态和乡村人居环境既紧密联系又有一定区别。农村生态包括农村生产生活的整体环境，乡村人居环境则主要指与农民生活相关的居住环境。因此，本研究主要关注农村的自然系统、居住系统和支撑系统，重点聚焦居住系统和支撑系统，即研究科技聚力改善北京农村生态与乡村人居环境建设的作用机制，科技在北京农村生态与乡村人居环境建设中的应用现状成效、存在问题及进一步改善的路径研究等。

二、北京农村生态与乡村人居环境建设成效分析研究

（一）北京农村生态与乡村人居环境建设历程回顾

回顾北京农村生态与乡村人居环境建设历程，重要发展时期主要集中于2000年之后，而其中两个关键时间点围绕的是新农村建设和乡村振兴。新农村建设，北京市农村生态与乡村人居环境建设重点实施的代表性工作有平原百万亩造林工程、“5+3”工程；美丽乡村建设是乡村振兴的重要内容，是新农村建设的持续深入，北京市重点实施了煤改清洁能源工程、污水治理三年行动计划、厕所革命等。这期间，北京农村生态与乡村人居环境建设涉及的内容很多，归结起来，本研究涵盖的内容主要有以下几个方面：

一是造林绿化，包括荒山造林绿化、风沙源治理、退耕还林、植树种草，绿化隔离带造林，以及城镇社区、农村社区、村庄、厂区、校园、庭院等的绿化美化，以及“四旁”植树与田间林网建设等。

二是水资源的治理与保护，主要有合理利用水资源、对水质的保护、对水污染的治理，以及进行水利设施建设、河湖治理与修复、湿地修复、节水措施等。

三是农村生活污染治理，主要包括农村生活污水、厕所与垃圾治理等。

四是清洁能源开发与运用，包括对清洁能源、可再生能源的开发与利用以及节能技术的推广运用等。

五是村庄环境整治，包括拆除私搭乱建、残墙断壁，治理马路市场、非法小广告、乱贴乱画、白色污染等。

（二）美丽乡村建设专项行动计划

北京市把持续提升农村人居环境、建设美丽宜居乡村，作为实施乡村振兴战略的重要抓手和主要载体，持之以恒、常抓不懈。2018 年，北京市印发《实施乡村振兴战略扎实推进美丽乡村建设专项行动计划（2018—2020 年）》，该行动计划的工作目标是按照产业兴旺、生态宜居、乡风文明、治理有效、生活富裕的总要求和绿色低碳田园美、生态宜居村庄美、健康舒适生活美、和谐淳朴人文美的标准，在前期美丽乡村建设的基础上，以实施农村人居环境整治为重点，进一步提高建设标准，增加建设内容，提升建设水平。行动计划以实施“百村示范、千村整治”工程为主要工作抓手，全面推进“清脏、治乱、增绿、控污”，全市 3200 多个村庄普遍达到了干净整洁有序的要求，建成验收了美丽乡村 2000 余个，美丽乡村 2. 0 版取得重要进展。截至目前，门头沟区、密云区先后获评国务院农村人居环境整治激励县；延庆等六个区获评全国村庄清洁行动先进县；72 个村镇被评为全国文明村镇；970 个村被认定为首都文明村镇；房山区周口店镇黄山店等 8 个村正在创建国家乡村振兴示范片区……

2021 年底，中央印发了《农村人居环境整治提升五年行动方案（2021—2025 年）》，对“十四五”期间农村人居环境整治提升工作进行了全面部署。对标中央要求和北京市实际，北京市委市政府制定了《北京市“十四五”时期提升农村人居环境建设美丽乡村行动方案》，接续推进美丽乡村建设。该行动方案的指导思想是坚持以人民为中心的发展思想，践行绿水青山就是金山银山的理念，牢牢把握首都城市战略定位，坚持大城市带动大京郊、大京郊服务大城市，以“百村示范、千村整治”工程为抓手，以建设宜居宜业美丽乡村为导向，加快农村人居环境基础设施建设，全面提升农村人居环境质量，为全面推进乡村振兴、加快农业农村现代化、建设国际一流的和谐宜居之都提供有力支撑。工作目标是，到 2023 年底，基本完成美丽乡村建设补短板任务，农村人居环境长效管护机制进一步巩固。到 2025 年底，农村人居环境显著改善，美丽乡村建设取得明显成效，农村卫生厕所普及，生活垃圾有效处理的村庄基本实现全覆盖，生活污水处理率达到75%，建立管用、接地气的长效管护机制，建成一批乡村全面振兴示范村，干净整洁有序的村庄环境得到持续巩固。

（三）科技聚力改善北京农村生态与乡村人居环境建设成效

农村社会民生事业发展一直以来受到党和政府的高度关注。进入21世纪，在社会主义新农村建设、美丽乡村建设和乡村振兴战略等政策引导下，北京市财政投入不断向农村地区倾斜，投入力度也不断加大。以新农村建设“5+3”工程为例，2006—2008年，北京市共投入26亿元对79个试点村和320个整体推进村实施了五项基础设施建设，2009—2012年全市又规划投入135.6亿元用于农村基础设施建设与改造提升；2006—2012年，“三起来”工程总计投入约60亿元，仅清洁能源技术的应用受益农户就达30万余户，太阳能公共浴室解决了近48万农户洗浴困难问题，一大批先进实用技术在农村推广应用。

2014年北京市开始推进美丽乡村建设，以“减煤换煤、清洁空气”行动、农村电网改造、农民住宅抗震节能改造、厕所革命、农村垃圾污水治理等为重点的农村生态和人居环境整治，特别是2017年乡村振兴战略提出，北京市实施“百村示范、千村整治”工程，围绕“清脏、治乱、增绿、控污”，实施村庄清洁行动，加快补齐农村人居环境短板，科技助力郊区农村生态和人居环境建设得到了极大提升，显著改善了农民生活条件。

1. 技术的多样化有效提升了农村污水治理能力

生活污水治理是北京市农村人居环境建设的重要短板，从2013年开始至今共实施了三轮污水治理行动计划，农村生活污水治理能力得到持续加强。一是从2016年起，全市将饮用水水源保护区、自然保护区、风景名胜区、人口集聚区及其他重点区域划定为禁养区，从源头控制污染产生；二是按照“城带村”“镇带村”“联村”及“单村”等多种建设方式，全市大力推进农村污水处理工作。根据2019年对全市680座农村污水处理设施的调查结果，农村集中式污水处理设施采用的技术工艺多达47种，其中，生物工艺占比最高，为72.3%，其次为组合工艺（14.0%），物化工艺（9.1%）和生态工艺（4.6%）占比相对较低。从各工艺数量来看，当前北京农村集中式污水处理设施采用最广泛的 7 种工艺分别为：MBR、生物接触氧化、人工湿地、A^2O+MBR①、AO② 和 A^2O③、rCAA④，采用以上工艺的设施占所有设施的比例分别为 51.8%、9.1%、8.5%、5.0%、2.4%、2.1%和 1.6%。可见，城镇污水处理厂普遍采用的 MBR、A^2O、AO、生物接触氧化等传统生物工艺在北京农村集中式污水处理设施中应用广泛。这些工艺的建设与示范作用，为全市污水治理提供了丰富的技术储备和实践经验。到 2021 年底，全市 2106 个村的生活污水得到有效治理，农村污水收集处理能力明显提升，农村地区生活污水处理率达到 74.57%，远高于《全国农村环境综合整治“十三五”规划》提出的到 2020 年我国农村污水处理率达到 30%以上的水平。

2. 农村生活垃圾处理技术与模式越趋成熟

随着农村居民生活水平的提高，农村生活垃圾成分越趋复杂，垃圾的产生量也快速增长，成为北京农村区域重要污染问题，严重影响居民生活与村庄环境。2001 年，北京市从城乡接合部地区开始，启动了全市垃圾处理基础设施建设工作；从 2002 年起，又在农村地区开展了垃圾密闭化建设工作，目标是建立垃圾收集系统，解决垃圾暴露问题。

农村生活垃圾处理是一个系统工程，其全过程主要包含收集、运输和处理三个技术环节。这三个环节既相互独立，又密切关联，只有有机衔接配合，才能真正实现农村生活垃圾的全过程治理。收集作为整个过程中的初始环节，通过采用适当的设施、设备，将散布于千家万户的生活垃圾集中起来，而集中后的垃圾一般采用运输的方式进入终端处理场（站）。运输是垃圾源头管理与末端处理处置之间重要的衔接部分，收运技术系统的建立和完备是顺利完成生活垃圾全过程治理的基础和前提。在终端处理环节，采用适当的技术手段对生活垃圾进行无害化处理，并加以合理利用，最终实现清除垃圾、减少环境危害因子和循环利用资源的目标。现阶段较为成熟、应用范围较广的生活垃圾处理技术有卫生填埋、好氧堆肥、焚烧、厌氧发酵、热解等，这些处理技术各具特点。

经过不断摸索实践，“村收集、镇运输、区集中处理”已经成为北京市农

---

① MBR：膜生物反应技术。
② AO：厌氧—好氧处理技术。
③ A^2O：厌氧—缺氧—好氧处理技术。
④ rCAA：好氧—厌氧反复耦合污泥减量化技术。

村垃圾主要收集处理管理模式，截至目前，全市创建了1500个垃圾分类示范村，99.93%的行政村生活垃圾得到处理，全市生活垃圾无害化处理率达到99.98%，农村生活垃圾处理已达到较高水平。

3. 厕所改造技术推进农村“厕所革命”稳步实施

北京市对厕所改造工作高度重视，这不仅关乎农民的生活质量改善，而且对乡村休闲旅游产业发展也具有重要促进作用。北京市户厕的大规模改造始于1991年，并于2001年起全面实施“三格化粪池式”户厕改造技术。根据2014年的统计结果，北京市118.84万农户中，已完成改厕116.65万户，农村卫生厕所普及率为98.15%，农村无害化卫生厕所普及率为98.08%；卫生厕所中，80.01%为三格式，17.02%为完整上下水道水冲式。依据2015年中国疾控中心何御舟对北京农村800户改厕家庭的调查，80.60%的厕所为卫生厕所，三格化粪池式卫生厕所占总厕数的65.30%，其他类型卫生厕所占15.30%，非卫生厕所占19.40%；45.71%的家庭使用离压水满装置冲厕、27.15%的家庭使用自来水冲厕、23.86%的家庭舀水冲厕、3.28%的家庭不冲厕所，82.13%的家庭对卫生厕所表示满意、36.73%的家庭对高压水冲装置表示满意，不满意的原因包括冲水装置容易损坏、使用不方便、冬季冻结等。

根据北京市统计局第三次农业普查资料，2016年末由于厕所老旧、技术落后、地质条件差等原因，全市大约有10万户农民厕所需要进行改造和进一步提升。美丽乡村三年行动计划实施以来，累计完成户厕改造14.14万户，目前全市农村无害化卫生户厕覆盖率达到99.3%，提前完成了98%的规划目标。农村无害化公厕的改造起步较晚，2005年开始改造试点，目前农村地区三类以下公厕基本全部消灭。

4. 农村能源清洁化利用技术被广泛采用

新能源与可再生能源的开发利用是农村能源清洁化发展的重要形式，其对技术要求较高，新能源和可再生能源的能效提高和成本的下降，在绝大程度上还要依赖于技术的重要支撑推动作用。新能源与可再生能源的技术支撑体系主要包括：资源数据库、技术创新研发、装备制造水平、技术标准、设计规范及产品质量认证体系等。

加快农村清洁能源利用可以优化能源结构、减少环境污染、改善农民生活质量、推进技术进步，是北京市乡村可持续发展的必然要求。北京一直重视新能源和可再生能源等清洁能源的开发利用，在2006年起实施的“三起来”工程的基础上，为助力“蓝天保卫战”，2013 年起北京市又实施了农村地区“减煤换煤、清洁空气”行动计划，大力度开展农村地区“煤改清洁能源”，使得北京农村地区清洁能源利用得到快速推进，2018 年全市平原地区村庄已基本实现“无煤化”。截至 2021—2022 年度取暖季，北京已经实现清洁取暖的村庄为 3481 个，约有 133 万户实现了清洁取暖，其中“煤改电”村庄占八成，“煤改气”村庄占两成，清洁取暖村庄数量占全市村庄数量的 88.7%，清洁取暖改造户数占总户数的 93.1%。

清洁取暖改善了北京的生态环境质量。据统计，“十三五”期间，北京农村地区清洁取暖用户累计节约燃煤 1420 万吨，比照减排因子核算，减排二氧化碳约 3638 万吨，减排二氧化硫 29.24 万吨，减排粉尘 14.62 万吨，为首都大气环境质量的改善做出了贡献。同时，清洁取暖也节约了农民开支，提高了农村居民生活水平。改造后，一个取暖季每户取暖费在 3000 元左右，既省钱又省力。村民冬季不用再烧煤炉，室内空气温度保持恒温，可稳定在 18℃以上，家居环境舒适，杜绝了煤气中毒事故。

5. 科技助推北京农村绿化美化水平不断提高

北京农村特别是广阔的山区，是首都重要生态屏障。自从 21 世纪初北京郊区各类矿区的相继关停，围绕山区生态修复实施了大量工程，各类技术的应用有效提升了山区生态修复的成果；此外，围绕河道湿地的生态修复技术也在郊区广泛应用，成效显著，绿水青山已初步显现。从 2012 年起实施的两轮百万亩造林工程，让北京郊区绿化水平显著提高，在科技支撑下，选育了一批高抗性适宜树种，形成大规格苗木种植技术、节水灌溉技术等多项新技术，构建了一批规模化造林推荐模式。

村庄和庭院的绿化美化是宜居环境塑造的重要基础，既改善农村生态环境，又美化村容村貌。为治理新农村建设中“硬化多、绿化少”问题，2006 年北京市制定了《北京市新农村建设村庄绿化导则》，启动村庄绿化美化提升工程，对全市 1872 个永久保留村庄逐步实施村庄绿化美化建设。为稳步推进乡村绿化美化工作，从 2015 年起，北京市启动了村庄绿化改造提升工程，通过村边、沟边、路边、河边与渠边“五边”绿化改造来重点突破，2016—2019 年全市累计完成绿色村庄建设 945 个，绿化面积达 937 万平方米，全市村庄绿化总面积超过 2 亿平方米，其中密云区、房山区和海淀区的村庄绿化覆盖率超过了 45%。

另外，农村地区作为全市“疏解整治促提升”专项行动的有机组成部分，重点开展了对违法建筑、违法经营的查处和整治，通过拆违还绿、留白建绿、见空插绿，实现村庄旧貌换新颜。在乡村新建住宅和住宅改造中，在条件允许下应用创新绿色环保技术（住房节能改造与保温技术、雨水收集技术等）以减少新建建筑对环境的潜在影响。一些乡村景观营造技术也在村庄规划建设中得以应用，让乡村更加宜居。

6. 信息化技术等也助力乡村宜居水平提高

农村信息化建设水平不断提高，从“十二五”时期即启动了全市农业农村信息化工程，农业农村信息化基础设施条件不断优化，目前全市乡镇宽带通达率100%，行政村宽带接入通达率100%；互联网在农村社区管理服务中的应用也得到深入推进，建设了一批智慧乡村；农业农村电子商务得到快速发展，超过85%的行政村建有电商服务站点，为居民日常生活提供了极大便利。北京市不断优化农村水资源配置，加快推进城乡供水一体化，全市100%的乡镇达到集中或部分集中供水，行政村集中供水基本实现全覆盖，农村自来水普及率99. 56%。92. 6%的村庄饮用水经过集中净化，基本上保证了农村居民的用水安全。针对山区基础设施条件薄弱，建设改造难度大、成本高等问题，已连续实施四轮山区搬迁，累计搬迁达到5万户、12万人，一批人居环境整治新技术在搬迁村加以利用，通过搬迁建成了一批美丽宜居乡村，探索出了一系列安民富民的新模式。

（四）存在的主要问题

在科技助力下，经过多年的建设，北京农村生态与乡村面貌焕然一新，农村生态与人居环境得到了极大提升，显著改善了农村生产生活条件，为促进农村地区经济社会发展奠定了坚实基础。但是，我们也要看到北京在建设国际一流和谐宜居之都的大目标下，在建设国际科技创新中心的大背景下，对标浙江等农村生态和人居环境建设先行区，北京市还存在一些问题亟待破解，主要表现在以下4个方面：

1. 建设中依然存在短板，科技提升空间很大

近年来，北京持续加大对郊区农村建设投入，农村生态和人居环境水平总体上得到了很大改观，但是科技的应用在城乡之间、区域之间依然存在较大差距，针对农村人居环境建设创新技术仍然不足。以农村污水处理为例，

城市污水处理技术成熟，而农村污水处理技术研究较为薄弱。截至2019年底，全市污水处理率达到94%，其中中心城区污水处理率达到99.4%，而农村污水处理率仅为45%。特别是占北京市域面积62%的山区，这里既是全市的重要生态屏障，也是全市经济和基础设施相对薄弱地区，适宜技术的研发推广成本更高，少数分散村户的安全饮水、生活污水处理、清洁用能、物流快递和交通便利出行等问题还没有得到有效解决，与人民对美好生活的追求存在较大差距，造成这种结果的主要原因为山区分散农户单位基础设施投入成本过高，操作难度大，适宜的技术少。从目前整体发展情况来看，北京科技的聚集性优势在乡村生态和人居环境建设中的应用并没有得到有效发挥，相比较东部沿海经济发达地区，仍然存在一些薄弱环节，与国际都市对标，北京乡村环境建设差距更为明显。聚焦科技在北京农村生态与人居环境建设上的应用短板，加快改善乡村人居环境，既是北京建设国际一流和谐宜居之都必须弥补的弱项，更是北京适应乡村发展变化新形势、提升乡村建设和发展水平的内生需求。

2. 现有农村人居环境治理技术的应用因地制宜性不足

总体来说，目前我国人居环境治理技术较为先进，技术类型多样，但是农村人居环境治理仍然是技术应用的短板。一个重要原因是原有村庄人居环境治理中存在简单照搬工业和城市治理模式的倾向，对农村人居环境建设的特有规律认识不够。在一些领域，存在过度依赖传统城市工程技术的情况，在相关项目实施前，各类技术都是先进的、成熟的，但是在实际建设过程中，因为没有考虑技术的实用性和地域性，造成整体技术适应性不强，很多项目运行效果并不理想。例如，目前北京农村污水处理较多采用在城市普遍推广的生化处理工艺，在对北京市680座农村污水处理设施调研中发现，51.9%的处理站采用的是MBR工艺，且这些设施主要分布在运营管理难度较大的山区，如在密云区和怀柔区，高达86.6%的农村集中式污水处理设施采用了MBR工艺，这些地区的处理设施经常因为来水不足及污水结冰等因素而停运，经济性和实用性较差。因此，适合农村生产生活条件的人居环境治理模式、技术体系尚需建立完善。

3. 农村人居环境治理理念的科学性还需要进一步提高

乡村人居环境建设内容广，从规划、建设、使用到管护涉及技术环节多，任何一个地方考虑不足，都可能影响最终的建设效果。新农村建设以来，北京在农村人居环境建设上投入了大量资金，但是因为有些治理理念缺乏科学性，造成工程项目没有达到规划的预期成效。一是在乡村人居环境建设过程中，存在“为建而建”“面子工程”等不良倾向，追进度、赶进度造成一些本来好的技术工程项目建设质量水平不高，建后停用现象时有发生。二是农村人居环境建设项目的选择往往是自上而下，通常是政策制定者或项目实施者负责工程技术的选择，建设成果的惠及者基本上是被动接受工程项目建设类型，实际上没有参与到项目规划与工程技术的遴选过程，这样影响最终使用效果。三是有些农村人居环境项目在确定规模和容量时，从生活的角度考虑较多，没有统筹考虑生态建设和生产发展更宽阔的系统角度，出现“小马拉大车”现象。四是乡村人居环境基础设施项目建设互有交叠，在具体实施中，没有统筹考虑地上地下基础设施的建设顺序，出现了道路修建后因为地下设施建设再拆除，拆除后再申请道路维修这类违背基本建设规律的现象。五是由于乡村建设风貌引导、标准不统一和技术、管理缺位等原因，一些村庄风貌管控不够，房屋翻建中风格各异，出现了不少乡村建筑布局凌乱、建设标准较低、形式和功能单一、缺乏京韵京味等问题。

4. 各类工程项目的技术管护水平还需要进一步提升

当前，农村生态和人居环境整治相关基础设施建设的短期性与设施管理维护的长期性之间的矛盾还较难协调。一是“重建轻管”现象仍然较为普遍，由于工程项目和设备的使用具有一定的技术性要求，正常运转维护需要较大资金支撑，但是目前农村基础设施项目建设基本上都是财政直接投资，由于建设时未充分考虑后续的运行维护和物价上涨，设施运转后往往出现资金不足问题。二是管护队伍能力建设难以胜任现代技术发展的要求。首先，管护观念薄弱，农村基础设施的管护人员通常是本村农民，传统的“集体所有、集体管理”的管护思维遗传基因仍在，结合管护人员自身综合技能水平较低的现实，致使许多农民不仅在参与建设和管理时的积极主动性不高，而且管护应急处理能力也不够。其次，由于工作量大、工资水平不高，也难以建立胜任技术要求的管护队伍。三是统筹力度有待进一步加大。农村人居环境建设基本涉及农业农村生产生活的各环节，包括生活污水处理、农村垃圾处理、道路交通物流、网络信息化建设等多项工作，涉及农业、环保、水务、城市管理、卫生计生、交通、电力、城管执法等多个部门，各个职能部门也都履行着相应的职责，落实了管护人员，出台了考核办法。但从实际工作推进情况看，在一定程度上仍存在多头分散投资、建设、管理，缺乏统筹抓总。就目前统筹力度而言，已远远不能适应乡村振兴背景下的农村公共服务运行维护的新任务、新要求。

第三节　国内外典型经验借鉴

一、欧洲

欧洲有91%的土地属于农村地区，有56%的人口在农村生活。各个国家的乡村人居环境建设是基于整体文明的提升，从山区到草原，从森林到农田，处处体现了欧洲美丽乡村的价值。

（一）各种先进技术设施在乡村环境建设中应用普遍

欧洲乡村地区随处可见蓝蓝的天空和被绿树环抱的村庄，古香古色的房屋如诗如画般矗立在草地上。野生动物和人类共存，成群牛羊休闲地觅食，人与自然和谐共处，形成优美的农村景观。西欧国家各种先进设施覆盖了村镇，100%的农村建有集中的雨水排放系统；每家每户使用卫生厕所，并自备化粪池和污水处理系统，市政当局集中处理粪便；农村的生活垃圾全部由市政当局集中收集和处理，在村庄的房前屋后、边角空闲地带等都没有垃圾存放。如法国政府始终将“可持续发展”作为目标之一，为改善居民生活质量，农村与小型城镇的垃圾分类回收及处理标准也与大城市相同，与城市不同的是，农村的生活垃圾必须将有机垃圾和无机垃圾进行严格区分。农村与外界联系的主干道路用沙混、沥青或水泥铺装，内部道路由砂石铺路，均安装路灯和交通安全设施和标志。农村的生活居住区和生产区分开，饲养畜禽的农户在农田或草场，设置标志消防栓。

以德国农村生活污水治理为例，20 世纪 90 年代以前，采取的主要是工业化集中式处理办法，即将污水通过管道输送到污水处理厂统一集中处理，但此技术模式不仅成本高，处理后的大量沉淀物和废物对环境还产生一定的压力。进入 21 世纪以后，这种集中式的处理方法逐渐被分散式污水处理技术所代替，形成了 3 种主要的分散式处理系统：一是分散式市镇基础设施系统；二是湿地污水处理系统；三是多样性污水分类处理系统，整体达到了很好的治理效果。

（二）注重历史文化遗产保护

欧洲乡村住宅保留着传统的建筑风格和中世纪的乡村原貌，古老的民宅、教堂、水井、磨坊等被完好无损地保存着，或放在农业博物馆里面，用于教育和展示农业发展的历程。例如在比利时，花坛簇拥着雕塑、古老的城堡与欧洲园林组成了和谐的自然景观。在欧洲农村，大多数是木质结构的一层或者二层小楼，历史悠久，有的已经有上百年或几百年的历史，仍旧可以居住。房子的窗台上挂满花盆，整个建筑被装饰得精美独特。

（三）建立完善的农村环保法规体系推进环保技术的发展

为了促进农村生态保护与乡村环境建设，欧盟及其成员国都制定了完备的、可执行的农村生态环境法律法规。完善的法规体系几乎覆盖了与农村生态环境污染相关联的各个方面，真正体现了法治化管理的理念，从而有效推进了各类环保技术的发展应用。同时，各国都十分重视法律法规的及时完善和修正，通过颁布新的法规或修改原有的法律法规来解决出现的新生态环境问题，及时弥补管理中存在的缺陷。如德国针对村庄更新，制定必须遵守的法律和法规，包括《建筑法典》《联邦国土规划法》《联邦自然保护法》《土地保护法》《景观保护法》《林业法》《垃圾处理法》《大气保护法》《水保护法》《文物保护法》《遗产法》等。德国还不断更新乡村规划，并将文化遗产保护、农业结构和海岸地区保护等纳入乡村规划中，社区政府通过讲座、集会、媒体和网络等，将乡村更新的信息传递给乡村居民，让村民平等参与村庄更新建设，征求村民的意见和建议，调动村民的积极性。

（四）建立乡村生态环境保护投入机制

乡村人居环境建设中的科技投入往往需要大量资金加以支撑。欧洲发达国家为了促进水源保护、沼气利用、生活污水和垃圾处理、乡镇工业和农村养殖业污染治理等农村环境公共基础设施建设，建立了一系列农村生态环境保护投入长效机制，一方面设定了多项农村生态环境专项资金，增加乡村环保技术应用的资金投入；另一方面配套了优惠贷款、税收减免、补贴、直接投入等多项措施对乡村生态环境保护给予支持。此外，设立专门的农村生态环境管理机构负责诸如农村环境标准制定、农村环保立法与执法、农村环境监测、统计与发布农村环境信息之类的工作，对农村生态环境建设进行引导。

二、美国

美国是一个由50个州和一个联邦直辖特区组成的联邦制国家，也是一个多文化、多民族的国家。美国按照人口密度划分城镇和乡村，人口少于1万人的聚集区称为乡村地区。和中国的农村一样，美国农村地区比城镇地区收入低，就业率低，失业率高，农民受教育程度低，医疗条件差，能源利用率低、贫困人口多，因此，除了西班牙裔的白种人和亚裔等国际移民到美国农村定居外，美国农村以农业为主的地区普遍存在人口下降的情况，主要原因是本地的青壮年劳动力不断向城市转移、农村地区人口出现老龄化现象。以美国农业部为首的各级机构，一直将保持农村生态环境作为提高人民生活质量的重要基础，形成了从制度到法律的一整套管理体系。

（一）建立从中央到地方协调统一的管理机构

为落实农村生态环境建设各项措施的顺利推进，美国从联邦到州、县都有相应的管理机构，形成了一个比较完整的管理系统。防护林与水土保持工作由联邦农业部统一领导，农业部下属与此相关的主要业务管理机构有林务局、水土保持局、农业科研局及技术推广服务局。各州、县都设有相应机构。美国各州和县政府也可以根据某个乡村基础设施建设项目的重要程度，安排扶持资金，但是各自投入的资金根据建设项目的责任进行了严格划分，不能互相补充。如县域道路由联邦政府投入资金，小城镇道路由县域资金投入建设，农户家周边的道路由农户自己负责。

（二）不断完善相应的法律法规体系

美国农村环境保护走的是法律先行的道路，通过完备的法律体系规范和约束污染源。美国的环境法律制度分为地方、地区、州和联邦四个层次，不同的行政管辖区域具有不同的规制方案。从20世纪70年代起，随着环境问题的激化与公众环境意识的增强，促成美国先后通过了《清洁空气法》《清洁水法》《环境教育法》《职业安全和健康法》《噪声控制法》《宁静社区法》和《综合环境反应、补偿和责任法》等。

（三）综合运用技术、经济等手段，以项目带动

针对农村环境保护问题，美国综合运用技术、经济等手段，开展了一系列农业环境保护项目，通过项目带动，对农村环境问题进行资金补贴、技术

支持和规范化生产等，涉及的重要项目有：退（休）耕还草还林项目、湿地恢复项目、环境保护激励项目、环境保护强化项目、农业水质强化项目、野生动物栖息地保护项目、农场和牧场保护项目、草场保护项目。以农村污水治理为例，在20世纪60年代，美国提出了“21世纪水厂”的理念，将污水处理后回收利用。1987年美国联邦政府将面源污染治理写进《水质量法案》，要求各个州为分散污水治理建立计划和提供项目资助。美国对乡村居民排放污水的治理经历了“户外厕所—污水坑—化粪池—分散式污水处理系统”四个技术演化过程。在治理家庭污水过程中，强调以家庭或个人治理为主，同时联邦政府和州政府也推出一些项目或计划进行有组织的推进。美国污水处理的主要做法是：通过政府主导，建立污水处理厂，企业资金和民间机构资金作为补充，联邦政府为各州提供污水处理的滚动基金，帮助并鼓励污水处理的相关环保项目。在污水处理过程中模拟湿地、河流、溪流等自然净水过程，快速有效地将废水中的污染物沉淀、清除，去除掉有毒有害的污染物。同时将处理后的污泥经干化床自然干化，部分转送到污泥塘稳定，稳定脱水后，送到郊区农田施肥；剩余的活性污泥经浓缩后进入中温消化池，由真空脱水后烘干制成肥料。通过肥料回收，将污染物中其他的潜在资源回收利用。污水经过处理测试达标后，重新用于农业和绿化灌溉、生态景观用水、休闲娱乐用水、营造湿地、补充地表径流、城镇公共建筑、工业生产和居民家庭冲厕、洗车等。工商企业和居民家庭使用时，按照普通水价的50%~75%收取水费。

三、日本

20世纪70年代以后，随着农村生态环境问题的日益凸显和国民环保意识的不断增强，日本政府对农村生态环境问题表示了极大的关注，通过加大农村环保基础设施建设力度、建立健全农村环保法律法规、强化相关部门管理责任等多种手段来强化农村生态环境保护。

（一）农村公共环保基础设施建设重视科技的注入

自20世纪70年代以来，日本在农村环境污染治理方面的财政投入就开始逐步增大，尤其是在农村，30%的农村公共环保基础设施都是由政府出资建设。由于政府的财政支持和引导，日本大量环保科技在公共基础设施上加以应用，建成了一批完备的农村环保基础设施。由于日本农村工业化程度高，农民接受文化教育水平也比较高，路面硬化、上下水设施、电力系统等都非常完善。目前，日本的3000多个市镇村地区基本上都已经配置了相应的污水处理、固体废弃物处置设施，实现了饮用水供应和污水处理全国范围的覆盖。总体来说，日本农村享受与城市一样的人居环境基础设施。

（二）村容村貌保护与提升

日本乡村建设走过了一个长期的探索历程，乡村宜居水平高。日本村容村貌坚持传统并富有民族特色、风貌精致且讲究生活情趣、分散居住、功能划分清晰，并且适应防震需要的住区建筑形态，先进实用的建造技术在其中广泛应用。在日本，农村的建筑形态高度趋于一致，坚持传统建筑特色，风格协调，与环境不协调的建筑形态相对较少。在新时期，一些现代的元素虽然在各类建筑中有所融入，但在外形上也基本以日本传统建筑形式为基准，总体保持村容村貌的一致性。日本的住宅风貌总体保持原有的形态，虽然大量的现代技术和文明成果在旧的建筑基础上进行了配备与应用，但是整体没有受西方建筑标准的影响，日本乡村特色仍然明显。

（三）注重发展乡村环保技术

日本注重提高乡村生态环境治理和改善方面的技术含量，始终将环保科技作为推动乡村人居环境建设的重要动力，目前已经形成了一大批先进的乡村污染治理技术。这些环保技术的开发利用对于乡村生态和人居环境的治理颇见成效，如：水体污染减少、土壤质量显著提高、人居环境质量得到改善等。

以乡村污水治理为例，日本的乡村污水治理是在20世纪50年代以后实施的，由于农村污水排放引起了一系列卫生健康问题、环境问题，为了规范乡村地区的卫生，保护农村环境，日本建立了一套与城市不同的乡村污水治理技术与法律体系，由政府主导实施，农民参与。日本主要通过采取家庭净化槽技术解决污水问题。政府对乡村家庭污水处理实施两项计划：①支持单个家庭将自己处理粪便的净化槽改为合并处理的净化槽，家庭负担总费用的60%，其余的由国家补助1/3，地方补助2/3；②为保护地方水源，对特别排水地区和污水治理落后区的生活污水治理项目，农村家庭需要负担净化槽设置费的10%，国家负担33%，地方发行债券筹措剩余的57%。净化槽的日常维护管理因涉及专业技术，工作由市、町、村设立的公营企业负责。

（四）制定全方位的农村环境保护政策

日本早在20世纪70年代初就提出了大力建设环保型农业，减少农民在农业生产过程中对农村生态环境可能造成的污染的思想。为了在全国范围内向农民推广“化肥、农药减量栽培”“有机农业”“废弃物再生利用”等环境友好型农业生产模式，制定了一系列的配套优惠政策。这些优惠政策的推出，极大地激励了农民采用环境友好型生产方式进行农业生产，在农村环境治理方面获得了很好的成效，农村生态环境污染逐渐减少，农产品质量也得到了提高等。日本非常注重通过发挥法律法规的约束作用来规范农民农业生产行为。目前，日本在农业生产的各个环节基本配套有相应的法律法规，如：《食物、农业、农村基本法》《可持续农业法》《有机农业促进法》《堆肥品质管理法》《食品废弃物循环利用法》和《农药取缔法》等。这些法律法规通过明确政府部门与农民的农村环保责任和环境友好型生态农业的法律地位，极大地促进了日本环保生态农业的推广。

四、浙江安吉县

（一）基本情况

安吉县隶属浙江省湖州市，素有“中国第一竹乡”“中国白茶之乡”“中国椅业之乡”的称号，县域面积1886平方千米，户籍人口47万人，下辖8镇3乡4街道209个行政村（社区）和1个国家级旅游度假区、1个省级经济开发区、1个省级承接产业转移示范区，是“绿水青山就是金山银山”理论诞生地、中国美丽乡村发源地和绿色发展先行地。

（二）主要做法及成效

1. 以“美丽乡村”建设为载体，加强各类标准办法制定

安吉发展的一条重要经验是加强各类标准办法的制定，规范美丽乡村建设。安吉成立以县长为组长、县委副书记为常务副组长的“中国美丽乡村”标准化创建工作领导小组，下设办公室，明确专兼职人员，制定系列工作方案。积极推进标准体系建设，在修订完善现有的《“中国美丽乡村”建设考核验收办法》（36项指标）的基础上，收集56项相关标准，通过整合、提炼、完善，又制定出《中国美丽乡村建设规范》《农村社区公共服务设施设置及管理维护要求》《中国美丽乡村劳动和社会保障工作规范》等18项相关标准，

形成完整的“中国美丽乡村”标准化体系，基本涵盖美丽乡村的建设、管理、经营等各方面的内容，满足农村生态环境标准化建设、农村产业标准化经营、农村公共事业标准化推进、农村事务标准化管理等各方面的需求。出台《“中国美丽乡村”标准化示范村建设实施方案》，做好各环节相关标准的宣传、培训、实施工作，对各单位实施标准的情况进行跟踪。集安吉美丽乡村建设经验精华的《美丽乡村建设指南》成为国家级标准，于2015年6月1日正式颁布实施，这是我国美丽乡村建设的一个里程碑，明确了美丽乡村建设的总体方向和基本要求。

2. 加快先进实用环保技术应用，推进乡村生态环境建设

安吉坚持经济发展与环境建设协调可持续发展。加大重点饮用水源地、生态公益林、自然生态植被和生态敏感点的保护力度；实施土壤、矿山、河道等生态修复工程。持续开展全县竹木制品企业污染整治工作，加强环保基础设施建设，抓好城乡污水处理、生活垃圾分类处理、河道流域与城郊接合部环境卫生综合整治，完善污染治理长效机制。以农村生活污水为例，引进推广了PEZ高效污水处理技术、日本净化槽技术、A^2O污水处理工艺加微动力技术、A^2O污水处理工艺加湿地处理技术，截至2020年，安吉县共建有农村生活污水治理终端设施3000余座，行政村覆盖率达100%。此外，一批低成本、高效率、易维护的环保实用技术在安吉得到因地制宜的推广应用，区域生态环境质量持续提升。多年来，全县空气质量优良率保持在85%以上，农村生活垃圾集中收集处理的行政村覆盖面达100%，土壤安全利用率100%，地表水、饮用水、出境水达标率均为100%，森林覆盖率、林木绿化率达到70%以上，被誉为气净、水净、土净的“三净之地”。

3. 加大科技支撑力度，培育科技创新能力

安吉作为长三角一体化、长三角G60科创走廊的重要成员，在数字化发展方面成功走在长三角前列，已签约百亿级的国动安吉云数据基地和远洋资本安吉数据中心，完成了《安吉县农业农村数字化管理平台建设方案》编制，成立了“两山转化”数字研究院，建立和投入使用多类别智慧应用平台，有力推进了农业农村数字化建设。依托已搭建的数字农业载体和专项规划指引，推动链接互联网、大数据、人工智能与农业农村深度融合，助力安吉农业农村全方位朝着数字化、网络化、智能化升级。通过搭建多元化数字型经营服务平台，连接农林经营主体、农林生产主体、农林产品加工销售主体、商业

零售主体、物流电子商务、智慧旅游、数字乡村等全产业链农林生产经营主体，提供生产、经营、物流、销售、政务、旅游、金融、乡村等多元化服务，显著提升了乡村生产和宜居水平。

五、河北承德市

（一）基本情况

承德旧称“热河”，曾是清朝“夏都”，地处河北省东北部。承德是京津冀世界级城市群的重要节点城市，境内地形复杂，山脉纵横，河流交错，是京津冀的重要水源地和生态支撑区，被誉为“生态绿肺”“天然氧吧”和“京津后花园”，也是环京津周边贫困相对集中、多民族聚集的地区，承担着为京津冀城市群“阻沙源、涵水源，保障生态安全”和区域内“脱贫攻坚、全面小康”的双重任务。在2013年2月26日的京津冀协同发展座谈会上，习近平总书记亲自为承德定位：加快建设京津冀水源涵养功能区，同步解决贫困问题。承德市下辖3个市辖区、1个县级市、4个县、3个自治县，总面积3.95万平方千米，总人口335.44万。2021年，承德市实现地区生产总值1697亿元，增长6.1%；其中，第一产业增加值373.6亿元，增长7.8%；第二产业增加值577.1亿元，增长3.0%；第三产业增加值746.3亿元，增长7.3%。三次产业比例为22∶34∶44。全市农村居民人均可支配收入14852元，增长12.6%，增速居全省第2位。

（二）主要做法及成效

1. 技术支撑水源涵养能力提升

针对局部生态环境脆弱、水源涵养功能不稳固问题，承德市采取“山水林田湖草沙”系统治理等技术措施，重点实施造林增绿提质、流域水生态改善、风沙源综合治理、污水垃圾处理四大工程，提高植被覆盖率，改善流域水生态环境，遏制水土流失和风蚀沙化，提升生态系统水源涵养能力。此外，积极与京津两地加强合作，形成流域共建共治合力。累计研发推广水源涵养林适应性修复、塞罕坝及周边地区森林抚育提升、坝上退化草原湿地治理等新技术新工艺20余项，关停取缔矿山企业300家，清除潘家口水库网箱养鱼，8万渔民转产上岸。与2018年相比，2022年23个国省考断面水质优良率由94.7%提高到100%，森林覆盖率由58.75%提高到60.03%。探索碳汇交易试点，打通“两山”转化通道。成功争列全省唯一“森林固碳试点”，塞罕坝集团成为全省首家核证机构，累计交易“固碳量”45.81万吨、2032万元。

2. 同步推进脱贫攻坚与美丽乡村建设

针对贫困面广、贫困程度深、产业扶贫带动能力弱、农村生产生活条件落后、贫困人口劳动技能较低问题，承德市以脱贫摘帽、同步小康为目标，坚持脱贫攻坚与美丽乡村建设同步推进，重点实施产业扶贫带动、美丽乡村建设、贫困人口技能提升三大工程，建设衣食无忧的生活乐园、生态之美的休憩田园、留住记忆的文化故园。打造美丽农村典型，引领乡村全面振兴。紧紧围绕“建设繁荣的农村”这一目标，全力打造农村乡村振兴“大贵口村”样板示范，大力发展休闲采摘、农业研学等新业态，打造了山谷田园、山谷市集、山谷人家等系列“山谷”品牌，拉动了当地户均增收8000多元。

3. 实施创新能力提升行动

针对创新能力不强、科技支撑能力弱等问题，承德市聚焦生态环境与经济社会发展需求，重点实施创新主体壮大、创新载体建设、创新人才支撑三大工程，全力推进区域创新、产业创新、企业创新，着力构建以科技创新为核心，多领域互动、多要素联动的综合创新生态体系，打造具有承德特色的可持续发展科技创新示范基地，提升科技创新支撑引领可持续发展的能力。围绕乡村人居环境改善和生态系统服务功能提升需求，集成应用环境污染与生态修复技术、黑臭水体治理技术、面源污染综合防治技术、乡村人居环境综合整治技术、生态资源化利用技术、区域污染联防联控及生态共建共享技术等乡村生态环境建设关键技术，实施山区生态环境修复、美丽乡村建设、绿色资源增值和低碳引领示范等工程，实现乡村人居环境明显改善，生态资源价值明显提升，让良好生态成为乡村可持续发展的支撑点。

六、国内外经验主要启示

通过梳理欧洲、美国、日本和国内典型县市的经验，为北京在农村生态建设、农村绿色发展、农村生活污水治理、生活垃圾处理、厕所革命、村容村貌提升等重点领域提供启发，以探索出适宜北京的科技聚力改善农村生态与乡村人居环境的路径，实现首都乡村更加“生态宜居”。

（一）合理采取农村污水处理技术模式，降低污水处理成本

由以上分析可见，发达国家和国内典型区域的农村污水处理模式都突出

了因地制宜，处理技术的多元化。在欧美、日本，部分农村居住分散，管网不健全，主要以分散式处理系统为主。鉴于建设成本和后期运营管理维护费用，需要结合农村地区人口、用地、水环境等特征，因地制宜地选择农村生活污水处理技术模式。例如，对于距离街镇建成区较近的村庄，可以结合乡村路网建设铺设短距离收集管道，就近接入街镇污水管网，将村庄污水纳入街镇污水处理厂统一处理；对于村庄布局规划中近期将拆迁合并的村庄，可选择分散式污水处理方式作临时过渡处理，处理方式包括小型人工湿地、家庭沼气池、太阳能驱动污水处理技术装置等；对于地形地貌规整、居住相对集中、用地较为紧张的规划保留村庄，可以结合农村环境整治工程同步完善村庄道路污水收集管网，建设村庄污水站等小型集中污水处理设施进行统一处理；对于山区村庄，污水集中收集不易，成本高的，可以采取就地分散处理的方式进行处理。

（二）建立科学的垃圾分类与收费制度，从源头减少生活垃圾产出

从国外情况来看，农村生活垃圾处理的关键在于探索从源头上控制垃圾产量的有效方法，以及采用有效的垃圾回收利用技术模式，减少资源的浪费。对于垃圾处理技术来说，目前整体已经比较成熟，如生物发酵、垃圾焚烧等。减少农村生活垃圾产量有赖于实施科学的垃圾分类制度，依赖于农民生活垃圾资源化、减量化教育以及社会管理的配套制度。例如，日本是世界上人均垃圾产生量最少的国家之一，年人均垃圾产生量仅为 410 千克，这主要得益于日本自 20 世纪 80 年代建立起来的非常严格的垃圾分类制度。另外，垃圾收费制度是实现垃圾减量化的另一条有效路径。发达国家实施垃圾收费制度，并且根据垃圾产生量收取不同费用。例如，芬兰从 1996 年开始征收垃圾税，这些税收的收入全部用于垃圾处理、废物清理、维护处理设施以及废物运送等方面，这不仅有效缓解了芬兰政府在垃圾处理方面的资金压力，也大大降低了芬兰的人均垃圾产量。

（三）在基础设施建设中坚持技术的宜居适用性为主要原则

发达国家的发展历程体现了不断顺应自然、以人为本的理念，基础设施的建设不追求奢华，而以宜居实用为主。欧洲发达国家注重先进适宜技术的应用，在保护农村生态环境的同时，积极推进农村基础设施现代化建设，持续推动生态宜居乡村的建设。欧洲一些国家的市政当局对水源地沿岸、泄洪道周边一些村庄关键生态环境节点予以重点关注，采用一些适宜技术示范开

展集中化雨水排放系统、家庭化粪池和污水处理系统建设任务，并统筹集中处理乡村社区生活垃圾及各户卫生厕所粪便。此外，欧洲各国注重对集中供水设施、排水和污水处理设施、垃圾收集与处理、村庄道路等基础设施建设过程的严格监管，保证采纳技术模式的规范化建设，并且还开展使用过程的环境监测，量化各个具体基础设施建设对实现农村人居环境目标的实际贡献，确保相关技术工程的科学性、实用性和可持续性。

（四）垃圾污水等环境治理由政府主导，多方进行管理

由欧洲、美国、日本等地乡村垃圾和生活污水等处理现状可见，无论哪一种，都是由政府来主导，民众参与，并且强调以乡村家庭先处理，政府再集中收集并处理。欧洲经济普遍较发达，乡村的垃圾处理、雨水排放和集中的污水处理系统全部由市政当局负责。在污水治理中，美国联邦、州、县政府负责提供资金和技术支持。实际运行中，由县政府负责管理辖区内的污水治理，提供技术、资金和管理的帮助；镇和村具体执行，负责规划、批准和安装污水处理设施。此外，还有一些公营机构，如乡村供电公司，也会参与污水治理的运营工作；民间非营利机构保证分散式污水处理系统的有效实施，私人组织提供管理服务。多方参与工作，这样可以保证垃圾和污水治理结果的有效性和可持续性，并且有助于养成人人治理垃圾污水的好习惯。

（五）各类环境基础设施涉及技术、设备复杂，需要分类建立长效运行管护机制

实践证明任何好的人居环境整治技术和设备的有效运行都有赖于一套健全的良好的长效管护机制。欧美、日本等国家和地区都立足本国国情、地方实际及农村人居环境整治重点内容制定了较为完备的法律、法规和政策体系，保障农村人居环境的宜居和持续优美。欧盟近年来相继颁布《2007—2013 年农村发展条例》《耗能产品生态设计框架指令》等法规条例，明确包括欧洲农业担保基金，欧洲农业农村发展基金，欧盟成员共同出资、个人或机构捐助在内的多元投入机制，以及对发展生态农业和自愿签订长期农业环境协议的农民提供补贴的机理机制；如英国制定《污染控制法》《家庭生活垃圾再循环法令》等相关法律法规，明确垃圾污染防治的责任和义务。在联邦政府层面，美国国会分别通过《清洁水法案》《安全饮用水法案》《水质量方案》，为农村生活污水治理提供法律保障，同时制定《资源保护和回收法》《污染预防

法》等法律法规，对各州的固体垃圾管理计划设定最低标准。梳理发达国家在农村人居环境整治中的法律、法规和政策体系可以看出，首先这些国家和地区制定了完善的法律条例，形成了科学的约束机制，并在实施过程中对其进行不断完善，使其更适合本国的实际，也保证科学实用的技术的采纳应用。如美国的《清洁水法案》，日本的《净化槽法》《废弃物处置法》，欧盟的《2007—2013 年农村发展条例》都明确了保护农村环境、提高农村地区生活质量的目标，对科学技术和管理水平提出了更高的要求。

第四节　科技聚力北京农村生态与乡村人居环境建设改善的路径

科技是国家强盛之基，创新是民族进步之魂。科技发展推动了社会前进和人类进步。当前，我国正大力深入实施科教兴国战略、人才强国战略、创新驱动发展战略，坚持创新在国家现代化建设全局中的核心地位，坚持把科技自立自强作为国家发展的战略支撑。通过完善创新链布局，创新驱动乡村高质量发展，提升乡村发展质量与竞争力；通过着力打造科技支撑乡村发展样板，加快改善乡村人居环境和农村生态科技供给，促进乡村建设与绿色发展。

一、路径研究的科学任务

（一）统筹城乡生态与人居环境基础设施建设

当前，建设宜居宜业和美乡村，是实现城乡融合发展的重要任务，是建设国际一流和谐宜居之都的必然要求。从区域生态系统结构和功能的角度，综合考虑京郊不同区域的生态功能和地位，合理制定美丽乡村建设内容，突出科技在农村生态与乡村人居环境建设中的作用。同时建立统一有效生态环境保护和农村人居环境基础设施的管理体制，使农村生态环境与乡村建设进入健康、科学、有序的发展轨道，不断提升乡村生态环境质量和乡村居民生活品质。

（二）提升科技支撑美丽乡村建设的能力

加强科技创新与成果转化应用，是提升农村生态环境治理和乡村宜居水平的不竭动力，是北京乡村实现可持续高质量发展的长久之计。第一，加强山水林田湖草的生态建设与修复工作，提升农村的生态涵养能力与生态服务价值，筑牢首都绿色生态屏障；第二，注重村容村貌建设和历史文化的传承，加强景观技术的应用，建造美丽生态家园；第三，推广农村垃圾处理技术、污水处理技术、厕所粪污处理技术、废弃物资源化利用技术等，提升村庄人居环境水平；第四，发展农村新能源技术，充分利用太阳能、生物质能、地热能、风能等能源，提高农村能源清洁化水平，保护农村生态环境；第五，做好技术在乡村道路、物流和网络信息等便民基础建设中的使用工作，提升农村居民生活现代化水平。

（三）提高农村生态建设与乡村人居环境整治的效率

进入21世纪，国家对农村和环境保护的投入力度整体呈现不断加大趋势，在新农村建设、美丽乡村建设和乡村振兴战略的接续支持下，农村的面貌发生了翻天覆地的变化。北京作为中国首都，对环境保护的重视和农村的发展更是给予了很大的关注，实施了“三起来”工程、两轮“百万亩造林工程”、三轮“污水治理三年行动计划”“减煤换煤行动计划”、四轮山区农民搬迁工程等一系列民生工程，提升了京郊农村生态环境质量和乡村人居环境水平。但是，也要看到，上述工程里融合应用的许多技术因为成果不成熟、地域性适宜性考虑不足、管理不完善等，造成工程技术没有发挥应有的效用，投入产出效率较低，财政资金大量浪费，也影响了农民参与生态建设与乡村人居环境整治的积极性。因此，需要科学选择适宜农村生态建设与乡村人居环境整治的技术设备，以提高在乡村建设中的成效。

（四）加强农村生态与人居环境基础设施管护体系建设

农村生态与人居环境基础设施建设不是一劳永逸的。俗话说“三分建，七分管”，可见“管”在其中的分量。实践也证明，在农村生活污水治理、卫生厕所建设、垃圾粪污综合治理、清洁能源利用等环境基础设施的新技术、新设备的应用中，影响使用效果的很重要一个因素是后续管护体系建设是否跟上。这主要是因为相关基础设施的新技术、新装备的使用对管理具有较高要求，需要具有专业化的队伍进行操作，运行中出现状况需要具有专业技术的人员进行维修。这就要求建立一支运行有效的高质量专业化管护队伍，从而倒逼农村人居环境基础设施管护体系的建设。

二、科技聚力的关键环节

北京市作为国家首都，城乡发展间还存在较大差异，农村生态建设、环境保护和乡村发展仍然面临着不小的压力。当前北京在建设国际一流的和谐宜居之都的战略背景下，需要继续补齐农村人居环境建设中的短板，并增强农村生态服务的优势，让首都农村更加充满活力，更加具有魅力。在这个过程中，特别要注重科技在相关工作中的关键核心作用，通过技术的改造、创新、转化和应用，提高农村生态建设和乡村人居环境整治的持续性。而目前，农村生态和乡村人居环境整治中涉及的新技术、新装备着实难以计数。一方面，国内相关产品及技术不断创新，另一方面，国外的新技术、新产品也源源不断地进入国内市场。太多的信息、太多的选择常常使建设方无所适从，从而给地方造成了选择上的困难。另外，因为农村的气候条件、地理特征、经济发展水平、生活习惯等存在差异，一些新技术、新设备在产业化过程中的应用效果并不理想，通过与农村需求顺利衔接，对新技术做出评价与选择的研究在改善生态农村和乡村人居环境建设中就显得尤为重要。

三、技术选择的方法标准

（一）技术选择

技术选择是一个实现技术现代化的必要条件，是技术创新与应用的前提和基础，它直接影响着技术创新的活动目标与价值取向。技术选择的根本任务，是把各种技术在满足经济、社会、环境发展需要的目标下，根据现实基本情况加以综合组装，从而给出最优的技术群体搭配。

技术选择是指对创新技术对象、水平、结构及其发展过程的预测和确定。技术选择是以需求为导向，通过对技术或技术解决方案进行发掘、筛选以明确科技研发方向问题的创新过程，是通过对技术进行系统化、层次化筛选，从中确定满足需求所需要的技术解决方案的过程，即通过技术选择，解决“科技应该如何做”的问题。

技术选择的对象不仅包括现有技术，还包括未来可能出现的技术；技术选择的主体包括政府、企业及个人；技术选择的过程涉及技术方案的提出、技术评价、实施等多个环节，需要各相关主体的协商一致。技术选择是决策者为了实现既定的经济技术和社会目标，对多种技术路线、技术方针、技术措施和技术方案进行比较选优的过程。它是一个多层次、多因素的动态决策过程。对技术选择做出科学的评价，为决策者做出正确的决策提供了科学依据，从而有利于实体提高整体绩效和竞争力，促进技术进步。

（二）技术选择的方法

技术选择一般需要从时间、空间、技术、经济、环境等角度，全方位把握新技术的发展趋势，采用的研究方法主要包括德尔菲法、情景分析法、技术路线图以及系统分析法等。

1. 德尔菲法

德尔菲法的基本思路是通过函调的方式，请专家对拟定的问题自由发表意见，经统计汇总后再反馈给咨询对象，再次回答同样的问题，得到相对集中的意见，从而形成具有一定科学性和权威性的判断。

2. 情景分析法

情景分析法又称前景描述法、脚本法，是在假定某种现象或某种趋势将持续到未来的前提下，对预见对象可能出现的情况或引起的后果做出预见的方法。通常用来对预见对象的未来发展做出种种设想，是一种直观的定性预见方法。

3. 技术路线图

技术路线图是在已有的知识和设想基础上对特定领域的未来进行质询，把握该领域发展趋势的方法。技术路线图集技术情报、技术评价、战略分析、德尔菲法、外推法和情景分析法等方法于一体，克服了单一技术预见方法的局限，是技术预见领域的重要战略工具。

4. 系统分析法

技术选择的核心目标是形成解决方案用以解决问题，而解决方案则是采取系统性思维方式，针对问题所选择的多种解决方式的有机结合。因此，系统论可以为技术选择提供具有指导价值的原则和依据。它们能够帮助我们明确：技术是解决问题的实现手段之一，是系统的一个组成部分，技术选择以更好地解决问题为基本原则，技术的选择不能脱离系统而独立存在。

（三）技术选择的原则

1. 建立技术选择模型

鉴于技术选择已经不再是从宏观技术预见的角度提出的技术方向，而是作为一个技术创新系统的关键要素存在，为了实现有效选择，需要建立一个技术选择模型来指导行业关键技术选择。

本研究中的技术选择模型主要由四个指导性因素组成：既定发展目标、技术适用性、技术先进性、技术带动性。其中，既定发展目标和技术适用性是基础性指标，而技术先进性和技术带动性是扩展性指标。基础性指标的作用是划定技术选择基本门槛，而扩展性指标的作用是在多种技术方案并存的时候，做到优中选优。

①实现既定发展目标。实现既定目标即能够完成关键问题解决思路所提出的相关任务，是技术选择的最重要依据之一。可以通过技术本身的性能指标、技术是否成熟、是否有成功先例等几个方面进行评价。

②满足技术的适用性。一般而言，可以从三个方面考察技术的适用性：技术能否获得、是否具备实施该项技术的条件（包括实施该项技术的成本、区域的基础条件等）、采用该项技术是否会对其他问题的解决造成不利影响。

③满足技术的先进性。这主要是考察该技术是否符合技术发展方向。在同等条件下，先进技术的使用往往能够成为整个解决方案的亮点，同时也能构筑一道技术门槛，对竞争者造成一定的压力。

④满足技术的带动性。这主要考察该技术是否能够应用于其他领域，对于上下游能够产生怎样的带动效应，即技术的溢出效益。

2. 明确技术选择原则

在技术选择模型的导向作用下，我们将依据以下四项基本原则展开选择：需求原则，即技术选择必须紧密围绕地区经济、社会、环境发展的需求，注意推进高新技术发展；能力原则，技术选择必须依据研究主体所具备的人力、物力、财力和技术能力；效益原则，即技术选择必须考虑回报率，重在近期实效，兼顾长远利益；科学原则，技术选择必须尊重科学技术发展规律，考虑世界技术发展方向。技术选择的四项基本原则如图 6-2 所示。

依据上述原则，还必须明确以下各项指标体系以衡量选择的有效性，即市场需求，经济效益，行业竞争力，技术的重要性、通用性和带动性，环境保护，资源利用率，生活质量，经济承受力等。

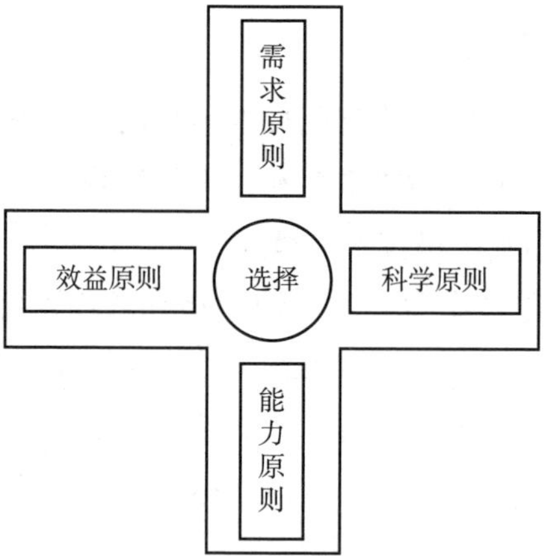

图 6-2　技术选择的四项基本原则

四、科技聚力的路径研究

针对北京农村生态和乡村人居环境建设整体现状，借鉴国内外乡村建设经验，需要从科技支撑战略重点、关键技术短板与技术瓶颈问题识别、科技创新与适宜技术研发示范应用等方面，对科技聚力改善北京农村生态与乡村人居环境的路径进行研究。

（一）科技聚力重点领域

本研究中科技支撑的重点主要包括两部分内容：一是农村生态；二是乡村人居环境，即筑牢绿色生态屏障和打造美丽人居环境。二者之间既相互关联，也存在一定区别，二者相互补充，前者更加关注的是村庄之外周边生态环境，主要包括森林绿地、湿地和农田等，后者更加关注的是村庄内部环境，主要包括垃圾、污水、厕所、村容村貌、便捷生活服务设施等。前者是后者实现强化的重要基础条件，后者是前者实现改善的重要组成。

1. 筑牢绿色生态屏障

在北京，重点是要抓好山区森林资源保育与废弃矿区生态修复等工作，巩固强化生态涵养区的生态屏障功能；加强平原地区百万亩造林工程、湿地生态修复工程、风沙治理工程等技术供给，进一步改善首都生态环境。依据平原、浅山区、深山区不同类型区的生态条件基础分析，对上述三类区域所采取的生态建设内容、关键支撑技术选择等进行研究。此外，大力发展生态循环农业，加大科技要素投入，实现农业废弃物资源化利用。

2. 打造美丽人居环境

改善农村人居环境，实现绿色生态生活，不仅体现在生活方式、资源消费模式、生活废弃资源利用上，还体现在乡村生活环境改造、生态搬迁及基础设施建设上，通过垃圾污水治理、改厕、庭院美化等系列工程建设，实现村庄“清脏、治乱、增绿、控污”。充分调动和利用北京市的科技资源、人才资源和现代化资源优势，为郊区乡村建设发展提供技术支撑，充分发挥农村基础设施建设中的科技引领作用。

（二）科技助力农村生态和乡村人居环境改善的路径选择

今后一段时间，北京仍将以建设国际一流和谐宜居之都为城市建设目标。在筑牢绿色生态屏障方面，近年来实施了一系列生态环境工程项目，区域乡村生态环境质量显著改善，要继续发挥广大郊区农村的生态屏障功能，提升农村生态服务供给能力；在打造美丽人居环境方面，虽然成绩有目共睹，但是城乡之间、区域之间差距还比较明显，农村作为薄弱环节仍需要继续推动乡村基础设施与农村现代化建设需求的有机衔接，不断推动城乡基础设施一体化发展，提升乡村人居环境水平。要以乡村振兴战略全面实施和美丽乡村建设专项行动为契机，坚持首善标准，按照“清脏、治乱、增绿、控污、畅通、智慧”的整体思路，补齐当前农村生态和人居环境建设短板，努力提高乡村生活品质，让北京乡村真正成为老百姓的幸福家园，首都市民的美丽后花园。

在清脏上，抓好村庄垃圾的分类和资源化利用，特别是要关注建筑垃圾的规范化处置；继续推进“厕所革命”，重点是提高厕所的品质以及解决厕所冬季有效使用问题；结合碳中和战略，实施好农村清洁能源建设工作，重点解决山区村庄的冬季清洁取暖问题，在农村煤改清洁能源过程中，要统筹好建筑与用能设备改造、供电供气与运营维护、安全使用与应急管理，切实让农民用得起、用得好、用得省心。

在治乱上，有效推进村庄的房屋乱建、道乱占、摊乱摆、线乱拉与建筑物外立面混乱等问题整治，加强村庄风貌管控。目前，北京郊区村庄基本完成了美丽乡村村庄规划的编制，未来建设要尽量按照规划要求实施，避免规划实施两张皮，在房屋建设风格和建筑物外立面上要体现京韵京味，注重景观设计与营造；加强村庄街巷环境治理，消除侵占街道、乱堆乱放、乱贴乱挂现象，规范各类村企业、“农家乐”和便民服务商户的生产经营；整治乱拉乱接线路等不美观、不安全行为，有条件的村可以实施线入地。

在控污上，主要是推进村庄污水收集与处理设施的建设。在摸清农村污水处理设施建设与运行现状的基础上，要进行科学评价与分类。一是对停运或运行效率低的污水处理设施进行修复改造，提高现有设施的运行率；二是对大量未建村庄要根据村庄和农户分布特征，因地制宜地采用“城带村”“镇带村”“联村”及“单村”等模式，集中或分散建设污水处理设施，要尽可能用生态理念解决农村污水生态问题；此外，还要注重污水管网建设，提高污水收集效能，并加强改厕与农村生活污水治理的有效衔接。

在增绿上，牢固树立和践行“绿水青山就是金山银山”的理念，统筹山水林田湖草系统治理，加大留白增绿和拆违还绿力度，不断扩大绿色生态空间，提升生态环境质量和容量。推进大尺度森林绿地建设，提升两轮百万亩造林林地质量，高效利用林下空间。实施森林健康经营和封山育林，加强森林绿地管护和监测，提高森林绿地质量。加强河流廊道环境建设和生态治理，推进湿地恢复和建设，提升水体自净能力和生态涵养能力。大力推广生态农业、循环农业、有机农业，提升农业绿色发展水平。提升农田休耕、免耕水平，对裸露农田采取生物覆盖、留茬免耕等措施，提升农田绿化水平，防治扬尘污染。

在畅通上，一是维护乡村街坊道路，对破损路面进行改造；二是对于区域交通线路和乡村旅游线路等一些关键拥堵节点实施“窄路加宽”，提高乡村道路的畅达性；三是加快乡村旅游景区、人口密集区域的停车场、充电桩等基础设施建设，提升乡村交通服务保障水平。此外，根据生产和生活方式的改变，要统筹规划建设农村物流基础设施，推进涉农电子商务平台建设，加快构建“快递下乡”和“农产品进城”双向物流服务体系，让农村生产生活更加畅通。

在智慧上，要适应数据与信息技术发展趋势，强化大数据、物联网、云计算、人工智能、区块链等技术基础支撑作用。继续优化提升农村信息基础设施建设水平，深入推进信息技术在农村人居环境工程项目和社区管理服务中的应用，推进智慧乡村建设和“信息进村入户工程”。结合新冠疫情常态化特征，积极推动远程医疗、远程教育等在北京乡村应用普及，缩小城乡医疗教育差距，弥合城乡数字鸿沟。

（三）农村生态和乡村人居环境改善的关键技术选择

北京农村生态与乡村人居环境整治涉及领域广、技术多，主要包括林木绿化技术、废弃矿山生态修复技术、畜禽粪污治理技术、农村生活污水治理技术、农村垃圾处理技术、农村厕所改造技术、农村清洁能源利用等。

1. 林木绿化

近年来，两轮百万亩造林以及山区生态公益林建设显著提升了北京的绿化水平和生态环境治理。造林绿化技术多样，要根据具体的要求、地域环境进行合理选择。总体来说，林木绿化技术主要包括两方面内容：一是保证树苗存活率和质量，这就对优质种苗提出了较高要求。为了提高林地质量，首先要将质量差、生长缓慢的残次林进行改造；在残次林改造后，对产生的空地要进行及时补种，对已经发芽出苗的树木根据检测数据实施择优留存，从而为高质量树苗生长保留更大的空间，使其周围没有与其竞争养分的树苗，从而让它良好地生长。此外，对林木种苗的水肥管理也要予以重视。二是林木资源的合理有效管理。根据树木的生长习性和成长规律，通过科学的管理与技术应用，从而提高树木的成活率，保证其质量。树木的成材主要受到生长环境、树木质量以及科学管理 3 个方面因素的影响。在树木成长过程中，生长环境起着非常重要的作用。其中林木栽培土壤质量以及土层深度都会影响到树木的生长。通常而言，在植物生长中环境因素的影响占很大的比例：在植物物种选择过程中，环境因素影响越强，树种的选择范围越大。气候因素也会产生一定的影响，特别是植物病虫害的出现。选择树种时，一般都会选择抗病虫害且耐寒耐热的树种，需要依据因地制宜的原则。选择时要考虑其所生长的环境，只有这样，才能更好地发挥树种对环境的作用。因此，在林木资源管理中需要严格开展林木养护工作，包括科学的管理规划，在保证植物栽种前期研究工作完善的前提下，不断调整好植物的生长过程，有效预防植物病虫害问题，为植物营造一个良好的生长环境。

2. 废弃矿山生态修复

北京山区具有丰富的矿产资源，大部分矿山位于北京生态涵养区和水源保护区。长期以来，由于不科学、不规范、不环保的过度开采，致使矿区的生态环境和植被景观遭到严重破坏。废弃矿山的生态重建，要求最大限度地减轻废弃地水土流失，通过重构土壤，恢复植被，使资源开发与水土保持和生态环境相协调。矿山生态修复的主要技术措施包括利用物理、化学或植物方法进行毒性处理或污染治理；通过更换土壤、引进微生物、种植固氮植物等方法改良土壤基质；在矿区为了成功恢复植被，一般依照先锋植物、固氮植物、乡土植物的种植顺序来实现植被恢复的目标。对于采矿区、排土场、排矸场、尾矿库的生态修复在保证边坡或开采面稳定性的前提下，采取工程措施和植物措施相结合的方式植树种草，主要技术手段包括削坡开级、护坡、修建拦挡墙、修建抗滑桩、维护拦网、植物毯、喷射播种、生物袋等。同时，复垦区域要完善排水措施和保水保肥措施，防止水土流失，促进生态恢复速度。以北京市门头沟区为例，该区是全市重要的废弃矿山生态修复区，具有较强的典型性。区域矿山生态修复主要依靠生态系统的自我调节与自我组织能力，或者利用生态系统的这种自我恢复能力，辅以人工措施，使在自然突变和人类活动影响下遭到破坏的生态系统逐步恢复或使生态系统向良性循环方向发展。如采石矿场的修复方案与技术路线主要包括两大方面：针对人迹罕至的偏远山区和植被破坏较轻的矿区，一般采用封山育林技术措施，而针对主要公路沿线、乡村居民点、自然风景区附近分布区域主要采取景观工程技术措施等。

3. 畜禽粪污治理

2015 年 12 月 22 日，北京市政府印发《北京市水污染防治工作方案》（京政发〔2015〕66 号），明确划定畜禽养殖禁养区，2016 年底前依法关闭或搬迁禁养区内的规模畜禽养殖场；2020 年底前，完成规模化猪场、牛场粪污治理，并实现资源化利用。截至目前，北京畜禽养殖业受到了严格限制，在严厉的环保要求下畜禽粪污也得到了有效治理。畜禽粪污的治理技术主要有肥料化利用技术、饲料化利用技术和能源化利用技术。堆肥法是当前最广泛使用的畜禽养殖废弃物管理方案之一，该法具有投资低和操作简单等优点。然而，在堆肥过程中存在的氮素损失、重金属生物有效性高、有机质腐殖质含量低、抗生素残留、ARGs 的潜在风险和恶臭及温室气体排放等问题，在一定程度上限制了堆肥技术的产业化推广。为了降低这些不利因素的影响，可以通过外源添加功能材料或助剂，提高畜禽粪便的有效处理率，提升肥料质量。畜禽粪便因含有大量粗蛋白和钙等营养物质而被考虑可向饲料化应用的方向发展，其中最主要的是鸡的粪便。由于鸡的肠道短，饲料中约 70% 的营养物质没有经过吸收即被排出体外，因此，鸡粪的营养价值较高，在饲料化利用方面最具有应用前景。为提高饲料的适口性，通常是把秸秆、草料或其他粗饲料和畜禽粪便一起青贮，通过青贮法可以有效杀死虫卵和病原菌，减少粗蛋白流失。能源化技术是当前最受关注的畜禽粪便资源利用的发展方向。能源化技术的研发和应用有利于“减污降碳、协同增效”工作的实施，为我国经济社会发展和实现全面绿色转型贡献力量。当前能源化技术研究较多的主要有厌氧发酵技术、水热碳化技术、气化燃烧技术和柴油制备技术等。

4. 农村生活污水治理

农村生活污水治理是农村人居环境整治的重要短板。在农村，生活污水的排放一般没有固定的排污口，排放较为随意，污水水量水质与城市污水存在较大差异，加之农村地理环境复杂多变，农村污水处理技术也较城市更为复杂。农村生活污水处理工作开展研究较晚，近年来随着经济社会快速发展，对农村人居环境水平的要求提高，农村生活污水处理问题的重要性不断得到重视。在北京市农村治污工作开展的十余年里，水务部门和科研部门积极研究探索新技术、新工艺，提升处理效果，降低处理成本，逐步解决农村污水处理设施占地广、能耗高、自动化水平低、维修困难等实际问题。一些实用、低能耗、低成本的技术得以推广应用，北京市农村污水处理设施采用的工艺可分为单一工艺和组合工艺。单一工艺有 20 种，分别为一体化 MBR、生物接触氧化法、人工湿地、rCAA、A^2O、AO、过滤分离、VFL、生物滤池、生物转盘、膜分离、沉淀分离、超磁分离、土地渗滤、生物膜法、物理处理法、活性污泥法、SBR、厌氧生物滤池和 AO^2。这些工艺技术概括起来，主要是五大类，即净化槽污水处理技术、氧化塘污水处理技术、厌氧沼气池处理技术、人工湿地污水处理技术和一体化地埋式污水处理技术。多样化技术为我们的技术选择提供了广阔空间，在技术的选择应用中要结合各地实际，科学选择。

5. 农村垃圾处理

农村生活垃圾治理是乡村人居环境整治和美丽乡村建设的重要内容之一。农村地区发展存在不平衡性，不同地域间农村的资源条件，地形地貌，村庄的规模、布局及聚集程度，经济水平，道路交通条件，风俗习惯，居住方式等自然、经济及社会条件各不相同，因此，各地在处置生活垃圾时所采用的方式不尽相同。总的来看，现今农村生活垃圾处理模式主要有以下四种：就地就近集中处理模式、城乡一体化处理模式、分散式家庭处理模式、分散+城乡一体化处理模式。“村收集、镇运输、区集中处理”已经成为北京市农村垃圾主要收集处理管理模式。生活垃圾处理的目的是通过将垃圾迅速清除，并进行无害化处理，最后加以合理的利用，从而实现垃圾的无害化、资源化和减量化。垃圾处理技术较为成熟，目前国内农村处理生活垃圾方式多样，主要有堆肥、焚烧、填埋和综合利用。此外，一些新的农村生活垃圾处理技术也具有较好的使用效果，如蚯蚓堆肥技术、垃圾衍生燃料技术、气化熔融处理技术、高温高压湿解技术和太阳能—生物集成技术等。

6. 农村厕所改造

小厕所、大民生。厕所卫生是衡量一个国家和地区文明程度的标志之一，体现着文明，也体现着人的尊严和基本权利。农村厕所革命关系到亿万农民群众生活品质的改善，是乡村振兴战略的一项重要工作。农村厕所改造涵盖很多内容，其中的关键技术主要包括选择合理的卫生厕所类型和配套相适应的粪污处理工艺。不同的地区要根据卫生厕所的特点和适用性选择符合当地现状和农民群众需求的改厕类型。同时，粪污处理是厕所革命推进过程中的关键环节，厕所粪污的处置利用与卫生厕所的类型密切相关，结合厕所类型、技术特点以及适用范围选择粪污无害化、资源化处理技术是至关重要的。卫生厕所类型很多，其中实现粪污无害化处理的卫生厕所，主要有以下 6 种类型，即三格化粪池厕所、双瓮漏斗式厕所、三联通式沼气池厕所、粪尿分集式厕所、双坑交替式厕所和具有完整下水道水冲式厕所。此外，微水冲厕所、免水冲厕所以及循环水冲厕所等新型无害化卫生厕所也不断涌现和推广发展起来。粪污的无害化处理技术工艺也在不断发展。传统的农村地区多采用粪污直接还田的方式，但随着经济社会发展、生活水平提高以及农村卫生厕所的广泛建设，农村厕所粪污处置利用方式正在发生着变化。利用的技术主要包括化粪池的原位厌氧发酵肥料化或能源化处理，粪污集中堆肥处理，以及采用热化学转化技术快速将粪便进行资源化利用。在厕所革命推进过程中，厕所粪污处理是亟须解决的问题。厕所粪污问题无法解决，会导致改造后的厕所弃用。在厕所改造过程中，选择合适的粪污处理方式要结合当地的特点、卫生厕所类型以及农民的需求，要无害化、减量化、资源化处理粪污。

7. 农村清洁能源利用

能源清洁化利用一直伴随着技术的不断进步与创新。进入 21 世纪，北京不断加强农村能源清洁化利用科技供给，特别是“三起来”工程的实施，推广了一批生物质能技术、太阳能热利用技术、太阳能发电技术、地热能利用技术、住宅节能技术等新能源和可再生能源技术，提升了北京农村能源清洁化水平。按照北京市委、市政府关于大气污染防治工作的决策部署，2013 年起又在农村地区启动了“减煤换煤、清洁空气”行动，进一步调整优化了郊区农村地区能源清洁化水平。北京市现行的“减煤换煤、清洁空气”行动主要实施了六项措施，分别是减少劣质燃煤使用、农村取暖煤改电、太阳能热利用、天然气入户、液化石油气下乡和沼气利用、农村住宅清洁能源分户自采暖。单以冬季取暖的煤改清洁能源为例，运用的技术设备就有空气源热泵、地源热泵、电加热水储能、太阳能加电辅助、蓄能式电暖器等，改造方式也多样，主要是选择单户改造或集中改造。此外，煤改电、煤改气对农村的供电、供气水平和能力也提出了更高要求，推动了供电、供气设施向农村进一步延伸，加强了电网改造升级，建成结构合理、技术先进、供电可靠、节能高效的供电网络，实施了电网升级改造工程、农村新能源与可再生能源利用工程、休闲旅游等重点线路夜晚照明工程、“互联网+”智慧能源工程等。在清洁能源利用中还实施了财政补贴政策，如对使用空气源热泵、非整村安装地源热泵取暖的，市财政按照采暖面积每平方米 100 元的标准进行补贴，有力促进了清洁能源技术在农村推广应用。

第五节　对策建议

当前，“三农”问题作为全党工作的重中之重，已转入全面推进乡村振兴、加快农业农村现代化新阶段。而要实现乡村振兴，生态宜居是关键。2022 年中央一号文件明确提出要“扎实稳妥推进乡村建设，接续实施农村人居环境整治提升五年行动”，北京作为国家首都、首善之区，加快推进农村生态和乡村人居环境建设，建成生态宜居的美丽家园，为其他地区做出表率是其应有之义。实现上述目标，针对已有现状基础、建设中存在的问题，下一阶段在科技促进北京农村生态与乡村人居环境改善上重点需要从以下 5 个方面着手：

一、坚持以人为本，工程技术的选择要把农民利益摆在首位

习近平总书记指出：“江山就是人民，人民就是江山，打江山、守江山，守的是人民的心。”在乡村生态和人居环境整治过程中，坚决扭转可能存在的

"为建而建""面子工程"等不良倾向，杜绝片面追求建设速度和"名义覆盖率"等现象。必须牢固树立"为民而建、为用而建"的思想，提高工程项目建设的持续性和"有效覆盖率"。充分认识到农村生态和乡村人居环境整治的长期性、复杂性和艰巨性，切不可一蹴而就，技术的选择也不要高大上，讲究经济性和适用性。农民是乡村人居环境基础设施项目建设的具体使用者、受益者。充分了解并尊重农民的生活习惯和建设意愿，分清轻重缓急，瞄准"急难愁盼"，坚持自下而上的原则，把农民从原来简单终端使用者前置到参与工程技术项目遴选，并贯穿建设与运维管理等全过程。积极利用农民积累的宝贵生活经验、发挥农民的聪明才智，让农民真正成为农村人居环境基础设施建设项目的重要决策方。

二、突出因地制宜，选出适合当地的工程技术

北京城乡之间、区域之间差异较为显著，乡村人居环境基础设施项目建成后运行好坏，影响因素多，涉及技术水平与运行模式，经济社会发展基础和自然、地理、人文等区域特征。大量实践表明，项目不是技术水平越高、规模越大就越好，也不是在某个地方运行成功了就可以天下广而推之。运行好的通常具有共同特点，那就是项目是当地农民急盼需求的，工艺技术类型和运行模式与当地农村发展水平实际相契合。因此，在乡村人居环境基础设施建设中，多听民声、多接地气，避免简单照搬工业上和城市的治理方法，切忌工程技术模式的生搬硬套、一刀切，防止出现项目建成后成了摆设，"伤了民心、落了民怨"。尽量避免为追求短期规划目标的实现而匆忙上马项目，充分做好项目实施前的调查与可行性评估，选出好的适宜技术。在农村生态建设中，工程技术的选择也存在类似特点，要突出地域性，譬如绿化过程中苗木树种的选择。

三、科学审视发展理念，从系统论角度来统筹问题的解决

农村生态建设和乡村人居环境问题的解决还需要以系统论来指导。第一，农村生态与乡村人居环境建设相互关联、互为支撑，只有把二者都建设好才能实现乡村美丽宜居，绝不可独善其身。第二，农村生态建设包含许多子系统，并且这些子系统之间会相互作用，需要从整体角度来考虑部分问题的解决，譬如水生态系统和农田生态系统之间的耦合作用。第三，生态还是区域性问题，要脱离行政区的限制，从更广阔的空间系统考虑治理问题。第四，

农村人居环境建设项目类型多，村与村建设水平和需求不一，在建设之前首先要把各类已建项目底数和质量摸清，分清各村待建（改）项目的主次、技术类型选择后排出顺序，按照财政情况循序推进。第五，人居环境改善不仅关乎农民生活福祉的提升，而且与乡村产业发展和生态环境质量提高密切相关，在设计农村人居环境项目的建设规模和容量等时，不仅要从生活的角度考虑，还需要从生态建设和生产发展更宽阔的系统角度来统筹，避免出现“小马拉大车”和“大马拉小车”的现象。

四、建立健全技术设备长效管护机制，提高建设成效

随着乡村振兴战略的深入实施，美丽乡村建设快速推进，农村公共基础设施建设步伐还将不断加快，建后管护任务也逐渐增加，建立健全农村基础设施长效管护机制刻不容缓。一是要继续完善农村基础设施管护相关制度。细化落实2019年国家发改委和财政部出台的《关于深化农村公共基础设施管护体制改革的指导意见》，编制适宜本地的农村公共基础设施管护责任清单，明确管护对象、主体和标准等，并按照基础设施的特征，分类制定出各类项目管护的具体制度和办法，建立健全农村基础设施长效管护机制。二是要设置专项管护基金。对管护资金进行科学规划与设计，如可以按照基础设施的服务规模进行核算，每年财政单独列支；或探索建立包含管护资金的一揽子报价招标制度等。三是提高农民的专业技能和文化素质。积极推进本地村民进入管护队伍与农民就业增收相衔接，加强对管护人员的专业技能培训，建立专业化管护队伍。四是强化监督考核工作。建立完善考核机制，明确考核内容和流程，督促各区建立健全各类工程技术项目的长效管护机制，落实主体责任，坚决防止出现“重建轻管、只建不管”的现象。

五、优化资金来源渠道，保障科技项目建设的巨大资金需求

无论是农村生态环境建设，还是乡村人居环境各类工程项目以及后期的管护，都需要巨大的资金作为保障，特别是对于科技型工程项目。第一，要统一思想，充分认识到乡村是首都的重要生态屏障，是建设宜居宜业城市的重要基础，但同时也是建设国际一流的和谐宜居之都的突出短板和薄弱环节，科技在农村生态与乡村人居环境建设中的关键支撑作用日益凸显。今后一段时间要把全市生态服务功能提升和公共基础设施建设的重点放在农村，不断推动农村生态建设水平的提高和农村基础设施建设提档升级以及管护运行机

制的完善，继续加大政府财政资金向农村地区投入与倾斜。第二，要规范运用政府和社会资本合作模式，积极拓宽市场化筹资渠道。按照“政府主导、社会参与、多元投入、市场运作”的美丽乡村建设投融资机制主体思路，鼓励不同经济成分和投资主体将社会资本引入人居环境改善与基础设施建设上来。第三，要创新投融资体制机制，按照公益性项目、市场化运作的理念，充分利用基金管理平台、政府和社会资本合作、政府购买服务等方式，实现政府资金与社会资金的统筹使用。第四，要充分利用社会资源。积极鼓励和引导人民团体、企事业单位、社会组织和爱心志愿人士，通过行业联手、人才和技术支持、结对帮扶、捐资捐物等方式参与农村生态和美丽乡村建设。特别是要积极引导已经累积了丰厚的资本和广泛的人际关系的外出成功人士，参与到当地的美丽宜居乡村建设中来，为家乡和社会发展贡献力量。在引进外来资本和力量参与乡村人居环境建设时，要以不得侵害农民利益、破坏农村可持续发展为前提，营造出建设美丽宜居乡村，风清气正的良好氛围。

第七章
科技创新支撑乡村振兴实现路径的典型案例

第一节　绪论

一、研究意义

党的十九大报告提出实施乡村振兴战略，推进农业农村现代化。2019 年 1 月 14 日科技部颁布实施《创新驱动乡村振兴发展专项规划（2018—2022 年）》。2020 年中央一号文件进一步指出：科技创新是我国乡村振兴战略实施的保证，是实现农村经济发展方式从“数量—速度”型向“质量—效率”型转变、经济增长动力从要素驱动向创新驱动转变、产业结构从价值链中低端向价值链中高端转变的关键所在。

农业科技创新能力是衡量一个国家农业综合竞争力的重要指标。习近平总书记指出：“农业出路在现代化，农业现代化关键在科技进步。我们必须比以往任何时候都更加重视和依靠农业科技进步，走内涵式发展道路。”“十四五”是巩固拓展脱贫攻坚成果接续乡村振兴的过渡期，必须要强化农业科技创新对农业农村现代化的支撑引领作用，加快研发农业新科技、新装备和新材料，推动农业精准化、自动化和智能化发展。实施乡村振兴战略迫切需要科技的强有力支撑，科技创新是保障乡村振兴战略落实和永葆农村发展活力的关键。

（一）科技创新是提高农业效益的前提

当前，我国农业投资周期长、风险高、微利化是制约社会资本流向农业和实现农业现代化的重要原因。农业科技是提高农业效益、实现农业经济发展方式转变和农业现代化的重要因素，是促进农业经济持续发展的核心动力源。只有依靠高科技来提高农产品的质量，用农产品优质来保证优价，才能获得农业产业发展的高效益。

（二）科技创新是种业战略的关键

农业产业的竞争力需要良种良法，优良品种是我们农业产业的短板。国家第六次技术预测结果显示，中国生猪、奶牛、白羽肉鸡、南美白对虾、苹果等核心种源对外依存度高，重大农机和食品装备核心部件90%以上来自国外（完世伟，2019）。我国农业产业要想保证资源和实现产品的独特性，形成先进的关键或核心技术，并借此打造农业产业的核心竞争力，就必须在农业种业基础研究上有所突破，拥有自己的核心技术，才能不受制于人，让农业产业实现可持续发展。

（三）科技创新是实现乡村生态宜居的保障

我国农业产业发展依然处于资源和环境双约束的状态，其具体表现为耕地数量和质量的不断下降、土壤中农残超标、重金属污染以及水资源质量和数量的降低，增加了农产品的质量和安全风险，甚至影响到了人民群众的身体健康。尽管目前农业生态和农村环境恶化势头得到遏制，但是农业农村经济发展与乡村生态环境依旧存在负向关系，宏观经济社会发展同生态环境保护的矛盾仍然十分突出。要解决农业生产和农村生活带来的环境问题，必须通过科技来实现。

（四）科技素养是现代农民必备的要素之一

农业微利化和农民尊严不够是农村空心化、农村衰败的重要原因。乡村振兴的重要抓手首先是提高农民的科技素质，其次是通过机械化和智能化降低其劳动强度、提高其工作效率、改善其劳动环境、增加其劳动收入，使农民成为赚钱并体面的社会人群，农村才会有生机和活力，农村现代化才会有希望。

（五）科技创新是乡村治理现代化的基础

生物工程、大数据技术、新能源等在乡村生产中的广泛应用，不仅改变了人们的生活方式和价值理念，相应的农村利益诉求也呈现了多元化发展趋势，乡村治理也面临新的风险和难题。以大数据为支撑的治理诉求的多元化、治理场景的网络化发展，让科技创新赋能的社会治理成为了一大发展趋势。

二、研究综述

（一）有关科技创新是推动产业兴旺的动力研究

王书华等（2018）、赵坤（2018）、完世伟（2019）认为，科技创新支撑乡村振兴要围绕产业兴旺、生态宜居等展开。要充分发挥科技与人才的支撑作用，整合科技创新资源、完善乡村农业科技创新体系、注重科技推广服务，推动关键技术和产品研发，加大农业科技创新项目统筹部署，构建现代农业科技支撑体系，从而实现产业兴旺的最终目标。在新发展格局下，农业不仅是经济社会稳定发展的“压舱石”，也是经济增长的强大“推进器”（秦健，2021）。粮食安全是我国农业发展的基础，郭李怡等（2021）认为农业科技创新不仅要为国家粮食安全提供支撑，还要为粮食产业发展当好引擎。杜志雄等（2022）认为物联网、无人机等农业领域的前沿技术，使数据驱动和自动化农业成为可能；通过社会化服务实现这些技术与小农户的有效衔接，通过科技的创新与应用为农业绿色发展做好加法和乘法，破解农业发展的结构性困境，实现农业绿色生态可持续发展。同时，胡向东、石自忠（2022）认为科技创新可以实现农业生产效率的提高和发展方式质的突破，满足多元化的农产品需求，但需提高农业科技投入强度、突破关键核心技术、警惕城乡之间“数字鸿沟”的产生。

（二）有关科技创新支撑农业产业化和转型升级的研究

刘依杭（2018）认为农业科技创新是构建现代农业产业体系的核心力量，加强科技创新驱动力建设，强化农业科技创新驱动和成果转化，提升农业产业化效益，是实现乡村振兴战略的必然要求。雷文华（2021）强调农业产业化龙头企业是构建现代农业产业体系科技创新的重要主体，提升农业产业化龙头企业科技创新能力，对推进农业产业化发展、实现乡村振兴具有重要的意义。

（三）有关科技特派员制度、科技小院的研究

科技特派员制度和科技小院是近年科研机构和高校为了更好服务于“三农”，将农业科技转化为生产力以及培养农村科技人才的创新举措。科技特派员制度是 1999 年福建省南平市党委和政府为探索解决新时期“三农”问题，在科技干部交流制度上的一项创新与实践。科技部对南平市的科技特派员工

作做法给予了充分肯定，并在全国大部分省市推广。科技特派员制度的工作范围也从单纯为农民提供科技服务拓展到为城乡融合发展提供宽领域、全要素、全链条综合性服务。科技小院是由中国农村专业技术协会副理事长、中国农业大学张福锁院士团队创立的农业科技创新、社会服务和人才培养的新模式，其目标是农村科普、农民培训及服务“三农”和乡村产业振兴。在该模式下，高校、科研院所的农业科技人员和团队直接驻扎在农村生产第一线，在生产全过程中发现问题、研究问题、解决问题，持续为当地农民、企业等提供农业产前、产中、产后指导，推进农业高质量发展和乡村绿色发展。李琳、桑坤（2021）认为科技小院通过人情往来、利益交换、声誉扩散等方式构建信任、嵌入乡土社会后，顺利推广“水肥后移”等技术，带动农户增产增收，实现了外源农业技术有效服务于乡村振兴。王晓君、孙立新、毛世平（2021）进一步指出，科技特派员制度、科技小院在准确把握农业可高质量发展对科技创新的新需求基础上，为科技下乡、科技兴农发挥了重要作用，构建了需求导向型农业科技创新支撑体系。

（四）有关科技创新解决农村发展不平衡不充分问题的研究

胡向东（2018），许白云、张一博、杨立新（2021）认为科技创新为乡村经济振兴注入新动能，“三农”领域对现代科技的吸收并转化为现实的生产力极大地带动了现代农业和乡村经济的发展，产业技术、重大科技成果、科技人才队伍、创新平台、信息化等科技支撑服务县域经济成效明显，为乡村振兴提供了有力支撑。徐春光（2021）进一步指出，通过农业智能决策技术的发展，能实现农业生产的经济效益最大化，并能在乡村产业融合和乡村农产品生产方式方面有巨大改善。宋保胜、刘保（2020），刘学敏（2021）指出随着乡村振兴战略的有效实施，科学创新技术水平有了较大提升，科技创新不仅支撑农村发展、农业产业发展，也支撑农村非农产业发展，能有效解决农村部分地区发展的不平衡不充分问题。乡村振兴需要科技创新布局谋篇，统筹协调农村环境冲击力与科技转化力的内外部动力，将科技创新融入乡村振兴战略的实施，通过技术创新、产业创新、制度创新、体制创新、观念创新等的融合，扩大产业规模、打造全产业链条一体化、优化结构配置、倒逼协调联动效应，推动乡村振兴从外延式发展向内涵式发展转换，实现乡村全面振兴（宋保胜等，2020）。

（五）有关科技支撑乡村振兴实现路径的研究

王燕等（2018）认为应立足自身资源禀赋和发展实际选择适合的农业科技协同创新模型和实现路径，保障乡村振兴战略的成功实施。尹西明等（2020）提出农业科技创新配套的创新成果转化推广服务与农业生态环境营造等，是推动乡村振兴的主要路径之一。王益君、娄晨雨、张於琛和卜银伟（2022）提出要利用新兴信息科技改造和创新金融产品及服务模式，提升金融服务效率和水平，用“融技”和“融通”赋能传统金融，推进乡村振兴。隋斌等（2019）认为农业工程科技创新在乡村振兴的产业振兴、生态振兴、人才振兴方面发挥了技术和人才的支撑作用，通过提升农业水土工程水平夯实农业综合生产能力基础、提高农业装备和信息化水平从而提升农业生产效率、提升农村人居环境整治工程技术水平，促进生态宜居建设。柴国生（2021）认为以自主创新为支撑、高技术供给为引领、协同驱动实现内生增长的绿色循环持续发展，是增强科技创新驱动乡村内生发展的必然选择，要根据乡村不同的自然条件和科技需求，整合创新资源，畅通信息供需渠道，强化以需求为导向的科技精准供给、转化应用服务体系，是推动乡村振兴跨越式发展的现实路径。

（六）有关科技创新支撑乡村振兴政策方面的研究

陈美球等（2018）提出土地面积的有限性决定了科技创新是不断满足增长的产业用地保障需求的根本动力，需通过激励政策的制定实现各种工程技术创新和制度创新，提升土地对农村农业发展的保障能力，为乡村振兴战略的实施提供基础保障。付城、刘媛（2020）对中央一号文件进行梳理，指出农业科技创新作为我国农业现代化的政策目标之一，已经由要素驱动走向信息驱动，由单一主体走向多元主体，由培训固定农技人员走向系统培育引进农业科技人才，已经成为现代农业发展的最主要动能，但农业科技创新方面的现有政策需进一步调整优化。

综上所述，科技创新不仅包括核心技术的创新突破，还包含与农业科技创新配套的体制机制创新以及创新成果转化推广服务的模式创新等。在技术创新应用、农业产业融合发展平台构建、产业融合发展、农村科技人才、政产学研协同、乡村治理等方面，科技创新对乡村振兴的根本驱动作用无可替代，乡村振兴需要科技创新布局谋篇。

三、相关概念界定

（一）科技创新

创新是指以现有的知识和物质改进或创造新的事物，并能获得一定有益效果的行为。科技创新是创新的一种，科技创新的概念较为宽泛，涉及自然科学、管理学、经济学、社会学等多个学科，不同学科、不同视角对科技创新的理解不相同。如在科技创新的分类上，根据层次与范围的不同，可分为宏观和微观；根据创新技术强度和对象的不同，可分为主体和客体。综观各类研究成果，科技创新存在于各个组织和领域，把技术力量转化为推进经济增长和社会进步的动力，是科技创新的深化和发展，是“物化”“市场化”“社会化”互相结合发展的过程。

（二）科技创新的内容

农业科技创新融入农业科技和技术创新的发展，适应了社会发展和科技进步的要求，逐步得到各方关注并应用在农业生产之中。农业科技创新交叉性、综合性很强，涉及农业科技和科技创新两方面。农业科技创新概念包括三个方面：一是从系统论角度来看，农业科技创新改变农业科技要素的结构，把农业发明创造和农业科技成果应用到生产体系，生产出满足市场需求的商品，是实现农业发明创造和农业科技成果商业价值的过程；二是从学科的角度来看，农业科技创新不是单纯的经济学或技术学的范畴，而是属于交叉学科共同研究的领域，把科技与经济联系起来，是具备经济特征和技术特征的“技术—经济”范畴；三是从内容角度来看，农业科技创新包括原始性创新、集成创新、消化吸收再创新三个方面。

综上所述，农业科技创新包括不同主体将农业生产所需资金、人员等投入并转化成为生产实践的新知识、新技术，既包括农业科技的研究开发、技术创新，也包括农业技术创新的扩散和生产应用，其中最为重要的环节是农业科技成果转化成为现实生产力。

四、研究目标和主要内容

（一）研究目标

以国家创新体系理论为指导，对国内科技创新支撑乡村振兴产业兴旺、生态宜居、乡风文明、治理有效典型案例进行收集、梳理和分析，总结各省份在科技创新支撑乡村振兴中的探索经验，从科技创新政策的顶层设计、政产学研协同创新、乡村振兴人才培育、科技赋能乡村振兴等方面，提出对策建议。

在研究中，结合我国“大国小农”农业生产方式将在很长一段时间存在的现实，在科技创新支撑乡村振兴中主要关注三个方面内容：首先，涉农技术的开发和推广要支持以本地农户为核心的包容性发展；其次，在国家研发资源配置上，要从注重生产环节向科技服务、绿色、生态、宜居等技术环节转变，并注重适用技术、“傻瓜”技术、低成本技术的推广与使用；最后，实现适度规模化生产，需要大力支持融入科技创新的生产性服务业发展。

（二）主要内容

在经济高质量发展的过程中，科技创新能推动要素结构优化整合、供给结构和需求结构优化合理、产业结构优化升级、资源环境协调发展，并促进社会公平，使经济、社会、生态三者均衡发展。因此，科技创新支撑乡村振兴包含了提高农业全要素生产率、农产品高质量供给、推动农业产业结构升级、提升农产品消费结构水平、促进农业资源利用与环境改善、提高乡村治理水平等。具体归纳为以下几个方面：

（1）技术创新支撑乡村振兴的经验和实现路径。

通过技术缩短了优质农产品选育的周期并推广提高农业生产效益，智慧农业、数字农业、农产品质量追溯系统运用于种植养殖环节提升农畜产品品质的案例、经验。

（2）农村产业融合发展平台支撑乡村振兴的经验和实现路径。

通过科技创新促进一二三产融合，发挥农业多功能效用，增加农产品附加值，推动农耕文化、乡村旅游、农村电商多业态发展的案例、经验。

（3）农业全产业链支撑乡村振兴的经验和实现路径。

通过科技创新优化农业生产要素组合方式，推动农业生产资源的高效利用和农业生产社会化服务组织发展，提高生产要素的配置效率和全要素生产率方面的案例、经验。

（4）农村科技人才战略支撑乡村振兴的经验和实现路径。

通过科技创新变革农村科技服务体系，完善农业农村科技服务体系，培养本土农业科技人才的案例、经验。

(5) 政产学研协同支撑乡村振兴的经验和实现路径。

通过制度创新保障政产学研协同发展，构建创新协同共同体，加速科技成果向现实生产力转化的案例、经验。

(6) 乡村治理支撑乡村振兴的经验和实现路径。

通过科技创新突破在耕地质量提升、化肥农药减施增效、农业废弃物循环利用、生态修复与保护等农业生产相关重点领域的关键核心技术，助推农村绿色产业发展、提升农村人居环境整治效果；智慧医疗、智慧教育、智慧政务在乡村的推广普及，有效提升乡村治理专业化、精准化、智能化水平，提升居民的幸福感、获得感和安全感。

第二节　技术创新支撑乡村振兴的典型案例

一、典型案例

(一) 山东费县打造乡村振兴科技支撑型齐鲁样板示范县

1. 概况

费县位于沂蒙山腹地，人口 91 万，面积 1660 平方千米。全县农业门类齐全，有农作物品种 350 余种，耕地面积 107 万亩，粮油作物种植面积 100 万亩，果树 75 万亩；有农用机械 4.3 万台，粮食作物机械化水平 90%以上。费县不仅是山东省休闲农业与乡村旅游示范县，还是全国的科技进步先进县、核桃产业十强县、油料百强县、乡村治理体系建设试点示范县、农村集体“三资”管理示范县、美丽乡村标准化试点县、测土配方施肥示范县。2020 年 4 月，山东省农科院将费县列为全省县域乡村振兴科技支撑型齐鲁样板示范县；2020 年 6 月，山东省农科院在费县实施“三个突破”战略：集结费县各类资源，着重在品种改良、绿色防控、品牌打造等方面进行全方位、一体化打造。

2. 基本做法和措施

(1) 构建“点线面”科技服务体系，实现全方位农技服务。

技术员通过包村包户，对“点”服务农户。通过建立微信群、向科技示范主体发放联系卡等搞好技术服务和沟通；“线”是指开通农技服务热线，保证24小时的无盲区服务；“面”是指通过面对面服务和田间学校的形式，对农户进行线下实践教学，同时结合科技下乡和入户指导相结合的形式，辐射带动全县2万余农户推广应用新品种，打造示范试验基地。

（2）成立“科技创业创新服务团队”，提高农业科技的转化率。

费县制定印发《费县农业创新服务团队建设工作意见》，组织全县农技推广员开展“双百双创”活动；创建高效农业产业园区，成立由业内知名专家教授加入的科技创业创新服务团队，通过对种植示范户开展水肥一体化、绿色防控新技术、新试验应用示范等工作，开展重点园区基地建设、新型经营主体培育和打造重点产业村等措施，提高农业科技的转化率。

（3）实施“百千万”工程，培育新型农业经营主体。

费县实施新型农业经营主体“百千万”培训工程，对新型农民、新型农业经营主体、龙头农业企业和农业社会化服务组织等进行培育。成立涉及种养、加工、物流、电商、营销、新能源等六大产业的龙头企业协会，形成一批农产品加工优势产业集群，起到良好的示范带头作用。

3. 经验和亮点

（1）强化组织领导作用。

充分发挥党的组织领导作用是做好科技支撑促进乡村振兴工作的关键。费县在打造样板示范县过程中，强化党委政府在各项工作中的领导作用，让这项任务得到根本保障。通过建立院地合作，在农业产业发展与乡村振兴规划紧密结合的基础上，建立相关配套制度体系，为示范县打造提供制度层面的重要保障。

（2）全方位科技服务及时帮助农户化解技术难题。

费县成立科技创业创新服务团队，组织全县农技推广员开展“双百双创”活动，构建“点、线、面”和“县乡一体化”垂直管理的农技推广体系。采用技术指导员包村包户、开通农技服务热线、建立田间学校对农民进行教学指导等方式，结合科技下乡、入户指导相结合的方式为农户提供技术服务。

（3）通过培育新型农业经营主体提高农业科技转化率。

费县以培育新型农业经营主体、成立龙头农业企业协会、打造农业产业集群为主线，通过新试验应用示范和重点园区基地建设，在新型经营主体和重点产业村实施水肥一体化、绿色防控新技术推广应用等措施，提高农业科技的转化率。

（二）福建省惠安盐碱地生态循环农业乡村振兴科技服务团队

1. 概况

惠安县家兴家庭农场邻近福建省最大的食盐生产和出口基地山腰盐场，周边耕地多是常年受到海水侵蚀的盐碱地，作物难以生长，是惠安县经济落后的地区。2013 年，村民郑培忠利用自家资产抵押借贷和向亲友借资筹集资金，流转了 270 亩盐碱地，创立惠安家兴家庭农场，开启了近十年的盐碱地拓荒征程。2018 年，郑培忠与福建省农科所农业环境与生态修复研究团队接洽并开展合作，研究团队为农场编制“盐碱地农业生态科技园概念性规划”，和农场开展“盐碱地+生态科技园”模式建设工作，通过创新技术攻破盐碱地农业生产难关，以农业生态技术促进农场生态发展，在农场生产效益提高的同时带动周边农民走上致富之路，用技术应用和创新助力乡村振兴。

2. 基本做法和措施

（1）筛选适宜盐碱地的果蔬品种。

通过设施生产、基质栽培、隔盐栽培和科学的水基质配置等现代农业科技，对盐碱地改造，制定种植技术和质量的标准化管理。经过引进和试验西红柿、辣椒、哈密瓜、杧果、百香果、火龙果、番石榴、杨桃、莲雾等适宜盐碱地的果蔬产品，形成一系列的特色生产格局；不仅增加了农场园区产品的丰富性，同时保证了农产品的产量和品质，进一步满足市场和消费者的多样性需求。

（2）通过农业生态技术提高农场生产效益。

盐碱地农业开发利用的关键是需要通过长期的生态效应来实现。团队和农场以循环经济原理为指导，将生产与生态结合、用地与养地结合、工程与农艺结合，在保证农业生产的同时实现与生态保护的协调发展。同时，团队积极与其他研究机构接洽，在农场开展农业生态技术的推广应用。通过一系列生态农业技术的推广实施，增加了农场土壤机质含量和肥料保留能力，提高土壤对酸碱和有害离子的缓冲能力，实现了农场的农产品生产质量和经营效益同步提升。

（3）多措施多形式科技培训助力兴农富农。

秉持“授之以鱼，不如授之以渔”的理念，研究团队和农场通过建立农场专家工作站、新型职业农民培训基地、基层农业科技示范推广基地和田间学校等方式，开展线上与线下协同模式，在农场管理者和新型职业农民保持着良好的线上互动和沟通的同时，在农场开展一系列线下的田间技术培训活动。不仅提高了农民的农业技术水平，让其成为新时代乡村振兴的主力军，而且带动农民实现产量、收入和效益的同增，推动了当地农业持续发展和乡村振兴。

3. 经验和亮点

（1）以生产要素全方位科技互动助力农场提质增效。

2018 年开始，家兴农场通过与科研机构的互动，引进先进生产技术与发展理念，攻破盐碱地农业发展的难关，筛选适宜果蔬品种，不仅产能得到提高，而且丰富了园区产品和保证了产品的品质，在满足市场和消费者需求的同时，农场的生产效益也得以提高，顺利扭亏为盈。与此同时，家兴农场因地制宜地依托当地生态资源和科研平台搭建复合型的生态农业经营模式，形成整体性的良性循环生态链，在改善园区生态环境的同时，形成更广阔的生态循环模式，促进了农场的生态发展。

（2）以自身发展为基础辐射带动周边农民。

家兴农场和研究团队在自身得到发展的同时走出农场，以农场为基地开展相关技术培训，以农场为基点辐射并带动周边村庄农业与相关产业的进一步发展，在提高农民生活水平、促进农民收入和生产效益提升的同时，为促进农业产业的可持续发展和农业科技应用助力乡村振兴提供良好的样板。

（三）海南三亚水稻国家公园建设

1. 概况

国家水稻公园位于海南省三亚市东北部，海棠湾南部入口，地处北纬 18 度，距三亚市区 28 公里，占地面积 3800 亩（其中袁隆平水稻试验田 300 亩）。水稻国家公园以生态文明、农业文明、稻作文明、水稻科研、科普教育、农业休闲文明为文化依托；以中华稻作文明发展史为主脉络，结合中国农历 24 节气，以袁隆平院士及其团队杂交水稻科研成果及三亚南繁基地的历史成就，确立“生态、生命、生活”的文化轴线，将“农田景观化、景观产品化、区域生态化、景区科普化和产品体验化”作为思路，建成“中国饭碗”和“南繁硅谷”的农业文化旅游和水稻文化旅游基地。2017 年，三亚水稻公园被中国古生物学会授予“全国科普教育基地”，2018 年被国家旅游局评定为“国家 4A 级旅游景区”，2019 年被指定为中国（三亚）国际水稻论坛永久会址，2022 年 5 月 22 日，袁隆平铜像落成揭幕。袁隆平水稻科研基地、南繁水稻科研基地和国稻种芯（三亚）水稻节功能性农业产业园是水稻国家公园三足鼎立的顶岗支柱，肩负着承载世界水稻科学论坛、促进中国与世界水稻科技发展的责任使命，也是水稻国家公园的科普核心和文化亮点。

2. 基本做法和措施

（1）依托袁隆平院士研究团队技术资源打造“中国第一”水稻研发基地。

公园依托袁隆平院士研究团队的技术资源和优势，规划建立综合育种基地，进行杂交水稻育种研究，集农业新技术、试验示范、成果转化等为一体，在公园建设国家杂交水稻技术中心和南繁综合实验基地。基地占地 350 亩（育种基地 300 亩、建设用地 50 亩），种植近 500 种水稻，建成了“中国第一、世界领先”的南繁杂交水稻研发基地。

（2）利用现代技术打造水稻相关的多种农旅融合业态。

经过科学严密的模型测算，优化占比设计，合理安排各功能分区，结合园区发展需求，整合基地的土地资源，突出科技农业与电子商务、医疗、科普、旅游等的融合发展，在此基础上推出了千亩稻田花、南繁科研育种基地、稻田温泉景观区、禾下乘凉游客中心、稻田艺术画、海棠稻乡共享农庄线下展销体验基地、恐龙科普教育基地、科学奇幻亲子乐园等特色项目，形成科技化的水稻产业农旅融合业态发展格局。

（3）培育农业科技综合体。

公园借助互联网和物联网平台，用现代互联网和物联网技术赋能公园，以功能化园区和企业为主要形式，打造“农田景观化、景观产品化、区域生态化、景区科普化和产品体验化”的现代化国家公园，建设“生态环境优、景观环境美、文化环境雅、服务环境好”的集休闲、观光、体验和旅游为一体的农旅融合基地，打造农业旅游线上线下共享的典范。

3. 经验和亮点

（1）充分发挥“中国第一水稻研发基地”优势。

公园发挥农村产业基地和土地空间优势，与高校、高新技术企业、科研机构等专业机构合作，获得大量农林高新技术资源，突破单一品类、单一品种，为乡村产业打造技术优势，形成泛农业产业发展的基础。

水稻国家公园作为我国农业科研人员的“育种天堂”“种子基地”，南繁综合试验基地，集科研、生产、科技交流、成果转化于一体，打造“南繁硅谷”。

在这稻田胜景里，贴近大地、走近泥土、体味天人合一的意境，感受千亩稻浪的视觉震撼，体验水稻从种植到收获的全过程，了解几千年华夏水稻文化文明史，体验田间地头农耕的乐趣。

（2）以产业融合为方向发展科技农业。

农业科技与农村结合要强化产业化路径，公园以突出科技农业与电子商务、医疗、科普、旅游等的融合发展，建成“南繁育种基地、禾下乘凉中心、海棠稻乡共享农庄展销体验基地、恐龙科普基地、科学奇幻亲子乐园”等多种业态的产业园区，支持了南繁科技农业的高效发展和乡村振兴。

（3）以系统制度保障奠定乡村科技创新基础。

为有效发挥科技在农村融合发展中的作用，公园进行系统性的制度建设，在科技转化、产权保护、人才培养、资金支持等基础制度和创新体系方面进行积极投入，并在保障制度法规方面，不断更新评价体系，使科技创新与制度创新相匹配，促进公园科技创新机制的建立，为科技创新奠定坚实的基础。

二、经验借鉴

（一）发挥政府作用，推动农业科研成果的转化

无论是山东费县“点线面”科技服务体系，还是福建省惠安盐碱地生态循环农业建设，政府都为当地农业生产经营主体提供了良好的科技服务环境：一方面，与农业研究机构，如农科院、农业大学等，签订合作或者共建协议，为农业科研研究者服务基层农民、经营者制定相应的支持政策；另一方面，积极利用科研院所技术力量，攻克当地农业发展的技术难题。既让科研成果转化落地，也让农民生产技术难题得到及时解决。山东费县与山东农科院的合作，将费县设置成农科院进行科研转化的实践基地，为当地农民提高农业科技素养提供了最便利的课堂。科技示范、农民培训都在政府与科研院所的合作共建中得到很好的实践，新品种引进、育种技术推广等，有效促进了现代农业技术的推广应用。

（二）科研团队与农业生产经营主体合作，专门攻克实践中的难题

福建省惠安盐碱地生态循环农业建设项目，最大的亮点和经验就是农业经营主体与科研机构形成合作关系，根据自身生产经营的技术难点与科研团队合作，攻破盐碱地农业发展的难关，实现了生产经营的扭亏为盈。作为科研团队，有针对性地攻克农业技术难题，既为农业生产经营者解决了难题，也为团队研究开辟了科研成果转化为生产力的新战场。在案例中，科研团队在农场通过一系列生态农业技术的推广实施，不仅增加了农场土壤机质含量和肥料保留能力，提高土壤对酸碱和有害离子的缓冲能力，实现了农场的农产品生产质量和经营效益同步提升，这些活动，还潜移默化地影响到周边的农民，通过技术培训、新产品引进、不同类别农产品搭配种植，最终在当地掀起盐碱地生态循环农业建设的热潮，为当地农业可持续发展和农民增收带来契机。

（三）利用核心技术高知名度，推动农业科技与其他业态融合

在海南三亚水稻国家公园建设案例中，充分提升“中国第一水稻研发基地”在科研人员及全国人民中的知名度，一方面规划建立育种基地，进行杂交水稻育种研究，建成集科研、生产、科技交流、成果转化于一体的水稻研发基地；另一方面发挥农村产业基地和土地空间优势，借助水稻育种，开发了以水稻文化为核心的集休闲、观光、体验和旅游于一体的共享农庄线下展销体验基地，将技术优势和多业态发展有效结合起来，形成了科技化的多业态融合发展格局，在促进水稻种业发展的同时助力了乡村振兴。

第三节　农村产业融合发展平台的典型案例

一、典型案例

（一）安徽巢湖经济开发区国家农村产业融合发展示范园

1. 概况

安徽巢湖经济开发区国家乡村产业融合发展示范园位于巢湖经济开发区北部。巢湖经济开发区于 1992 年成立，1995 年被安徽省政府列为省级经济开

发区，整个开发区面积58平方千米，规划建设了半汤区、花山新区和温泉旅游度假区，是合肥经济圈与皖江示范区的核心区域，这里交通便捷，物流低廉，区位优越。巢湖经济开发区国家乡村产业融合发展示范园辖地2.1万亩，采取龙头企业带动、专业机构运营、特色农产品加工基地建设等措施，打造“一区一镇一院”的发展模式。示范园依托“互联网+”技术，将农旅、商旅、文旅三旅结合；以电商、乡村旅游、休闲农业为主导，打造“三瓜公社”区域公共品牌；2018年创建半汤温泉养生旅游度假区，带动园区及周边乡村旅游发展；打造了典型的功能拓展型乡村产业融合发展示范园区。

2. 基本做法和措施

（1）龙头企业带动与专业机构运营相结合。

示范园区以“龙头企业+合作社+农场+农户”的模式构建公社农产品电商产业联合体，形成专业化分工、标准化生产和品牌化经营的格局；旅游项目由专业合资公司进行专业化管理运营，公社、村集体和村民按3∶1∶1的比例分成，形成利益联动和风险共担的机制，村集体和村民的长期稳定收入得到有效保障。

（2）建设绿色农产品生产基地和发展特色农产品加工业。

示范园以绿色生产为导向，积极展开有机绿色农产品申报认证工作，建立专业合作社，培育新型农业经营主体，建成覆盖1000亩粮、1000亩枣园、3000亩果蔬的高效、安全和绿色种养产业基地；同时大力发展特色农产品加工业，实施品牌项目建设，建立温泉鸡和冷泉鱼等30多个产业基地，开发茶、泉、农、文化四大系的半汤产品1000多种，形成独具特色的农产品加工序列。

（3）通过优化用地保障推动产业园区建设。

一方面，通过宅基地、村集体土地、农民散地等土地集中征收、储存或转让的方式，实现土地资源的规模化、集约化利用；抓住合肥作为“农地入市”改革试点城市的机遇，将示范园部分村集体建设用地转为城市建设用地。另一方面，通过城乡建设用地的合理规划，在依法使用现有建设用地、保障园区建设用地的基础上，对示范园区内不同类型项目实行土地利用差别化管控。

3. 经验和亮点

（1）以创业需求为中心提供全面帮扶措施。

示范园建设了农村创业创新基地和创客中心，为园区内的创业公司和创业团队提供长期的优惠政策、培训和创业指导。成立了创业专家、科技志愿者服务团队，为创客解决创业技术、运营管理、市场营销等方面的问题。依托半汤乡学院，开设半汤公益讲堂、农村电子商务实践运营、农旅融合发展等系列课程培训活动。

（2）以拓展农业多种功能为方向打造乡村新业态。

示范园通过拓展农业功能，让农村成为旅游观光点；通过构建休闲的田园生产、生活新业态，让农业成为游客体验点。结合当地自然禀赋，以观光和体验农业为主，种植适合观光的五彩水稻、七彩油菜花等农作物，满足游客观赏采摘、亲子体验、休闲度假的需要。

（3）以要素整合促进各业态协调发展。

示范园依托现有资源，构建自主优势产业，实现要素之间的优化整合；以“三品一标”认证管理为抓手，探索建立农产品产地、生产、加工、物流、消费全过程可追溯体系，促进区域公用、企业和产品三个品牌的有机融合；以培育现代农业产业化联合体、龙头企业、专业大户和家庭农场、专业合作社为主要任务，实现要素、产业和利益的紧密连接，促进各业态协调发展。

（二）青岛莱西市国家农村产业融合发展示范园

1. 概况

青岛莱西市国家农村产业融合发展示范园坐落于山东省青龙高速公路以东、齐兴河以西、北京路以北，毗邻莱西经济开发区，总投资 105 亿元，面积 178 公顷。2019 年 3 月，青岛莱西市国家农村产业融合发展示范园获批示范园创建资格，2019 年 4 月，以凯盛浩丰有限公司的智慧推广农业创新为主的示范园开始创建，涵盖了凯盛浩丰智慧玻璃温室、综合性儿童教研平台“绿乐园”、展研一体的“世界园艺中心”、中性药用玻璃项目、碲化镉薄膜太阳能板项目等。示范园以智慧农业、智慧小镇、新材料生产为核心，将“智慧农业—高技术产业集群—科研开发—教育观光”全产业链作为主线，融合“互联网+”智慧农业产业、高新科技产业、教育观光产业和特色加工产业等。通过形成链条完整、功能多样、业态丰富的园区产业体系，构建农企融合协调、产业格局完善、农村活力增强的新格局，并着力加强农民权益保障，带动周边农民致富。2021 年，示范园的发展模式和经验做法作为优秀典型被国家发改委在全国推广。

2. 基本做法和措施

（1）政府、企业、高校多方合作提高投入要素的科技含量。

莱西市政府进行体制机制创新，促进“人、地、财、技”要素融合，在生产、加工、仓储、物流、电商和乡村旅游等方面进行积极探索，将土地利用纳入农业用地范畴，并实行单一清单制，增加设施农业用地规模。通过政府与项目管理企业签订合作协议，将运营方和建设方分置，同时利用校招合作渠道，吸引农业院校人才加入示范园区。与武汉大学搭建“产学研”一体化平台，共同开发中国作物生长模式和温室环境自动控制系统；与阿里云共同开发农业大脑，打造“地方—公司—云企业—农户—金融机构”的农业生态新模式。

（2）横向与纵向拓展农业链条。

凯盛浩丰有限公司纵向拓展种、苗、种植、生产、加工、销售和服务的全产业链，通过与相关蔬菜种子公司开展深度合作，筛选出符合消费者口味的优秀番茄品种；引进亚洲最大的自动化苗育系统，建成年产1000万株优质苗的智能育苗场；利用无土栽培和物联网系统实现种植管理的自动化和精细化。横向拓展科学、文化、旅游等延伸链，2020年，建成了市科普教育基地，配备专兼职科普工作者40人，并给予专项经费支持。

（3）通过节能减排技术应用提升生态发展效益。

园区创新应用现代工业捕碳与提纯技术，从周边酿酒厂、水泥厂等工厂收集二氧化碳，用作温室种植的肥料；促进水肥综合处理和循环利用，利用自然病虫害防治技术进行防治，节约水肥95%以上。温室覆盖采用透光率高、散射率高、保温性好的玻璃，在低温季节可有效降低供暖能耗。工业废热应用于设施的温室能源供应系统的创新，显著降低了能源消耗。通过节能减排技术的创新应用实现了园区的生态发展。

3. 经验和亮点

（1）以全产业链开展技术创新。

示范园推广的连栋玻璃温室特别是最重要的温室覆盖材料部分，均采用中国自主研发的超高透无影散射玻璃。2020年，公司通过打造供应链服务的“右半脑”和农业生产的“左半脑”，实现管理变服务、服务变产品，让农民变专家，让平台变新农具，让直播变新农事，让数据变新农资。

（2）以市场导向界定园区管理职责。

示范园区实行“政府支持+企业代理”的模式，以开发区为管理主体，公司为运营主体，成立园区管理委员会。利用公司在现代农业领域的市场运营、数据管理、智能云计算方面具有近20年的专业化运营管理优势，把园区打造为具有现代化优势的示范园。优先吸纳流转土地的农民进入园区务工，并通过园区内的乡村旅游和整合经营带动农业创业者、农户和从事农业现代化标准生产人员的创业就业，农民在获得土地租金的同时还能通过务工实现增收致富。

（3）以保障农民权益为基础。

园区坚持让农民成为示范园区发展建设的生力军和主要受益者，优先吸纳和培训已出让土地、有务农意愿的农民，将其转化为产业工人，共享智慧农业所带来的增值红利。依托新农村社区打造智慧农业小镇和智慧创业园区，为村民提供大量就业岗位，吸引返乡创业人员。并通过支持、培训和指导，让农民合作社、家庭农场和农民具有现代化的科技管理和生产力水平，促进经营效益的提升。

（三）四川明月村利用文创赋能休闲农业推动产村融合发展

1. 概况

明月村位于四川省成都市蒲江县甘溪镇，面积6.78平方千米，总人口2219人，这里陶艺文化底蕴深厚，唐宋以来便是民用陶瓷（邛窑）的重要产区。明月村是全国文明村、乡村旅游创客示范基地、西部乡村旅游人才实训基地和四川省文化产业示范园。2013年，明月村以竹海、茶山、明月窑等为依托，以农旅融合为模式，引入陶艺、篆刻、草木染等项目，吸引了大批艺术家和文化创客加入，形成以陶艺为主的文创项目聚落和创客集群；2019年2月，农民日报社授予明月村“2018年度中国‘三农’创新十大榜样”；2019年3月，农业农村部授予明月村“2018年国家农民合作社示范社”。通过明确发展定位、引进新村民、新老村民共同创业、形成产业集群和自然发展，明月村走出一条“农商+文旅”融合发展的乡村振兴之路。

2. 基本做法和措施

（1）利用政策和机制创新促进要素集聚。

2015年开始，明月村以“政府+文创+公益+旅游合作社”模式，通过争取187亩国有建设用地指标、盘活集体土地和利用闲置宅基地等措施，为明月村发展奠定坚实基础。以生态优先为发展理念，将茶山、竹海、松林等生态禀赋的保护式开发与统筹推进“七改七化”有效结合起来，改善明月村的发展环境。通过成立项目工作组和利用招才引智政策，引进规划、策划、运营等方面的人才，吸引了 100 余位知名艺术家和非遗传承人入驻，为明月村发展提供人才支撑。通过文化传承擦亮产业品牌，坚持差异化发展方向，打造明月村特色文化品牌。通过举办艺术节、诗歌音乐会等特色文化活动，创设书馆、博物馆等公共文化空间，制订音乐种子计划和打造文舍等文创项目，积极开展产业化培训，将村子打造成鲜亮的新时代乡村建设模板。

（2）通过农旅融合吸引村民返乡创业。

2013 年，明月村依托茶叶基地、竹园和明月窑，成立明月村旅游合作社，推出农事体验、自然教育、制陶和草木染体验等农旅融合项目，打造蜀山窑、呆住堂酒店，开发明月笋、染、陶等系列文创产品，吸引了 150 余名村民返乡就业创业，2020 年实现盈利 130 万元。同时，通过田园与文艺村落的融合发展，实现了新老村民之间的互助共享。

（3）大力发展集体产业经济。

通过对原有微村的改造，明月村成立了以村民为主体的合作社，并提出了两个具体的发展方针，即金融产业扶持基金不参与分红与聘请职业经理人进行管理。乡旅游专业合作社成员逐步开发了茶、竹、陶瓷、印染等特色旅游产品。同时，大力推进农贸市场、工艺俱乐部和乡村合作伙伴、自行车租赁、停车场管理、旅游巴士运营等配套旅游项目建设，除了为村民提供旅游培训外，还为村民提供餐饮和客栈的指导和培训。集体产业和社区经济在农村建设过程中得到了显著发展。

3. 经验和亮点

（1）以老村民再创业增强村子发展的内生动力。

在新村建设过程中，明月村通过微村改造和建立合作社的方式，建立起对村产业发展起主导作用的老村民体系。通过将村集体建设用地变成荷塘和沙坑、建设陶瓷容器体验空间等引导游客逗留和聚集，有效带动了原有村民的就业创业。

（2）以新村民入住为村子注入发展新活力。

明月村除了建立老村民体系，还为新村民入村设计提出了两套科学有效的解决方案，通过科学有效的住村方案，新村民的引进问题得到了有效的解决，而新村民不仅带来了丰富多样的业态和平台，还给老村民带来了新发展理念的转变和融合，同时也为明月村新乡镇建设带来了可持续发展的动力和源泉。

（3）以促进社群融合提高凝聚力。

明月村结合发展实际，将艺术家院落和老村民进行集中搬迁，形成一个新旧融合式村落；引入社会组织，以文教活动为切入点，让不同社区相遇对话；通过丰富多彩的讲堂和内容的开发，在丰富明月村文化创新的同时有效整合老村民、新村民、游客等不同的文化社区和团队。这些举措不仅提高了明月村社区凝聚力，而且为明月村的文化创新和新乡村建设道路的可持续发展奠定了坚实基础。

二、经验借鉴

（一）抓住政策机遇，整合优化生产要素

安徽巢湖经济开发区国家乡村产业融合发展示范园抓住了“农地入市”改革试点城市的机遇，盘活土地利用，整合土地资源，为农村产业规模化发展提供土地基础。四川明月村挖掘原有村民参与产业融合发展的内生动力，针对实践中所需课程进行培训，培育原有村民参与产业融合发展的专业技能。青岛莱西市国家农村产业融合发展示范园一方面畅通与学校合作渠道，为产业融合提供高素质专业人才；实行招才引智政策，吸引外来人才建言献策，多渠道提供人才保障。另一方面增加产业融合中从生产至销售全产业链的科技含量，提升生产要素利用率及生态效益。整合优化现有生产要素资源，推进生产要素融合，提高生产效率和产品质量，打造特色绿色品牌形象，增强产品市场竞争力。

（二）拓展农业功能，构建产业融合新业态

青岛莱西市国家农村产业融合发展示范园与四川明月村均立足自身农业资源优势及历史文化底蕴，优化农业展示布局，创新农事体验场景，拓展农业观光和体验功能，促进农文教旅融合，丰富农户收入来源。农文教旅相融合，通过技术赋能、形态重构和商业模式创新有效探索了产业融合的新形态，使得新业态所涉及的生产、加工、销售、休闲、餐饮等节点紧密结合、相互渗透，增加来客在农村的停留时间，丰富来客的消费选择，有效拓展市场的广度和深度，凸显产业集聚优势。

（三）创新利益联结机制，提高凝聚力

安徽巢湖经济开发区国家乡村产业融合发展示范园、青岛莱西市国家农村产业融合发展示范园与四川明月村均根据自身条件培育现代农业建立产业化联合体，实现专业化分工，各环节主体利益联动、风险共担。借助龙头企业丰富的运营管理经验，发挥合作社统筹协调的优势，优先吸纳打造产业融合发展平台过程中所涉及农户，进行涉农专业技能培训，同时培养有意愿创业的农户运营管理、市场营销等技能，助力就业创业。特别是四川明月村通过建立合理的利益分配机制、举办丰富的文化活动增进情感，实现新老村民一体化共赢的融合，增强了乡村振兴主体的凝聚力。

第四节　科技支撑产业链转型升级的典型案例

一、典型案例

（一）“三链同构”实现食品产业集群协同发展

1. 概况

漯河市位于河南省中南部，伏牛山东麓平原与淮北平原交错地带。全市土地总面积为 2617 平方千米，四季分明，冬季寒冷干燥，夏季高温多雨，漯河市境内共有大小河流 81 条，有良好的农业生产基础，交通便利。早在清朝时期，漯河就因为其丰富的农业资源和便利的交通条件，形成了具有一定规模的农副产品交易市场。1986 年，漯河市立足当地丰富的农业资源，发展当地食品产业。2005 年，漯河市被中国食品工业协会授予“中国食品名城”。此后，漯河市以打造食品名城为中心，构建价值链、产业链、供应链三链一体的全产业链模式，到 2022 年，漯河市共有 7056 个食品加工企业，以粮食、蔬果、肉类加工为主，共涉及 30 多种食品类型，其中有 135 家规模食品企业，既包括双汇集团、南街村集团、卫龙等本土食品龙头企业，也有可口可乐、美国嘉吉公司等外资企业。漯河市全市通过食品产业得到的收入共 2000 亿元，带动周边农户 25 万，平均每个农民通过食品产业增收 3000 元。

2. 基本做法和措施

（1）把握本土优势，推动产业发展。

漯河市农产品资源和劳动力资源丰富，自然资源适宜农业发展，农业生产基础良好，而且漯河市境内河流交错，水陆交通便利。改革开放之后，众多食品加工企业在漯河建厂，初步形成了食品产业群。从 1986 年开始，漯河市以食品发展为中心，将食品产业作为全市的主导产业发展。到 2020 年，食品产业成为漯河的支柱产业。

（2）建立农产品信息溯源平台，确保食品安全。

为了改变漯河市加工规模型企业少、生产方式落后、食品安全质量得不到保证的局面，漯河市建立了农产品信息溯源平台，对蔬果肉类等建立完整的溯源机制，完善食品安全质量监测体系，并且引进食品加工新技术，打造安全高质的漯河品牌。

（3）开辟电商渠道，拓宽销售市场。

漯河市的食品销售主要依靠每年的食品博览会，随着互联网经济的发展，电商为小食品零售带来发展的契机。双汇、卫龙等食品企业利用电子商务平台，拓宽了市场范围，降低了推介成本，其余企业纷纷效仿，拓展线上销售渠道。电商市场的拓展为漯河市众多的食品带来了销路，带动了生产端增加产能，也实现了当地农民的增收。

3. 经验和亮点

（1）以加工工艺转型升级推动行业高质量发展。

早期漯河市的食品行业主要以农副产品加工和食品制造为主，龙头企业双汇、南街村等也主要以加工制造为主，这些在产业链中处于低端环节的传统产业，虽然发展迅速，但后续态势不容乐观。随着我国经济发展提速，老百姓对食品的需求开始由“吃饱”转变为“吃好”“吃出健康”。为了适应市场需求变化，2012 年，漯河市政府提出发展“大食品”战略，推动全市食品主食化，推动了食品产业的现代化转型。2019 年，漯河市被授予“全国主食产业化工程示范市”。

（2）以加强产业联结带动相关产业发展。

相较于其他产业，食品加工业的产业链较长，对相关产业的带动能力也较强。因此，漯河市持续加强食品产业间的联结，通过加强食品业与造纸业的联结发展食品包装行业；加强食品业与物流业之间的联结发展冷链物流业。

以食品产业为主导，通过食品产业间的联结，带动其他相关产业发展，从而带动周边地区经济发展。

（3）以互联网技术为手段构建产销一体化平台

漯河市引进先进科学技术，利用食品生产新技术研发食品产业新产品，打造创新平台进行食品研发，同时，利用数字网络技术，打造美食云平台，创新“互联网+”模式，与京东、淘宝等电子商务平台进行合作，共同构建网上仓库，开发大宗粮食电商服务平台。通过数字信息技术将销售平台与批发市场和中介机构联系起来，构建农业生产产销一体化平台。

（二）甘肃省定西市打造全产业链实现马铃薯产业模式

1. 概况

定西市位于甘肃省中部，史称“陇中”，因其寒苦，素有“陇中苦瘠甲于天下”之称。定西市位于黄土高原、甘南高原和陇南山地的交会处，属黄土高原丘陵沟壑区，年平均气温 5. 7℃ ~ 7. 7℃，年平均降雨量只有 350 ~ 600 毫米，而蒸发量高达 1400 毫米以上。1982 年，有专家到定西考察，认为定西不适宜人类生活。1996 年，定西市政府根据当地寒冷干燥的气候特点，提出了洋芋工程。此后，定西市引进先进科学技术，将新技术应用于马铃薯育种、种植、加工和流通的生产全过程，打造了马铃薯全产业链。2019 年，定西市全市马铃薯种植面积超过 300 亩，年产量 500 万吨。定西马铃薯销售到全国各地，甚至远销到欧美、沙特阿拉伯、土耳其等国家和地区。2020 年定西农民从马铃薯产业获得的人均收入达 2300 元，马铃薯成为当地农民增收的主导产业之一。现在的定西不仅是全国闻名的马铃薯之都，也被认定为全国第一批区域性马铃薯繁育基地。

2. 基本做法和措施

（1）政府牵头邀请农业专家把脉，选择适合的农业产业。

定西市在开始种植马铃薯之前，主要种植玉米、小麦等粮食作物，但是由于定西气候干燥，不适合玉米、小麦种植，种植农民经常颗粒无收。定西市政府邀请农业专家来当地调研，发现定西的气候不适合种植普通作物，但却十分符合一种当地没有的马铃薯的生长条件。于是，政府引进这种马铃薯，并在农民中推广，由村干部带头大规模种植，向农户证明马铃薯种植可行，能够带来经济效益，增强了农户种植马铃薯的积极性，使马铃薯产业最终落地定西。

（2）提高农产品质量，打造定西马铃薯品牌。

在种植马铃薯之初，由于当地种植技术不够先进，马铃薯生产体系不成熟，定西市的马铃薯生产质量并不能得到有效保证，马铃薯个头儿较小、外观不够美观，影响马铃薯的售卖。定西市为了加强马铃薯的质量管理，在马铃薯种植之初就选取优良的马铃薯品质，在马铃薯分拣、加工和包装等环节提供标准化服务，加强对马铃薯的质量管理，打造安全高质的定西马铃薯品牌。

（3）开发马铃薯加工新产品，延伸产业链。

2016 年以前，定西市马铃薯加工行业主要以粗加工为主，将马铃薯磨碎后，粗加工成淀粉和面粉，因为加工成本较高，较少企业会进行马铃薯精加工、深加工。所以定西市马铃薯加工多为中低端产品，竞争性弱，可替代性强。

2016 年开始，定西市开始推进马铃薯主食化，将马铃薯进行精加工、深加工，用精深加工后的马铃薯全粉制作馒头、吐司等主食类产品。

3. 经验和亮点

（1）以推进马铃薯主食化为目标拓展产品类别。

2016 年，农业部发布《关于推进马铃薯产业开发的指导意见》，提出要持续推进马铃薯精深加工，开发马铃薯主食化产品。定西市响应农业部号召，推进马铃薯加工工艺发展，加强马铃薯的主食化生产，将马铃薯加工成淀粉、粉丝和方便面皮等主食化产品和休闲食品。到 2022 年，定西市马铃薯主食化产品已经十分丰富，定西市薯类龙头企业薯香园成功开发了薯泥和马铃薯曲奇饼干。

（2）以合作社、加工龙头企业协会为基础保障马铃薯的“量”和“质”。

定西市以马铃薯加工品种龙头企业协会、对接协会和农民合作社、合作组织为龙头，建立龙头企业与农户通过合作社对接的新秩序格局，引导个体农户和农民合作社合理利用闲置土地种植马铃薯，保证马铃薯产量；马铃薯加工企业协会和对接协会建设全流域、全家庭的种薯、生鲜马铃薯、马铃薯加工标准化基地。农民合作社与种植农户以最低保护价签订采购订单，构建马铃薯产销新格局。

（3）以育种为源头构建全产业链发展体系。

定西市致力于农业产业全产业链的发展，从培育好种子开始，引进新型优质马铃薯品种，优化马铃薯种类，推动马铃薯生产技术水平提高。以马铃薯为基础，发展马铃薯的精加工和深加工技术，增加马铃薯的加工种类，推进马铃薯加工技术的发展，构建一条从种植、生产、加工再到流通销售的马铃薯生产全产业链，推动马铃薯的全产业链发展。

（三）象山县红美人新“三品一标”为农增收

1. 概况

象山县隶属于中国浙江省宁波市，温暖湿润，光照充足，雨量丰沛，三面环海，两面环港，水陆交通便利，具有良好的农业基础。象山县的柑橘种植历史悠久，素有“中国柑橘之乡”之称。早在唐朝年间，象山县就已出现柑橘种植，到 1981 年，象山县被林业部列为全国年产万吨柑橘基地县，象山柑橘种植已经具有一定规模。象山县第一株“红美人”树诞生于 2001 年，由从日本引种而来的柑橘选育而来；2008 年，象山县农林技术局对“红美人”进行引种嫁接，嫁接后的品种十分适应当地环境，其外观品质得到了大幅提升。2008 年，象山“红美人”首次卖出高价；2013 年，象山县当地橘农发现了“红美人”中的商机，在象山县定塘镇建立了全国第一个规模化种植基地，大规模种植“红美人”柑橘，该基地总投入不足百万元，但销售收入却达到了近 400 万元。至此，象山“红美人”因其巨大的利润在全国声名大噪。到 2020 年，象山全县“红美人”种植面积超过 3 万亩，年产值超过 5 亿元，带动当地 1000 多户种植户增收，成为了名副其实的致富果。

2. 基本措施和做法

（1）选取优势柑橘品类。

象山红美人在开始试种时，由于品种娇贵，不耐霜冻、易病，当地橘农并不愿种植。直到 2008 年，象山县农林部门对红美人重新嫁接试种，重新嫁接后的红美人意外地适应当地环境，红美人开始正式在象山安家落户。由于红美人销售利润高，越来越多的橘农开始种植红美人，如今，全国柑橘市场行情普遍下滑，但象山红美人仍然能在市场中卖出高价，而且供不应求，被称为“橘中爱马仕”。

（2）制定柑橘质量标准。

随着越来越多的地区开始种植象山红美人，红美人的种植面积越来越大，产量越来越高，为了确保红美人柑橘的质量，象山县对红美人柑橘制定果品分级系列标准，根据柑橘的果形、规格、果面、色泽、可溶性固形物、总酸量、固酸比、种子、香味等多个维度判断，将红美人分为三个等级，分别为优等果、一等果和二等果，制定严格的质量标准，增强红美人柑橘的生命力。

（3）打造柑橘品牌。

2013 年，象山红美人的高额利润使其在全国声名鹊起，全国多地开始引进红美人品种，其栽培面积成倍增长，市场上红美人质量参差不齐，鱼龙混杂。为了保证象山红美人质量，同时与其他红美人区别开来，象山县柑橘产业联盟组织当地橘农，统一象山红美人的品牌、包装、质量、价格，并进行统一销售，打造象山红美人柑橘品牌。同时，象山县向国家知识产权局申请将红美人注册为区域公用品牌，于 2021 年 8 月得到批准。

3. 经验和亮点

（1）以电商直播为切入口开发线上市场。

2015 年，象山县将红美人上线淘宝，并创新运用网红直播的方式进行象山红美人推介销售，直播当日，在 3 小时内，2500 公斤红美人全部被抢购一空。之后，象山县持续开发网络销售市场，加强与线上电子商务平台的合作。继 2015 年在淘宝开创象山馆之后，红美人进驻京东。在 2020 年双十一活动中，红美人柑橘联手曹颖，创下销售佳绩；同年，象山柑橘红美人携手淘宝大主播薇娅，10000 件象山红美人在 2 秒内全部售空。

（2）以线上线下营销组合提高品牌知名度。

2018 年，象山县提出打造“品牌象山”，实行特色农产品品牌化战略，打造象山柑橘高品质、无公害、绿色有机的品牌印象，推进象山农产品品牌建设。

2020 年，象山开展红美人柑橘系列营销活动。携手阿里巴巴，开展线上品牌营销活动，联合渠道资源；线下象山红美人不断亮相全国各类农产品展销会，有效推介了象山红美人。通过线上线下多种渠道联合宣传，提升象山红美人的品牌知名度。

（3）以数字化可追溯技术为象山红美人柑橘提供质量背书。

随着数字信息技术的广泛应用，互联网技术逐渐深入普通群众，在这种背景下，农产品搭上网上市场这一快车已经成为农产品生产销售的大趋势。象山县从 2015 年开始构建网络市场，2015 年之后，着力从柑橘种植到生产和销售全过程数字化可追溯，在柑橘生产的全过程中应用大数据技术，为消费者提供了象山红美人柑橘质量保障的有力证据，实现了象山红美人柑橘与其他地方柑橘在市场上的差异性。

二、经验借鉴

1. 根据消费需求发展加工工艺，促进整个产业的高质量发展

不管是漯河市的食品产业集群发展，还是定西马铃薯的全产业链打造，都通过加工工艺的改进和升级，提升产品质量，迎合消费需求，产品竞争力得到了提升。其中，漯河市主要是对加工工艺进行转型升级，推动全市食品主食化和食品产业的现代化转型，迎合当下消费需求的转变；而定西主要是通过加深和延长加工链条，推进马铃薯的精深加工，打造中高端产品，增强产品的竞争能力与不可替代性。通过发展加工工艺，漯河市的食品产业和定西市的马铃薯产业都得到了高质量发展，产品附加值和产业利润进一步得到提升。

2. 利用科技完善质量安全体系，提高农产品质量安全水平

漯河市通过建立农产品信息溯源平台，引进食品加工新技术，完善食品安全质量监测体系，对农产品进行链条完整数字化溯源和质量监测，打造全产业链可追溯、可监测、透明化的质量安全监测体系，保证农产品的质量与安全。象山县通过制定柑橘质量标准，根据果形、色泽、大小、酸甜度、种肉比、香味等对红美人柑橘进行分级定准，将柑橘分为一等、二等、三等，制定严格的质量标准，确保红美人柑橘的质量。无论是漯河市的农产品信息溯源和质量监测，还是象山县的柑橘质量标准制定，都是通过完善对农产品的质量安全体系建设，推动农产品质量安全水平的提高，以获得产品的美誉度和提升产业链农产品的竞争力。

3. 拓展线上线下渠道和搭建平台，促进产业链条一体化

无论是漯河市的开辟电商渠道，构建产销一体化平台，还是定西市企业与农户对接的产销新格局，以及象山红美人的开发线上市场，都是通过拓展线上线下渠道，形成产、供、销一体化的产业链条格局。一方面，通过开发线上渠道，创新应用网络直播、线上农产品推介、电子店铺与仓库等手段，与电子商务平台进行合作，利用电子信息技术赋能农产品宣传与销售链条，

将生产、加工、销售有效连接起来，构建产销一体化平台。另一方面，通过参加线下展销会、联结相关产业、对接相关企业和协会等措施，拓展线下销售和宣传渠道，促进产业链条的有效连接。通过线上与线下渠道推展与平台建设，推动农产品全产业链发展，提升产业链条的一体化水平。

4. 加强农产品宣传与品牌创建，提升产业链整体竞争力

漯河市通过线上电子商务平台对产品进行宣传和推介，打造美食云平台，在提高产品知名度的同时降低了宣传成本，增加了销路；定西市和象山县通过打造定西马铃薯品牌和象山红美人柑橘公用品牌，对农产品生产、加工、包装、质量、价格等提供标准化服务，在保证产品质量标准得到统一的同时，也与其他产品区别开来。通过农产品的宣传与品牌创建，提升了产品的质量、带来了统一的标准，产品美誉度和品牌知名度得到提升，产品销量得到提高；同时，也能够与其他产品区别开来，避免外界的恶性竞争与模仿，锁定与提高产业链上、中、下游的整体利润，提升产业链生存与竞争能力，更好地促进产业链的整体发展。

第五节　科技支撑乡村人才发展战略的典型案例

一、典型案例

（一）厦门市科技特派员做实“人才下沉、科技下乡”

1. 概况

科技特派员最早在1999年由福建省南平市党委政府提出，是在农业发展新时期，为了解决“三农”问题，选派有一定专业理论、技术的科技人才深入到农村基层，指导农户进行日常生产经营活动，达到农民增收和农户发展的目的。由于成效显著，该制度后由科技部制定成文件并配套相应经费在全国尤其是边疆、革命老区实施。2018年，厦门市发布《厦门市深入推行科技特派员制度的实施意见》，在全市继续推行科技特派员制度，根据全市各地不同情况选择推行“平台制”或“下沉制”。平台制是科技特派员通过市科技局网站与微信小程序与农户干部进行交流，适合与较为富裕地区文化程度较高的新型农民对接；下沉制则是直接派遣科技特派员深入各村镇，开展科技

服务活动，与不能熟练使用电子设备的传统农民进行对接，直接深入当地环境。厦门市通过推行“平台制”与“下沉制”两种不同方式，充分发挥科技特派员的智力支撑作用，结合各地区实际情况，扎根乡村，助力乡村振兴和农业农村现代化。到2022年，厦门市几乎每个镇街都有科技特派员进驻，科技特派员在全市各地开展新型农民培训，助力农业发展。

2. 基本做法和措施

（1）构建创业平台助力农民增收。

为支持科技特派员创业，提升其进一步服务“三农”能力，厦门市从建立创业链和创业基地入手，构建各类涉农创新创业平台，引导科技特派员开展创新创业，为农民持续增收提供有力的人才支撑。“厦门虾苗”的成功就是一个典型案例，厦大海洋与海洋三所、地球学院、集美大学的科技特派员牵头联合福建省10多家企业建立“对虾种质资源与遗传育种中心”，合作选育对虾优良品种，后获得国家审定的5个水产新品种。优良品种有力支撑了厦门虾苗产业发展，形成了“厦门虾苗”销量占据全国半壁江山的良好局面。集美区灌口镇的科技特派员指导当地农民在生产过程中如何改良土壤、防治病虫害，进而提高芋头产量，提高农民收入。

（2）农业科技人员下沉基层直接指导农民农业生产。

厦门市派遣科技特派员直接深入基层农村，用科学技术指导当地农民进行农业生产，助力当地农民增收。例如，同安五显镇科技特派员组织开展果蔬种植技术、病虫害防治以及新型农民实用技能等21场1000余人次的专业技术培训。厦门市通过人才引进推动科技成果转化，推动厦门农业发展。例如曾经的“海归”硕士，如今的“新农人”康英德的事例。2011年，康英德回国之后，利用带回的先进种苗培育技术在同安竹坝承包土地开辟农场，进行种苗培育实践。在自己的土地上实践之后，康英德发现这种培植技术可行，于是将成果告知周边农户，助力农户发展种植新技术，推动了当地农业发展，带动周边地区居民致富。

（3）发挥人才作用推进成果转化。

除鼓励科技特派员积极参与全市乡村振兴建设外，厦门市立足各区需求，进一步将服务拓展到工业、卫生教育、文化旅游、绿色环保、城镇建设等领域，鼓励科技特派员深入“三高”企业开展驻点服务，借助人才与科技的力量，推动厦门市绿色农业、观光休闲农业、现代农业发展。中国科学院城市环境研究所科技特派员陈少华开发的分散污水处理技术，通过技术入股公司，在厦门、漳州、龙岩等市的63个行政村成功推广并运行，为农村人居环境整治提供了良好的技术支撑。

3. 经验和亮点

（1）以激励科技特派员创新创业为抓手推动农业发展。

厦门市从建立创业链和创业基地入手，构建各类涉农创新创业平台，引导科技特派员开展创新创业。科技特派员多是具有科学技术的知识分子，厦门市政府需发挥其主动性，积极参与、推动科技特派员科研成果向现实成果的转化。2018年，厦门市政府召开科技特派员工作座谈会，鼓励推动科技特派员科研成果的现实运用，推动科技成果在农村转化落地。目前，厦门市已建立1个国家级科技特派员创业链和1个国家级科技特派员创业基地，大力支持科技特派员、农民、青年到厦门市已构建的41个各类涉农创新创业平台、219个众创空间创新创业。

（2）以完善科技特派员制度扩展服务领域。

厦门市于2018年开始推行科技特派员制度，彼时，特派员派遣制度还尚未成熟，特派员人数较少，只能支持农业相关服务。2018年之后，在厦门市政府的支持下，厦门市科技特派员制度逐步完善，科技特派员制度逐渐深入厦门，科技特派员的覆盖领域也随之扩展。到2022年，厦门市的科技特派员已不再单纯只覆盖农业，开始逐渐深入工业、公共教育等各个领域。

（二）重庆市永川区新乡贤基层网信普法新课堂

1. 概况

永川区隶属于重庆市辖区，位于重庆市西部、长江上游。永川新乡贤文化始于2014年，当年，永川区开展新乡贤评选活动，评选出永川区首批新乡贤。2015年，永川区政府通过发布《永川区进一步加强乡贤文化建设的意见》，进一步弘扬乡贤文化。2015年之后，永川区与时俱进，将社会主义核心价值观融入新乡贤的文化内涵中，形成新时代的新乡贤价值观，共培育新乡贤1000余名。在开始网信普法新任务后，永川区将新乡贤纳入普法工作中，通过这些来自于基层、扎根于基层的宣传员传播网信普法知识，并在这1000余名新乡贤中，根据法律知识、责任感等标准进行选拔，最终选拔出23名基层网信普法员，在经过相关培训能够胜任相关工作后，参与当地的网信普法工作，充分发挥他们来自于群众的优势，构建网信普法新防线。

2. 基本做法和措施

（1）加强队伍建设，选准网信普法员。

新乡贤德高望重，具备领导村民的能力和威望，将新乡贤吸纳为网信普法员，有利于普法过程的顺利推进，能够使向当地群众普及法律知识变得简单。在普法过程中，永川区还制定了一系列标准对新乡贤进行选拔，最后通过选拔的共有23人，这23名新乡贤就成为了网信普法员。这些普法员与网信普法志愿者一道进行网信普法活动，在普法工作中，他们发挥自身所长，开展网信普法活动。

（2）注重就近就便，讲好网信普法课。

参加网信普法的居民一般文化水平不高，仅对法律条文进行解释并不能使居民理解，且缺少趣味性，参与者往往会对普法课失去兴趣，达不到教育目的。永川区另辟蹊径开展法治茶话会，从生活中最容易出现的纠纷案例入手，对生活案例进行法律分析，将晦涩难懂的法律条文用通俗易懂的语言表达出来，鼓励群众参与其中，在探讨中学会法律知识，培养法治思维。

（3）丰富普法形式，用活网信普法书。

永川区在网信普法宣传过程中，通过制作普法歌曲、普法视频、普法顺口溜和普法漫画等方式，结合当地群众关注的热点，将专业普法内容转化为人民喜闻乐见且容易理解的方式。同时，将网信普法宣传折页、笔记本等宣传材料作为小礼物发放给积极参与网络普法课的群众，提高当地居民参与普法课程的积极性，鼓励更多人参与到网信普法课中。

3. 经验和亮点

（1）以针对性、适配性开展网信普法工作。

新乡贤不仅德高望重，品质优良，而且作为来自基层的干部，更加熟悉当地居民，与群众关系亲密，具有天然优势。永川区从这些新乡贤中挑选出具有一定法律知识、有责任心，对服务事业热心的一部分人作为网信普法工作者，发挥新乡贤能够与群众打成一片的优势，对不同年龄段、不同文化层次的人采用不同的普法方式，真正让群众了解相关法律法规。

（2）以多样性形式提高群众网信普法参与度。

普法工作虽然已经进行了很长时间，但是普法方式一般比较单一，采用枯燥的你讲我听方式，往往基层民众并不能从这些法律条文中学到法律知识，反而会因为听不懂、用不到而对法律知识失去兴趣。永川区的新乡贤来自基层，扎根基层，了解基层民众的需要，因此，永川区的普法不再是以往死板说教的形式，而是通过群众能够理解并且乐于了解的方式进行，让普法变得更加贴近生活。

（3）以场景式为群众提供更多普法学习机会。

以往的普法活动大部分都以线下活动的方式展开，这就使得一部分没有时间参与的民众失去了参与法律学习的机会。永川区通过新乡贤了解到这部分人的需求，采用线上线下两种渠道相结合的普法方式，让群众在闲暇时、有需要时，都能够随时随地地学习法律。让想要学习法律知识、犹豫是不是要学习法律知识以及认为法律知识无用的人，都有机会深入地学习了解相关知识。

（三）山东临沂“鸿雁”工程培育本土农业技能人才

1. 概况

在党的十九大上，习近平总书记明确提出要实施乡村振兴战略，而乡村振兴的关键在人才振兴，打造一支高素质、有技术、有能力的新型农民队伍，是乡村人才振兴的关键。2019 年，山东省临沂市提出要推进人才振兴战略，发布《关于实施“四雁”工程强化乡村振兴人才支撑的通知》，全面实施乡村振兴“四雁”工程。“四雁”工程分为“头雁”“归雁”“鸿雁”和“雁阵”四部分。头雁工程以培养农村基层干部为核心，归雁工程以吸引外出人员返乡创业为目标，鸿雁工程以培养本土人才为核心，雁阵工程推动农业整体健康发展，其中“鸿雁”工程为“四雁”工程核心。临沂市发挥农业产业优势，以兰陵县为试点，开展“鸿雁”人才计划，大力培育本土农业技能人才。

2. 基本做法和措施

（1）引进科研院所和高校农技人才到基层开展培训和技术指导。

结合当地农业生产要求，引进一批深耕于蔬菜、花卉和病虫害等多个领域的科研专家和高校教授，担任技术顾问，深入基层合作社，开展技术指导培训，将科技应用于农业生产中，提高了农产品产量和品质。

（2）抓实鸿雁工程，培养本土人才。

每年开展农民培训，全县所有有意愿参与培训的农民都可以报名参加，经过遴选后，组成高素质农民培训班，培训班会邀请来自省内外、研究不同领域的专家就农业生产中的问题开展技术研究讲座，为当地培育了一批拥有科学知识的新型农民。

（3）丰富“产学研”融合发展。

不仅与省内青岛农业大学、山东农业大学合作，还与中国农业大学、江南大学、齐鲁工业大学等省外高等院校合作，开展基础和应用研究，对接产业发展需求，促进校地双方科研成果的转化和落地。

3. 经验和亮点

（1）以培育本土人才发挥引领作用。

通过“鸿雁”计划培育本土人才，以新技术引领农业产业发展新方向，辐射带动全县。例如，兰陵县2020年度“十强鸿雁”人才，“清华一号”龙椒创始人张清华，引进的龙椒新品种“清华一号”，口感好、质量高、价格好，张清华带动兰陵县及周边地区农户种植，2021年“清华一号”龙椒全县种植面积2万余亩，实现1万余户农民增收。“十强鸿雁”获得者张秀春开发的菜菌轮作技术，带动了食用菌产量增收，带动其他种植户增收致富，还为周边村民提供务工岗位。

（2）以多种形式选育和培训本土农业科技人才。

兰陵县通过农民培训班等系列方式培育鸿雁人才，并积极发挥这些高素质人才的带头作用，采用田间课堂的形式，邀请一些具有产业特色的“鸿雁”人才为农户讲授技术；创新开展“鸿雁联系户”活动，要求每个鸿雁人才都要选择5~10个联系户共同发展，不仅要自己发展，还要带动身边其他人共同发展，带动周围农户共同致富。

二、经验借鉴

（一）农业科技人员直接服务农业经营主体，拓展科技服务范围与形式

以组织创新、模式创新和主体创新等创新方式变革的农村科技服务体系，为农业技术进步、农村现代化建设和农民创收增收提供了有力支撑。厦门市推广服务组织体系不断优化，以服务农业为主的体系，在品种引进、农业技术推广、产业经营管理模式等方面进行创新，有效推动了现代技术的推广应用和农村产业的发展。此外，厦门市还持续推进和优化农村科技特派员、农业专家大院、农业科技小院等科技服务模式，在特色产业发展、关键技术攻关、科技成果转化方面起到了较好的沟通融合作用。同时，农民专业合作组

织、家庭农场等经营主体不断增加，也为科技服务搭建了桥梁。

（二）以农业科技园区为核心，承载人才培训、农技推广等功能

农业科技园区经过多年建设，已成为农业种植养殖、农产品加工、农业先进技术推广应用的载体，现代农业科技创新的重要策源地和传播地，农业技术人才、营销人才和管理人才培训的基地，有较高的技术创新和产业集聚能力，较好地突出了特色产业优势，促进了特色产业发展。同时，农业科技园区的建设，也带动了周边农业产业升级和农村经济社会的发展。

（三）政府、科研机构齐发力，为农业全产业环节培训人才

兰陵县通过农民培训班等系列方式培育鸿雁人才，并积极发挥这些高素质人才的带头作用，采用田间课堂的形式，不仅自己发展，也带动身边的人发展。农村科技人才的培养方式，从过去高等教育和中职教育培养，转向包括政府直接培训、农业合作社培养、科技小院培养等的全方位、多主体的培养方式，培训方向从过去只注重农业技术开发与推广，转向注重经营、管理、农村人力资源的开发等方面，培养手段从传统现场教学转向利用现代通信技术、远程课堂等新媒体手段，培训的理论与实践结合越来越密切。

（四）针对本土化开发适配性培训教材和指导形式，提高培训效率

针对性强、适配性高的指导形式能够让群众更加喜闻乐见并且主动学习，永川区对生活案例进行法律分析，将晦涩难懂的法律条文用通俗易懂的语言表达出来。他们运用通俗化的语言以及有趣的表达形式能够激发农民的学习兴趣，提高学习效率与乐趣，同时，根据不同群体开展不同指导方式的方法会更有利于相关知识的吸收与普及。接受难、效率低、不愿学不再是棘手的问题，培训学习与效率、乐趣的结合越来越密切。

第六节　政产学研协同推进乡村振兴的典型案例

一、典型案例

（一）泉州市丰泽区打造“政产学研”产业园区运营新模式

1. 概况

丰泽区隶属于福建省泉州市，地处泉州市区中心区域，晋江下游北岸、洛阳江下游南岸，因辖区内有宋代建造的水利设施“丰泽斗门”而得名。2021年，丰泽区常住人口72.0万人，地区生产总值807.5亿元。位于丰泽区高新园区内的协兴厂房（华创园前身）因经济效益低下、第二产业环保要求和第三产业的增长需求、城市现代化快速推进的现实情况，迫切要求转型升级。丰泽区委、区政府与华侨大学合作，以服务泉州市以及福建省的产业转型升级为目标，在“政产学研”方面探索求新，深度挖掘辖区高校资源和企业发展需求，站位高校、科研院所、孵化运营商、创客等各个方面的优势，依托独有的侨资侨智资源，打造出独具特色的华侨大学（丰泽）创新创业园。2017年，丰泽区入选国家第二批大众创业、万众创新示范基地，贯彻落实了“海西战略”“大众创业，万众创新”和“一带一路”等国家重大发展战略。

2. 基本做法和措施

（1）政府搭台，推动旧厂房华丽转身。

华创园新型综合服务平台由泉州市政府联合华侨大学发起，丰泽区政府和启达创业共同投资建设，委托华创启达负责运营。区政府积极推动园区的建设：一是在空间的改造上，打造属于青年创业者的华创空间、台享驿站等特色创业空间；二是在产业方面，聚焦新业态，整合新材料、节能环保、物联网等产业链条，吸引一批创新型企业纷纷入驻；三是在园区服务上，区政府牵头整合高校、科研院所、重点实验室、高新企业技术中心等研发机构，为引入的企业提供知识产权、政策申报、产业对接、创业辅导、产业基金等服务；四是在政策支持上，丰泽区政府出台政策，在租金、税收等方面给予优惠扶持，引导企业加大研发投入，指导和扶持了一批高新技术合作项目。

（2）院校发力，促进科研成果转化。

园区利用周边高校——华侨大学的人才、科研优势，对接引进华大科研成果在园区转化成生产力，加快科研成果与企业对接的进程。一是搭建科研成果转化平台，引进重点项目入驻园区，推动校地、校企协同创新，加快华侨大学科研成果转移与产业化；二是积极创新产学研合作模式，激发资本活力，形成集研发、技术转移、信息交流、科技服务等于一体的，具有特色的产学研创新平台和创新体系，推动一体化发展；三是输入侨资侨智新血液，发挥华侨大学的华侨背景优势，激发海外侨资、侨券的潜力。吸引侨生创新创业，为其提供创新创业的帮助和扶持，将侨资、侨智与丰泽区紧紧联系在一起。

（3）服务提升，打造三位一体的创新服务模式。

园区通过“三位一体”的服务模式，以人的发展为核心，以企业和人才的需求为导向，不断优化提升服务质量，吸引更多的优质企业和高端人才入驻。首先，加强基础服务，园区搭建共享机制，在办公硬件设备、办公清洁服务、公共空间服务、商业配套服务方面降低企业创业成本。其次，提升产业服务，建设人才、信息、技术汇聚的新型综合服务平台，园区通过人才政策为入驻企业提供人才；建立科研转化机制，推动科研机构和企业共同研发；组建种子基金，引进第三方服务机构，多渠道为企业服务。最后，丰富社群服务，园区聚焦年青一代，举办各类社群活动，加强企业互动及产业交流，建设国际公寓、创业大街、运动空间等人文空间，构建集吃喝玩乐学创为一体的快乐社群，提升入驻企业的创业幸福指数，打造小微企业创业创新生态圈。

3. 经验和亮点

（1）以政府引导为主线搭建产学研平台。

产学研平台要发挥作用，需要政府的积极引导，加强自身建设。政府在协同创新体系中需要找准自身定位，认清自己的角色，在非行政关系之外，为平台的运行提供良好的政策、法律环境。在政策颁布、业务指导、资金投入等方面正确引导，积极服务，丰富政产学研的内涵和外延。

（2）以高校主动参与为基础推动产学研目标实现。

高校进行观念革新，充分发挥各类高校的独特优势，以具体的产业为导向，构建实用性教育体系，鼓励教师与企业对接，交叉性、融合性地进行科研攻关与技术创新。高校的科研要有前瞻性，在人才培养上要与时俱进，对接企业，避免校内科研与社会经济发展不适应与脱节。只有充分实现交叉学科融合、教学与科研并举、科研成果产业化，高校才能充分发挥自身的社会职能，为企业、为社会输送人才，实现带动政产学研协同发展的目标。

（3）以创新机制促进产学研各方主体实现资源互相协调。

在创新资源集聚上，协同创新能力和协作水平提升需打破现有体制壁垒，建立各类创新主体创新协调的机制，解决创新资源碎片化、封闭、分散、低效问题，营造相似的文化环境、价值观和价值理念，降低沟通难度，实现人才、资源的高效流动、优势互补，从而实现共同的目标。

（二）集科技创新、社会服务和人才培养于一体的科技小院

1. 概况

科技小院最早由中国农业大学张福锁院士创建，成为“政产学研农”的创新模式，目的是解决科研与生产实践脱节、人才培养与社会需求错位、农技人员远离农民和农村、科技创新与成果转化受制约和“三农”发展等问题。2009 年，时任中国农业大学资源与环境学院院长的张福锁和同事们在河北曲周县白寨乡的一个农家小院里，创建了第一个科技小院，此后，张福锁带领团队师生每年 300 多天扎根农村，在吉林梨树、陕西洛川、广西金穗、福建平和、云南大理等多地创建了由政府、企业、高校和农民等多方参与的科技和产业化融合，集科技创新、社会服务和人才培养于一体的科技小院综合服务平台，许多农业专家和农科学子，走出实验室、走出校园，把农业科技带到了乡间地头，把论文写在了大地上。从 2009 年至今，科技小院已经遍布各地，经过十多年的努力，科技小院在破解农业绿色发展的重大理论和技术难题、精准服务“三农”发展、创新农业科技、培养农技人才、助力农技推广、打赢脱贫攻坚战、助力乡村振兴等方面做出了突出贡献。

2. 基本做法和措施

（1）搭建多学科科技平台，助力农业绿色转型。

创新绿色生产技术模式是推动国家农业绿色转型、实现农业绿色发展的重要基础。张福锁联合全国合作团队组建国家农业绿色发展研究院，搭建多学科交叉创新平台，从农业全产业链入手创新农业绿色发展解决方案，探索全域落地实现模式。以河北省曲周县为基地，共建国家农业绿色发展先行区。同时，与国内涉农高校建立协作网，建成五大区域农业绿色发展研究中心，推动农业绿色发展。

（2）通过“四零”服务，将培养学生和促进农民增收相结合。

科技创新的服务过程又是人才能力提升的过程，科技小院从三位一体完美地结合到“四零”（零距离、零时差、零门槛、零费用）服务，“四零”服务缩小了与产业、社会和国家发展的距离。科技小院平台把科技教育的知识技术转移到农村农民中间，把政府的政策、资源与企业的科技产品、资源整合。借助科技小院平台，培养了大批优秀的研究生、老师和新型农民，通过

科技创新来推动农民增收、农业增效、乡村振兴。

（3）与农资企业共建科技小院，让农资供给、新技术推广瞄准当地需求。

科技小院与农资企业的合作为小院的落地提供了更多的可能性。通过与云天化、新洋丰、司尔特、美丰、五洲丰、六国化工、营口菱美化工等一批优秀的农资企业合作共建科技小院，构建产学研用新模式，推动工农融合，以科技小院为载体，推广先进种植技术，推出适合各地经济作物使用的专用肥，创制“绿色智能肥料”，同时开展一系列课程和技术培训。借助平台培养了一批专业的农化服务人员，传播了企业先进技术和理念。

3. 经验和亮点

（1）以提升高校学生能力为目标在基层开展科技服务。

科技小院解决了高校教师教学、科研任务繁重，难以深入一线的问题。传统高校农业科技服务一般多以教师为主体，如采用科研教学水平较高的专家组作为主要服务力量。而科技小院则是以学生（主要是专业硕士研究生）作为农业科技创新服务的核心力量。学生驻村后发现问题，再由教师指导，通过整合校内外多方科研资源，最终形成可落地的技术解决方案。

（2）以“实践—理论—再实践”模式实现应用型人才培养目标。

科技小院是一种集人才培养、科技创新、社会服务于一体，将理论与实践紧密结合的研究生培养模式，过去十多年，科技小院探索出了一套分为三个阶段（第一阶段，驻村学前培训；第二阶段，回校理论学习；第三阶段，再生产实践）的学生培养模式，在完成理论知识学习的基础上，重点研究解决农业农村生产实践中的实际问题，着力培养知农、爱农、兴农的农业高层次应用型人才。学生在科技小院不仅提升了知识水平，还培育了情怀。科技小院将教书与育人、田间与课堂、理论与实践、科研与推广、创新与服务紧密结合，形成了“产教融合”式农业高质量人才培养体系，开创了研究生培养新模式。

（3）以高校、地方政府、科协多方协作为科技小院建设提供保障。

涉农高校科研院所是科技小院日常运行的内核，专业硕士研究生要长驻科技小院，从事农业高产示范、技术培训、田间试验与指导、示范带动等科学技术研究、推广活动。地方政府则基于当地产业发展的总体考虑，从政策甚至资金上支持科技小院落地；科协作为科技小院的管理或指导单位。科技小院成为开展农业技术推广、科普志愿服务的平台。其他依托或共建单位通过技术供给、需求与科技小院形成紧密型合作方式，既为科技小院运行提供必要的场地、设施设备等支持，也相应获得技术支持与服务，满足和促进自身发展。各主体之间形成了不同目标导向的利益联结机制。

（三）山西农业大学“政产学研”协同育人模式

1. 概况

随着时代的发展，畜牧行业对人才培养提出了更高的要求。为解决人才培养和行业企业需求之间的矛盾，山西农业大学动物科学学院秉持敢于创新、勇于突破的探索精神，立足于专业实践教学和山西畜牧业发展的现状，改革现有教学模式，采取政产学研协同育人模式，融合各方资源，协同合作实施人才培养。坚持立德树人为根本任务，与省内知名企业合作，构建院企合作育人模式，针对育人方案、课程设置、青年教师培养及实践教学等方面进行了改革，切实提升了学院人才培养质量。合作育人模式中，充分考虑企业的利益，保障企业的有效参与，将企业的技术、文化与对专业人才的具体需求融入学生培养的整个过程，切实提高了毕业生适应社会、行业与企业需求的能力。为畜牧行业企业提供复合型、应用型和创新型的人才。

2. 基本做法和措施

（1）建立“政产学研”育人机制。

学院坚持顶层设计，出台育人方案，为“政产学研”育人提供组织保障、制度保障。邀请政府工作者、科研工作者和企业技术人员等各界人士共同商讨，制定“政产学研”育人新方案，与相关科研机构、企事业单位共同打造集参观交流、实习、调研、科学研究和产品研发等于一体的政产学研合作平台，打通人才培养的各项通道，同时，积极探索联动模式，学校层面做好布局规划，学院层面做好联系中介，学科团队层面做好科技交流，与其他单位开展共建研发、共同培养。

（2）调动社会资源，深化“政产学研”建设。

加强院地联合共建。与地方政府开展合作共建，与和顺县联合开展“太行云牛”的品种审定工作，与蒲县政府重点围绕牛产业、猪产业，开展技术指导和科技培训，帮助当地政府推进特色农业发展，巩固脱贫攻坚成果，带动当地经济发展。开展支部共建活动，学院党委与望岩村党支部在原有工作基础上进一步深化合作，紧紧抓住学校与中国农业大学等高水平农业大学的合作机遇，在党建、科研、学科建设、人才培养等方面开展了合作共建。

（3）院企共同制定培养方案，深化教学模式改革。

传统动物科学人才培养方案，课程设置偏重理论的学习，毕业学生的能力不能满足畜牧行业企业的需求，学院依托稳定合作的饲料、养殖企业，改进学生的课程设置，增加了实践课程的比重，学生接受完学校的理论知识学习后，再到企业中接受岗位实践的锻炼，使教学内容与生产实践内容有机对接。根据畜牧行业企业的岗位设置和用人标准，设计培养内容，使学院培养的毕业生能胜任畜牧行业企业岗位的工作需求。

3. 经验和亮点

（1）结合区域发展与传统优势培训人才。

与其他高校相比，山西农业大学有着明显的区域性和涉农性特征，在人才培养过程中必须结合区域发展与传统优势，精准定位，突出农科特色，培养更多服务区域经济社会发展的农业科技人才，并以此辐射到全国其他地区。

（2）强化企业在政产学研协同育人工作机制中的作用。

企业作为政产学研协同育人主体之一，应建立良好的沟通机制，保证其与高校及科研机构在人才培养目标、方式及理念上的一致性。企业需进一步改善自身管理模式，提升对高校学生求知欲及学习积极性的激励，促进高校学生实践能力的提升。优化科研成果转化机制，对高校与科研机构的研究成果在生产实践中的情况给予准确的反馈和意见，相辅相成，相互促进。

（3）各主体加强沟通，提升人才匹配度。

政产学研协同育人的开展涉及多个主体，需要高效的沟通机制促进各方面工作效率的不断提升。首先，高校要完善现有的校企沟通机制，高校与企业是应用型人才培养的主阵地。其次，高校与科研机构在科研项目开展之前要加强市场调查，对科研项目的开展提出明确的实施步骤，促进应用型人才培养质量的提升。最后，强化高校大学生的科研实践锻炼，提升大学生的科研实践水平，缩短科研成果的转化周期，推动高校人才培养工作的进展。

二、经验借鉴

（一）政府牵头助力政产学研协同创新

政府牵头，达成高校、科研院所和企业之间的通力协作，创设政产学研制度，例如在泉州市丰泽区的案例中，泉州市丰泽区在政府的引导下，加强与企业和高校之间的合作，三方协力打造“政产学研”产业园区运营新模式，政府的积极引导增强了企业向高校、科研院所提供研究经费和项目的信任度和积极性，同时高校和科研院所在相关权益得到保障的前提下也能更加积极研发，使得政产学研得以融会贯通，加强了科研的实用性，提高了科技成果的转化率，促进产学研平台的协同创新发展。

（二）科技人才推动科技支农发展新模式

人才是乡村振兴的关键，在张福锁院士创立科技小院的案例中，张福锁院士为了解决科研与实际之间脱节，培养的人才与实际工作的需求不符合的问题，创办了科技小院，通过科技小院平台，培养了一批了解农业科技现实需求的农业专家，将前沿的农业科学技术传授给农民，使农民能够在实际的农业生产过程中了解并应用这些科学技术知识，在创新农业科技、培养农技人才、助力农技推广、打赢脱贫攻坚战、助力乡村振兴方面做出了突出贡献。

（三）加强高校企业深度联系

随着时代的发展，农业领域对人才的培养提出了更高的要求。为了解决人才培养与行业、企业需求之间的矛盾，山西农业大学动物科学学院与省内知名企业合作，集中各方面资源，构建院企合作育人模式，为畜牧业企业提供复合型、应用型、创新型人才，加强了高校与企业之间的有机联系，促进产业界、高等院校和科研创新机构之间的紧密联系，有效降低高等院校和科研机构的科技成果转化成本，加快科技成果向现实生产力的转化。

第七节　科技支撑乡村治理的典型案例

一、典型案例

（一）河南省济源市“两化、三治、四机制”乡村治理新模式

1. 概况

济源市隶属于河南省，地处河南西北部，北依太行，西踞王屋，是愚公故里、济水之源。面积 1931 平方千米，人口 73. 3 万，其中农村常住人口 23. 66 万人，占比达 32. 53%。济源历来高度重视乡村善治工作，以“愚公精

神”“叩石垦壤”，打造乡村治理新篇章。2019 年，济源市被确定为全国乡村治理体系建设试点市，此后三年，济源市坚持把治理体系和治理能力建设作为主攻方向，把保障和改善农村民生、促进农村和谐稳定作为根本目的，探索形成了依靠党建引领、智能化和网格化“两化”支撑、自治法治德治“三治”融合、治理工作“四机制”推进的乡村治理新模式，乡村治理体系得以完善、治理能力明显提升。2022 年 7 月，全国乡村治理体系建设试点示范工作交流会在河南省济源市召开，济源经验在会上总结推广。

2. 基本做法和措施

（1）突出党建引领，增强干事创业动力。

通过探索设置功能性党小组、构建党员先锋指数考评管理机制、实施党群连心工程等，将党建引领融入乡村治理各个领域。一是优化党组织设置，强化党的核心地位，在党支部领导下，推行村集体经济组织领办合作社试点，激发乡村发展活力。二是强化日常管理，建强基层党员队伍，加大从产业工人、青年农民、大学生等群体中发展党员力度，加强对党员干部的教育培训。三是创新考评机制，发挥党员先锋作用。在农村党员中推进党员先锋指数考评管理机制，打造党员志愿服务品牌，帮助群众解决实际困难。

（2）加强“两化”支撑，提升乡村治理能力。

充分发挥智能化和网格化支撑作用，推进现代信息技术在乡村治理中的应用，完善矛盾纠纷化解机制。一是智能化公共服务。建设实体政务服务大厅，积极推进城乡便民服务一体化，推进基本医疗保险、大病保险、医疗救助等在镇村下沉便民。二是网格化矛盾纠纷化解。完善“1+X”的法院+人民调解、行业调解、律师调解等多元化调解模式；创新加强诉调对接、警调对接、访调对接在农村的新格局；建立综治中心、法律援助中心、派出所（警务室）、司法所四方会商联动处置机制。

（3）坚持“三治”融合，激发基层发展活力。

按照自治固本、法治立行、德治强基原则，建立“三治”融合的乡村治理新格局。一是以自治添活力。深化“阳光村务”工作，各行政村成立调解委员会，依托村民会议、村民代表会议、村民议事会、城乡社区协商会，形成民事民议、民事民办、民事民管的多层次基层协商格局。二是以法治强保障。积极打造普法讲师团、普法宣传联络员、法治宣传志愿者 3 支队伍，培育“法律明白人”和“法治带头人”，建立普法队伍。三是以德治扬正气。

大力推广“道德积分储蓄站”工作法。按照“积孝、积善、积信、积勤、积俭、积美”细化积分内容，确定45个积分项目并逐条赋分，延伸积分效用，让乡风文明可比可衡量；研究制定星级标准，制定评审办法和流程，推进“星级文明户认领”工作创建。

（4）建立四项机制，凝聚工作推进合力。

通过加强组织领导，健全工作机制，强化部门联动，形成推进乡村治理体系建设工作合力。一是组织保障机制。积极搭建“市—部门—镇—村”四级组织领导体系，把乡村治理体系建设试点作为“一把手工程”摆上重要日程。二是工作推进机制。将乡村治理与乡村振兴有效结合，建立济源加强乡村治理体系建设联席会议制度，进一步强化部门协调配合。三是典型推广机制。及时总结基层实践创造，大力选树宣传先进典型。四是考评激励机制。将乡村治理工作纳入目标考核范围，各级各部门每月上报工作进展，半年上报工作总结，年度开展工作总评。

3. 经验和亮点

（1）党建引领，统筹治理全局。

以党建为引领，编织乡村治理网络，一是推行网格化管理，以党员联户、主动服务为主要形式，增强党员责任，增进群众关系。二是服务为民全方位，围绕百姓关心的问题，开展月联月访活动，了解群众诉求。三是长效机制全闭环，形成“有困难找党员”党建服务意识，将党建引领融入乡村治理各个领域。巩固党在农村的执政基础，增强党组织凝聚力、影响力，提升乡村治理的能力。

（2）结合实际，推行“善治”。

健全和完善以党的基层组织为核心，统筹村民自治组织、村务监督组织、集体经济组织、农民合作社组织和其他经济组织的农村治理体系。建立健全村民议事协商的规则机制，既不能让民主议事协商变成形式主义走过场，也要避免政府越俎代庖。在推进农村移风易俗方面，强化制度保障、宣传引导、示范引领、激励机制。在完善矛盾纠纷化解机制方面，以问题为导向，多元调解，注重群众参与，运用数字化手段，同时坚持处理尊重当事人意愿，合理划分权利义务，不能为了调解而调解。

（3）激发农村主体自治活力。

坚持农民主体地位，农民是乡村的主人，是乡村治理的主体，乡村治理的核心就是要突出农民群众的参与。村民议事协商是村民自治的基本形式，也是化解农村社会矛盾、激发乡村发展内生活力的重要方式。要坚持创新议事协商形式、拓宽议事协商范围、搭建多方主体参与的平台。

（二）贵州省福泉市“五个三”治理模式

1. 概况

福泉市是贵州省黔南布依族苗族自治州下辖的一个县级市。位于贵州省中部，东邻凯里市和黄平县，南与麻江县接壤，西与贵定、龙里、开阳三县接壤，北与瓮安县相连，总面积 1688 平方千米。根据第七次人口普查数据，截至 2020 年 11 月，福泉常住人口为 297899 人。2021 年，福泉市完成地区生产总值 217.22 亿元。2019 年 12 月，福泉市成为全国乡村治理体系建设试点单位，随后几年，福泉市紧抓机遇，始终坚持把中央和省、州关于加强和改进乡村治理的各项决策部署作为一个整体来系统谋划，以“有魂、有序、有根、有力、有效”为脉络，探索形成“三级联动、三治融合、三业共进、三生同步、三重保障”的“五个三”工作模式，有效推动试点建设各项工作落实落细。福泉市在推进乡村基层治理变革中，通过理论与实践的不断探索，走出了新路，树立了样板。

2. 基本做法和措施

（1）“三级联动”强化党的领导。

福泉市借鉴脱贫攻坚领导体系的经验做法，构建了党领导下的“市级主导、乡镇主抓、村级主攻”乡村治理机制。在市级层面，以“四个一”为抓手，发挥组织优势调度各方资源，形成合力。围绕试点建设制定方案，明确措施和标准，以示范带动。在乡镇层面，落实抓基层组织建设直接责任，因地制宜按照工矿型、农业型、少数民族特色等确定乡村治理品牌，推动干部下沉到村工作，将乡村治理与巩固拓展脱贫攻坚成果，衔接乡村振兴总体谋划、总体推进。在村级层面，建立健全以村级党组织全面领导村级自治组织，监督组织、集体经济组织、农民合作组织、其他经济社会组织为补充的“1+N”组织体系和运行机制，实现村级党组织对村级各类组织和各项工作的有效领导。

（2）“三治融合”明确治理方向。

福泉市把基层党组织建设融入乡村治理中，以“自治、法治、德治”三治融合协同推进治理局面。一是创新自治实践。以村民小组或自然村寨为单位组建党小组、自治小组和监督小组，实现党的组织全覆盖；设置“红黑”两榜，表彰先进、曝光后进；引导群众制定履行村（组）规民约，推动良好自治乡风建设。二是拓展法治外延。以福泉“112”模式为抓手向村小组延伸，不断健全完善乡村公共法律服务体系，基本做到小事不出村、大事不出镇。三是丰富德治载体。抓住“全国新时代文明实践中心试点县”契机，持续引导群众感恩党的领导、父母的养育、邻里的互助、社会的关怀，养成良好的生产、生活、饮食、风俗和家庭教育习惯。

(3)“三业共进”提升治理支撑，让乡村治理有根。

福泉市以农村产业革命、集体经济壮大、农民就业增收作为基层组织建设推动乡村振兴的着力点。在农村产业上，以双公司+双订单+双保险+双支部“四双模式”推进农村产业革命“八要素”在福泉落细落实，构建“1+N”特色产业。在村级创业上，以发展壮大农村集体经济为突破，制定放活经营权工作流程，协调金融机构为合作社授信，整合资金支持试点村社发展壮大，农民成为股份经济合作社股东。在群众就业上，福泉市全面落实“八个一批”就业政策，充分发挥覆盖市乡村三级的劳务公司、劳务合作社和劳务就业大数据平台的作用，做好农村外出务工人员就业劳动力信息采集，强化东西部协作，强化创业就业技能培训，因户因人解决农村劳动力就业问题，最大程度满足群众“家门口就业”需求。

(4)“三生同步”美化农村环境，让乡村治理有效。

福泉市从生产、生活和生态环境三方面着手，进而美化农村环境。在生产环境方面，大力推进农业配套设施水网、电网、路网、讯网、冷链网、销售网“六网”的工程建设，不断完善农业基础设施，破解农业发展难题。在生活环境方面。围绕生态宜居目标，投入资金，在全市普遍实施改电、改水、改圈、改厨和院坝硬化、屋檐沟硬化、村寨通道硬化、联户路硬化、村寨亮化工程，改善农村群众生活环境。在生态环境方面。牢固树立“两山”理念，持续推进农村垃圾集中收运和污水集中收集处理，切实提升农村生活垃圾无害化处理水平，着力改善农村生态环境。

(5)“三重保障”推进工作落实，让乡村治理有力。

三重保障，即要素保障、督导保障、示范保障。一是夯实要素保障。持续推进村（居）阵地建设标准化、村级干部报酬常态化、村级工作管理规范化、村级集体经济发展可持续化“四化”建设。构建 13 档 41 级村干部报酬体系，提升离任村干部保障水平，将村集体经济纯收益的30%和10%作为村、组干部奖励报酬。让村级组织有资金干事、有机制管事、有队伍办事、有阵地议事。二是考核督导保障。实行“四个一”工作机制，让乡村治理在一线发现问题、制定措施、推动工作、检验成效，将问题项目化分类管理，公开化评议考核，倒逼工作责任落实。三是示范推动创建。围绕“整村推进、整镇提升”，开展“百寨示范、千寨推动、万户创建”活动，确定“一村一标识一主题一品牌”，以示范村寨带动自然村寨治理水平提升。

3. 经验和亮点

（1）党的领导是核心，体制机制是保障。

坚持把农村基层党组织建设摆在重要位置，持续推进党的建设“1+4”组织体系和运行机制，充分发挥农村基层党组织在组织动员群众、教育引导群众、密切联系群众等方面的领导作用，进一步巩固党在农村的群众基础。坚持将“闭环管理”作为推动工作的方向，建立健全严格的督查考核推进机制，倒逼工作责任落实。推进乡镇管理体制改革，乡镇综合执法改革，优化乡镇片区服务中心调整，推进“放管服”改革向基层延伸，推动便民改革，提升乡镇服务能力和水平，夯实乡村治理的基层基础。

（2）协同发力是关键。

建立好市级主导、乡镇主抓、村级主攻的“三级”联动体系，按照“四个一”工作思路，统筹调度各方资源形成工作合力，推进乡村治理。以“五引导五教育”为抓手，积极引导广大党员和群众共同发力，合力抓好乡村治理。

（3）人才培养是支撑。

改革人才培养、选拔体系，在工作一线培养、考察和识别干部，畅通选任晋升通道，发挥本地人才优势；广开人才渠道，吸引农业科技、经营管理等各方面学有专长、有经验的学者、专家和人才参与到乡村治理中来，为乡村治理提供人才支撑。

（三）陕西省留坝县“五治融合”推进乡村善治

1. 概况

留坝县隶属于陕西省汉中市，位于汉中市北部，东连洋县、城固县，南接汉台区，西邻勉县，北靠太白县、凤县，地域面积1956.77平方千米。截至2020年11月，留坝县常住人口35325人。留坝县曾是秦巴山区集中连片特困地区、国家扶贫开发工作重点县之一。近年来，留坝县大力推进乡村治理综合改革，以高效基层治理助推乡村振兴，2019年，留坝县被确定为乡村治理体系建设的全国试点示范县。留坝县紧紧围绕县域经济社会发展目标，着力构建政治、自治、德治、法治、智治“五治融合”的乡村治理体系，共同推进乡村治理体系和治理能力现代化，不断增强人民群众的福祉，为乡村振兴注入强劲动力。2021年，留坝县顺利通过了国家中期评估和专家团队评估。

2. 基本做法和措施

（1）以政治为核心，突出党建引领。

留坝县坚持党建引领乡村治理，推动党建与乡村治理有机结合。整合镇级机构，创新村级构建“1+3+N”组织体系，形成村党支部领导、村民组织自治、社会组织协同、集体经济组织保障的共治格局。同时，建立了村党组织书记绩效考核体系，激发村党支部书记担当作为、追赶超越的精气神。推行了党员干部“三级两联”工作机制，实行县级干部联镇街联企业、部门单位联村联楼、党员干部联农户联居民机制，不断增强基层党组织的凝聚力、引领力。

（2）以法治为保障，促进社会和谐。

留坝县依托镇街综合执法办公室，下沉执法力量，由镇（街道）统一指挥调度，制定执法权限清单，厘清执法边界。组建党员先锋服务队、警民联防巡逻队、环境卫生整治队等，健全村级调委会、治保会等组织，完善村级治安网格管理。依托社会治理一体化服务平台搭建党委联系群众的桥梁纽带，群众通过平台对党风政风进行监督，对社会治理问题进行反映，对生产生活、困难救助需求进行申报，释放基层社会治理效能。同时，推进全民普法活动，引导村民学法、懂法、遵法、守法、用法，增强村民法律意识。

（3）以德治固根本，树立乡风民风。

构建以践行“村规民约”为主题的道德评议委员会、院坝说事会、村规民约、德美屋“两会一规一屋”道德实践体系。“两会”评议美丑。每季度对村民执行村规民约及日常表现评议赋分，好人好事积正分，不良表现积负分。“一规”约定新风。召开院坝说事会讨论制定符合实际的村规民约，将社会主义核心价值观变成了村民认可、通俗易懂好操作的村规民约。“一屋”奖罚分明。各村将所有村民纳入“德美屋”道德积分管理体系，村民每季度获得的道德积分可随时到“德美屋”兑换生活用品，年度积分作为推荐评选“最美家庭”“十星级文明户”“德美之家”等荣誉称号的先决条件，并与年终集体分红挂钩；建立道德“红黑榜”，红榜宣传先进典型，黑榜鞭策失德失信。

（4）以自治为基础，提升民主活力。

从完善议事决事规则、建强监督机构、拓展监督途径等方面，建立以规范村级权力运行为主要内容的民主自治工作体系。强化“三队两会一屋一规”建设，修订完善村规民约，组建道德评议会、村民议事会、红白理事会，形成齐抓共管村民自治体系。积极引导返乡企业家、农村乡贤、致富能手等参与基层社会治理，不断强化农村自治组织、经济组织、社会组织等功能，健全民主选举、协商管理、决策监督机制，完善乡村治理体系。全面落实“四议两公开一监管”工作机制，做到涉及村民切身利益和村级重大事项规范透明，接受群众监督，激发社会治理活力。

（5）以智治为支撑，智慧管理提效。

推进“互联网+”在现代乡村治理中的综合应用，建成覆盖全县综治视联网系统，实现县镇村三级互联互通，依托综治视联网，对重点工作、重要任务、突发事件等远程指挥、统一调度，形成上下“一盘棋”的组织指挥机制；加快村级便民服务信息化建设，实行教育、医疗、意外事故、创业就业四大救助帮扶服务体系在线申报办理，高效解决民生问题；开发社会治理网格化管理平台，通过对单元网格主动排查与群众“随手拍”上报，及时发现并处理各类问题。

3. 经验和亮点

（1）党建统领全局。

留坝县县委坚持顶层设计，统筹谋划全局，对产业发展、基础建设、公共服务、生态环境、乡村治理、巩固脱贫成果等精准部署，明确思路目标、提出推进措施，狠抓责任落实。选定监测预警网格员，坚持责任落实，有效夯实工作力量。实践证明，只有全面加强基层党组织建设、筑强战斗堡垒，才能真正搞好基层工作、实现善治乡村目标。

（2）产业发展是根本。

必须大力发展农村经济，夯实乡村治理的物质基础。留坝县立足县域实际，改革创新“四位一体”发展模式，狠抓农村产业结构调整，全面落实各类帮扶政策，把政府、企业、集体经济组织、农户聚合在一起，打造产业发展品牌，把小农户镶嵌在产业链上，帮助农民群众稳定增收致富；建立扶贫互助合作社，发展壮大集体经济。

（3）厘清权责边界。

留坝县在权责清晰的基础上编织权力高效运行网络，放权赋能镇村，制定镇办综合执法、村级管理、权力监管“三个清单”，厘清基层组织和干部的职责权限边界，建强村务监督委员会，保障村民的决策权、参与权、监督权，让村级权力在阳光下运行。厘清权责边界，强化权力监督，是促进干部履职尽责、规范村级管理、防止微腐败的有效手段，是乡村治理的重要内容。

（4）坚持人民主体。

留坝县在构建“五治融合”中，把农民群众放在主体地位，凝聚乡村治理的群众力量，创新“四位一体”“两会一规一屋”“权力清单”“院坝说事会”等方法途径，积极动员引导农民群众参与产业发展、基层管理、法治建设、乡风文明、权力监督，使之成为乡村治理的主角，激活村民的主人翁意识，实现自我管理、自我教育、自我服务、自我监督。

二、经验借鉴

1. 党建引领统筹，完善乡村治理体系

政府牵头，达成高校、科研院所和企业之间的通力协作，创设政产学研制度，例如在泉州市丰泽区的案例中，泉州市丰泽区在政府的引导下，加强与企业和高校之间的合作，三方协力打造“政产学研”产业园区运营新模式，政府的积极引导增强了企业向高校、科研院所提供研究经费和项目的信任度和积极性，同时高校和科研院所在相关权益得到保障的前提下也能更加积极研发，使得政产学研得以融会贯通，加强了科研的实用性，提高了科技成果的转化率，促进产学研平台的协同创新发展。

2. 智慧管理支撑，提升乡村治理成效

留坝县在智慧管理的技术支撑下，建成覆盖全县综治视联网系统，推进“互联网+”在现代乡村治理中的综合应用。农村办理政务、社会治理、矛盾调解从过去的效率较低下、需排队、难解决的形式变为如今运用现代信息技术建设实体政务服务大厅、完善矛盾纠纷化解机制、开发智慧治理，形成四大救助帮扶服务体系在线申报办理的形式，高效解决民生问题，同时开发社

会治理网格化管理平台，群众可以通过“随手拍”将问题上报，使整个过程高效又方便，民生问题得到有效解决。

3. 厘清权责边界，推动权力网络高效运行

通过制定镇办综合执法、村级管理、权力监管“三个清单”，推动形成效率高、配合好的部门组织与治理体系。一是贵州省福泉市实行三治结合，自治、法治、德治相结合，农村各组织以党基层组织为核心，自己办事，权责分明，同时打造普法队伍，完善法治保障体系，加强健全完善乡村公共法律服务体系，德治方面通过道德积分储蓄站工作方法细化积分内容，推进工程进度；二是福泉市实行市级主导、乡镇主抓、村级主政三级联动，三级各司其职，多角度、多主体、多层次发挥作用，实现多方共同发力；三是通过相关体制机制的建设，实行闭环管理制，建立严格的督察考核推进机制与监督委员会，厘清责任边界，促进干部履行职责，防止腐败。

4. 发展农村产业，夯实乡村治理物质基础

留坝县立足县域实际，改革创新“四位一体”发展模式，通过三业共进、福泉市农村产业发展以及落实“八个一批”就业政策推进人才培养，发挥本地人才优势，提供人才支撑。大力发展农村经济，调整农村产业结构，发展壮大集体经济，极大程度上夯实了乡村治理的物质基础。

第八节　科技创新支撑乡村振兴面临的问题

一、科技创新对乡村产业振兴支撑不足

（一）优质高效的品种供给不足

我国人多地少，保障粮食安全、实现粮食持续增长存在很大制约因素，包括气候变暖和资源制约。要突破这些瓶颈，必须依靠农业科技创新。然而，农业科技创新成果存在供给不足的问题，主要体现在以下方面：除了粮、棉、油等主要作物的选育外，品种的自主供给不足，特别是一半以上的蔬菜、瓜果品种、养殖等产业需要进口；适合轻机械、简化机械的高产、绿色、水稻等大宗作物选育能力不强；名优特优新产品品种稀缺；适合精深加工的蔬菜、畜禽和中药材选育滞后。究其原因，目前我国的农业技术主要来自科研院所

和高校，与农业相关的公司规模比较小，能直接研发和自主技术创新的企业很少，终端农户规模小。过去，很多科研院所的评价标准是获得专利数量或发表论文数量，对成果的应用没有硬性要求。许多研究成果只能停留在纸上，而不能生根发芽。

（二）农业产业各环节的科技水平不平衡

现代农业的发展，不仅需要品种前期、植保、水肥、设施等生产技术的创新，还需要采摘、挑选、分级、清洗、保鲜、贮藏、成熟、包装、运输、销售等一系列生产后加工技术的创新，确保将安全优质的农产品送达消费者，从而做到质优价廉。目前，对生产环节的重视程度低于包装的创新，这明显制约了农产品质量的提高和产销的有效衔接。农业经营主体普遍反映，农产品特别是蔬菜、水果等生鲜农产品腐烂率、农产品附加值综合利用和深加工技术突破不足、农村电商平台运营不到位、仓储物流技术研发滞后、产业效益不高。

（三）成果转化对产业发展的示范带动力不强

1. 农技推广服务体系不完备

人力资源严重短缺，公共服务供给不全面、不及时。科研院所科研经费与推广经费的比例远低于 1∶10 的标准，大型推广服务活动有限。在评价导向的影响下，科技人员从事示范推广工作的积极性不高。社会化农业技术服务主体科技水平低、监管薄弱、服务质量不高。

2. 大量“高大上”的技术缺乏接地气的转化应用机制

我国的一些农业生产技术已经领先世界，但很多“高大上”技术缺乏科学有效的应用机制。以小农家庭为主的农业生产方式将长期存在于我国，这是我国农业发展的客观现实。“高大上”技术难以为广大小农所推广应用，只能成为“样板”和“摆设”。

3. 对小农户增收带动作用不明显

近年来，虽然科技为各地经济和社会发展提供了强有力的支撑，但由于缺乏完整的利益衔接机制，各种服务主体服务小农的能力不足，对科技企业缺乏引导和带动，科技的阳光和雨水无法有效惠及小农。

（四）农村产业融合载体“三园”效用发挥有限

农村产业融合是推动乡村全面振兴的关键保障与必然要求，现代农业产业园、科技园、创业园作为农业产业融合发展平台的“三园”，对农村产业融合起着示范带动作用。当前，大多数农村产业融合处于初级阶段，融合程度不高、规模小、行业分散、带动能力弱，对农业的多功能性开发并不深入。现代农业庄园以现代化的农业生产为基础，注重休闲观光等方面的功能拓展，当前的现代农业产业园以大宗农产品和特色农产品的规模化种植为重点，与科研院校紧密合作研发新品种、新技术、新装备，整合先进农业技术，衍生出“智慧农业”“生物农业”“植物工厂”等农业产业融合模式，但整体科技渗透发展的动力贡献不足，关键核心技术仍需突破。

二、科技创新对生态宜居的有效支撑不足

（一）对标准化、安全生产支撑不足

按照国家创新驱动发展战略和农业现代化建设要求，依靠科技推动农业发展方式转变和增长动力转变，要紧紧围绕农业产业现代化乡村振兴的科技需求，以创新、协调、绿色、开放、共享等新发展理念为抓手，把高质量发展作为农业产业发展的核心目标。目前，农产品质量安全技术标准和绿色农业生产技术标准尚未建立，农产品质量安全评价检测技术供给不足，与高质量、绿色发展的要求相去甚远。

（二）对农业农村清洁生产支撑不足

由于环保高效化肥和生物农药等绿色投入品市场数量少、价格高，导致生产投入品的环境友好度不高。盲目过量施用化肥的现象在生产经营者中普遍存在，特别是小农，减少化肥农药用量、提高效益的技术不足。此外，节能低耗农业设备供应不足，现有技术和设备污染排放高，设备设施亟待升级。

（三）对废弃物资源化利用支撑不足

大型畜禽养殖场作物秸秆发酵饲料生产与废弃物堆肥技术的融合程度不高，粪肥利用等生态循环养殖模式综合论证不足，农业废弃物资源化利用水平低，现有秸秆机械化还田技术的推广应用还不够。

三、农业科技人员数量少、专业素质不高

（一）农业农村对科技人才吸引力不足

乡村振兴战略对我国农村科技人才的数量、技能、素质提出了更高的要

求，农村科技人数的比重与质量是乡村振兴的保障。由于农村市场开拓程度差，薪酬福利、工作环境等与城市相比不具竞争力，一定程度上影响了科技人才投身于乡村振兴的积极性，导致我国农村科技人才总量不足、素质不高、结构不优、培训不佳、流失严重。

（二）现有农业科技人员年龄大、知识结构更新不够

农业科技人才是实施农业科技成果转化的重要主体，承担着农业科技成果从实验室到田间的传输重任，其工作质量直接影响着农业科技成果转化的效率。农业技术推广人员工作热情不高、兼业行为危害严重，人才队伍结构及其专业知识普遍存在着老龄化的趋势，思想理念逐步僵化，工作职能与个人素质未能根据外部需求及时转换，区域分布失衡趋势凸显，高素质人才缺乏。

四、政产学研协同的有效机制仍在探索中

产学研协同创新是市场经济与知识经济、创新系统与知识系统结合的必然产物，政产学研是在产学研基础上创新的合作组织模式，涵盖了更多元的科技人才培养和科技创新主体，强调发挥政府的主导作用和组织功能。各参与农业科技创新的主体基于信任对资源进行聚合，打破信息孤岛协同创新，成本共担、风险共享，发挥农业科技协同创新的作用，供需畅通实现资源的最优配置，为实现乡村振兴提供重要动力。政产学研各主体的价值取向与目标定位不同，不同区域的产学研协同创新系统的协同程度也有较大差别，各地区知识创新转化效率也存在差异，跨区域协同创新程度不高，探索政产学研协同的有效机制仍是当前学者研究的核心。

五、适应乡村发展新格局的治理机制暂未形成

乡村治理是实施乡村振兴战略的题中之义和关键环节。生态修复和环境保护是乡村振兴新征程的重要内容，改善人居环境是乡村振兴的迫切需要，具有长期性、持续性、渐进性。当前，人居环境整治着重于垃圾处理、厕所革命等方面，例如浙江省余姚市利用研发的有机垃圾处理系统，在改善人居环境的同时实现了资源循环利用。由于人居环境整治具有综合性、区域性和复杂性的特征，农民作为乡村治理的主体之一，其知识储备无法认知复杂的生态环境问题，从而导致农民行动参与动力不足、资源化利用困难；地方标准的制定与构建具有差异性，整体系统性、协同性不强；人居环境信息化建

设滞后、生物质能利用技术不足。构建和完善乡村治理机制，是实现高质量乡村振兴的前提和基础。数字技术的创新发展便捷了村民参与民主选举和村务管理，丰富了乡村治理主体，明晰了乡村治理内容，改变了乡村治理结构，导致原有乡村治理机制难以适应乡村发展新格局，给我国乡村治理带来挑战。立足于我国国情和乡村实际，各位学者积极创新完善乡村治理的体制机制，主要集中于：探索党建引领，地方政府、乡村社区和本土居民等多元主体开展乡村治理模式，在法治框架下不断创新自治制度，打造“懂农业、爱农村、爱农民”的工作队伍，贯彻执行乡村全面振兴的具体要求，保障共享乡村振兴成果。

第九节　科技创新支撑乡村振兴的技术路径

一、科技创新支撑乡村产业的实现路径

（一）加强科技支撑乡村产业振兴的规划引领

构建以政府为主导、以科技支撑为主线的乡村产业振兴规划体系。在编制乡村产业振兴规划时，更多地吸收和依靠科技元素，将乡村产业发展规划与当地总体发展规划、国土空间规划、村庄建设规划等各项涉农技术参数对接，确保布局统一协同，产业发展与生态保护相协调。编制科技支撑乡村产业振兴规划，明确科技支撑产业振兴目标和重要任务，合理布局土地、人才、资本等各类要素，为推进产业振兴制定明确的科技创新任务，为推动科技服务乡村产业全产业链和一二三产融合提供有力的科技支撑。

（二）加强农业科技服务供给

立足于农业农村发展和农业科技的重大需求，加速现代信息技术、生物技术、智能制造、清洁能源、物联网和人工智能等向农业农村领域的渗透，实现农业技术服务需求与供给的基本平衡。加大农业科技基础研究和技术创新的力度，攻克关键核心技术，推动新技术、新模式的科技供给。引进高产、优质、抗（耐）病虫害的新产品，引进绿色环保型农业种养技术和病虫害绿色防控技术。建设加工研发基地，引入先进生态农业加工工艺，建立集产、加、储、销于一体的技术研发体系，扩大农业科技创新覆盖领域，将科技融

入各地特色农业品牌建设中，引导企业建立质量安全追溯体系，促进农业生产实现标准化、优质化；强化对农产品品牌的科技营销支撑，在品牌定位上突出地域特色，和科技元素相融合，全方位促进农业产业转型升级，为农业产业的优质发展注入持久活力。

（三）加快农业科技成果的转化应用

围绕现代农业产业发展，构建新型农业科技创新体系，发挥政府、农民行业协会、农村合作经济组织、龙头企业、农资公司、科研机构、科技示范户、专业大户等主体的作用，建立科研、教育、推广等紧密衔接的成果转化机制。实施科技下乡、科技惠农等工程，激发乡村内生动力，发挥农村党员使用先进技术发展产业的先锋模范作用，发挥驻村工作队、帮扶干部等技术服务的信息桥梁作用，及时传达科技需求与科技解决方案，加大致富典型宣传，激发村民热情；引导涉农企业、合作社等新型经营主体与村民以契约、分红、股权等合作方式助力农业科技推广；对涉农企业、农户等购买科技成果和服务进行补贴。加强小农户科技服务，对小农户提供技术扶持；通过线上线下的社交方式，对小农户进行农技传播、示范推广和培训，助力乡村振兴。

二、农村产业融合发展平台支撑乡村振兴的实现路径

乡村要振兴，产业振兴是基础，要想发展乡村产业就必须走产业融合发展之路，农村产业融合是推进乡村产业振兴的根本路径，也是实现乡村振兴的关键步骤。

（一）优化利益分配机制，突出农民权益

利益联结机制是农村一二三产业融合的根本。完善利益联结机制，各利益主体间要形成风险共担、互惠互利的关系，政府应加强引导不同层次主体分工合作、优势互补，达到协同发展的新局面。一是促进区域农业农村发展，优先吸纳和培训已出让土地和有务农意愿的农民，将其转化为新型职业农民；通过支持、培训和指导，鼓励农民合作社、家庭农场和农民提高科技管理水平，提高生产力，共享农业经营所带来的增值效益。二是组织模式创新，探索农户以劳动、土地承包权和经营权等入股的利益联结方式，让农民成为乡村振兴发展建设的生力军和主要受益者。三是完善风险分担机制，根据农业发展的风险特征，建立税收、信贷、政策性保险等机制，分散化解农村产业

融合发展中存在的各类风险，引导各经营主体承担相应的社会责任，保障农民的基本收益。

（二）培育新型经营主体，激发融合活力

经营主体的知识、技术水平决定着农村产业融合的层次和规模。当前我国农业生产主要以家庭经营为主，主体经营规模小且分散，很难形成产业融合的局面。实现产业融合必须加快培育新型经营主体、转变经营模式。政府要营造良好环境、搭建广阔平台，让新型农业经营主体安心谋发展：一是鼓励种养大户、家庭农场等主体扩大经营规模，推动土地规模化流转、集约化经营，为农村产业融合主体发展壮大创造良好条件。二是引导农民合作社发展，发挥其在加工流通、直供直销等方面的优势，规范管理，实现生产标准化以及经营产业化，带动普通农户参与农村产业融合发展。三是发挥龙头企业的引领作用，支持涉农企业建立稳定的农产品加工基地、物流配送基地，对企业的品牌打造、资本运作以及产业链完善等方面给予政策优惠和引导，形成规模效应。

（三）坚持特色引领，推动产业差异发展

发展农村特色产业是实现农村产业融合的重要途径，也是推动农村产业转型升级的重要抓手。发展农村特色产业，首先，要差异化定位，依托当地优势，借力互联网，发挥农业产品品牌化效应；立足市场实际需求，深入挖掘当地自然资源禀赋，培育具有鲜明地方特色的优质农产品，通过技术创新提高农产品质量，提高农产品效益和竞争力，做强做优做大主导产业。其次，延长产业链，通过各类电商平台及物流服务，形成生产、加工、销售、服务一体化新模式，以合作社为主体，促进农业生产规模化、机械化，提高生产效率，以多种生产和经营方式延伸产业链。最后，加快产业集聚，通过龙头企业、大型生产合作社等核心企业培育区域特色鲜明的农业产业化集群，在扩大产业群的同时，推进农业产业园区和农业产业化集群改造升级，发挥优质企业的辐射带动功能，促进企业分工协作，形成产业关联度高、功能互补性强的产业集群。

三、农产品产业链支撑乡村振兴的实现路径

（一）积极建章立制，强化政策扶持与指引

农产品产业链建设需要在规章制度、政策、管理等方面为农产品产业链

建设提供有效支持，无序的市场竞争和产品质量安全等问题制约着现代产业链的建构和稳定，影响着乡村振兴战略的实施进程。需要通过政府的有效规制，形成现代产业链管理机制，协调农户、企业之间的关系，建立高效的沟通机制，规范农产品市场秩序，保证农产品质量安全，健全相关法律法规，维护产业链各环节主体利益，为农产品协调发展创造良好条件。引导社会资本有序流动，优化乡村资源配置，营造良好的市场竞争环境，整合产业链的流通模式，引进现代产业技术，制定现代的企业激励制度，鼓励产业链条上不同主体自觉遵守契约，保证农产品的品质，建立农产品全产业链的现代管理机制。

（二）疏通产业渠道，提升农产品综合效益

通过疏通营销和服务渠道，构建畅通的农产品销售网络，为农产品从农业资源向市场效益转化提供有力支撑。积极推进营销渠道和网络建设，不断扩大特色农产品的影响力，提高特色农产品的经济效益、产业效益和社会效益。通过特色农产品的产业化培育、规模化定位和金融支持，特色农产品产业链日益完善，使农民从产业环节中获得实实在在的利益。

（三）推进产业融合，构建一体化产业链模式

农产品产业的发展具有显著的独特性，以农业资源、农产品为牵引，带动全产业链的发展态势。健全农业产业链，促进第一、第二、第三产业深度融合。特色农产品产业融合发展路径是促进特色农产品产业深度融合的关键举措。要依托龙头企业，加快培育以优势农产品为重点的农产品加工产业集群，不断拓展农产品融合发展的空间。利用“互联网+农业”挖掘农业发展的潜力，开发农业价值链功能，加强农业品牌化建设，优化农业产业链结构。培育一批示范典型，实施产业融合发展试点示范行动计划，培育一批带动作用强的特色农产品产业融合发展典型，通过典型的带动作用，推动农业的整体转型升级，促进产业的融合发展。

四、农村科技人才战略支撑乡村振兴的实现路径

（一）完善农村科技人才队伍建设

立足农村实际情况，结合农村发展需要，扶持培训现有的农村科技人才，引进新型农村科技人才，制定科技人才的编制数量、薪酬待遇标准，制定合

理的绩效机制激励农村科技人才。充分发挥科技人才在科技支撑乡村振兴中的主动性和创造性，充分发挥人才带头引领作用，带领农民用科技的力量为农民增收。通过人才的合理流动，使得农村科技人才和农业生产技术在乡村有机结合，使得人尽其才、物尽其用。

（二）大力开展新型职业农民培育

培育新型职业农民，一是有计划地构建持续完善的新型职业农民培训机制，做好顶层设计，明确培育主体，丰富培育内容，制定目的性、针对性强的培育方案。二是培训方式的灵活性，与时俱进多渠道、多主体支持培育，采用线上线下、在职培训、脱岗培训等多方式结合，支持农民专业合作社、专业技术协会、龙头企业等主体承担培训职能。构建职业农民服务中心，鼓励农业园区、农业企业建立新型职业农民实习实训基地和创业孵化基地。健全考核机制，确定考核主体，规范培训过程，注重内容和方法，确保培训质量。

（三）优化农村科技发展环境

营造尊重科技的环境，优化农村发展环境，让农村吸引人、留住人。在乡村努力营造“尊重劳动、尊重知识、尊重人才、尊重创造”的社会氛围，在农业产业培育、三产融合、提升产业创新竞争力方面充分发挥农村科技人才的引领作用，营造一种尊重科技、支持创新的良好氛围，提高老百姓对“科技是第一生产力”的认识，让农村认可科技是一种资产。搭建科技人才施展才华的平台，制定相应的人才晋升制度，对科技人才的成果采取物质奖励与精神奖励相结合，加强对乡村优秀人才的宣传表彰，树立典型和模范带动，吸引更多人才扎根乡村，建功立业。

五、政产学研协同支撑乡村振兴的实现路径

（一）加强政产学研机制完善

建立政府、行业企业、高校、科研机构之间协同创新发展、互惠互利和可持续发展、需要完善的机制。政府方面，要充分发挥监督管理的职能，制定相应政策鼓励企业与高校和科研机构合作，为乡村振兴、产业发展创造稳定健康的环境；企业方面，要积极提供资金和场所的支持，为协同发展助力；高校方面，要与企业多加沟通交流，调动企业投资的积极性，提高人才培育

质量，与企业建立长效的互惠互利机制。政产学研是一个多主体、多部门的融合，要建立一套完备的政策保障机制、多主体的协同机制、人才供应机制、经费管理机制、考核激励机制、利益风险共担机制、科研成果转化机制，才能进一步提高协同创新能力，为乡村振兴作科技支撑。

（二）强化政府在政产学研中的有效作为

政府要充分发挥引导和桥梁作用，从战略规划、制度供给、资金扶持等方面打通政产学研通道。要强化服务职能，完善各项政策机制，以法的形式明确政产学研各方利益，打造激励企业与科研机构协同创新的制度环境；发挥政府宏观调控职能，通过政策扶持引导高校、科研院所进行人才培养和科技创新；加大科技投入财政补贴力度，汇集资金流、人才流、信息流，形成政产学研多主体、多层次、多形式的联盟创新支持系统；整合大学、研究机构、企业和社会的资源，促进政产学研的沟通交流与互动联系，促进科技创新规模化、集群化和产业化发展。

（三）完善政产学研科技中介服务体系

完善中介服务体系，是推进政产学研合作创新的基础。对技术创新和产业的发展具有重要的作用。要充分发挥舆论导向作用，为科技中介服务机构的发展营造良好氛围，向全社会传播、扩散科技信息；打破目前对中介机构的条块分割限制，为培育科技中介服务从业人才群体创造必要的环境，促进综合发展；实施人才培养计划，建立科技中介人员培训系统；加强科技中介服务机构的网络化建设，完善网络设施和服务手段，组建一个结构合理、机制灵活、门类齐全、功能完备的科技中介服务网络，加强产学研的合作。

六、乡村治理支撑乡村振兴的实现路径

（一）推进乡村治理数字化

数字治理作为乡村治理中的新型治理理念和方式，为乡村治理主体提供新思维、新目标、新手段、新的治理工具，首先，要加强农村信息基础设施和城乡信息网络一体化建设，补齐数字短板。其次，要构建开放共享的数字乡村大数据开放和共享平台，完善乡村数字化治理体系，发展数字农业、智慧农业，构建农业农村大数据体系，在更高层级上塑造乡村数字治理的结构和功能，打造新的乡村数字生态。

（二）重塑乡村社会资本

实现乡村善治应培育乡村社会资本。要健全制度体系，塑造村组织权威，为乡村关系网络建设提供制度保障，完善乡村考核奖惩、政务公开机制，明晰乡镇政府和村级组织的工作任务，强化责任意识，增进乡民的信任，配合基层组织的工作；要充分调动乡村治理主体的积极性，根据乡村的传统文化及风俗习惯的差异性，因地制宜地采取不同治理模式，重视乡规民约、乡村文化等乡村社会资本，健全多方参与治理，积极推进乡村治理的现代化转型；重塑乡土文化，建构乡土文化认同，发挥模范作用，倡导新的价值理念，建设乡村文化组织，满足乡民的文化诉求，不断提高乡村社会文明程度，培育农民文化自觉、文化自信，从而在根本上带动乡村社会发展。

（三）发挥村民主体作用

新时代的乡村治理是政府、村委会、农村基层组织、农民等主体的多元共治，要想使乡村治理推动乡村振兴，关键的问题在于激发农民参与乡村治理的积极性、主动性，为乡村振兴广泛聚力出力：一是围绕治理任务目标，组织村民成立村民自组织参与治理。二是通过多种形式组织村民参与村庄治理，召开村民会议，利用微信、抖音、今日头条、快手等新兴媒体，结合家庭、学校、居民点，开展宣传教育工作，通过身边案例开展讲解，增强居民主体意识，提升居民自我教育、管理和服务的能力。三是要完善农民利益联结政策，完善诉求表达，确保农民在乡村产业发展、产权制度改革、集体经济发展中得到实实在在的利益。总之，只有将乡村振兴政策的宣传和完善有机结合起来考量，才能提高农民的政策认同，提高农民参与乡村治理的主体意识。

参考文献

[1] Ndiso, J. B., Olubayo, F. M., Saha, H. M. Effect of cropping system on soil moisture content, canopy temperature, growth and yield performance of maize and cowpea [J]. International Journal of Agricultural Sciences, 2017, 7 (3): 1271-1281.

[2] Lin, B. B. Agroforestry management as an adaptive strategy against potential microclimate extremes in coffee agriculture [J]. Agricultural and Forest Meteorology, 2007, 144 (1-2): 85-94.

[3] Miles, A., DeLonge, M. S., Carlisle, L. Triggering a positive research and policy feedback cycle to support a transition to agroecology and sustainable food systems [J]. Agroecology and Sustainable Food Systems, 2017, 41 (7): 855-879.

[4] Pittelkow, C. M., Liang, X., et al. Productivity limits and potentials of the principles of conservation agriculture [J]. Nature, 2015, 517 (7534): 365-368.

[5] Schimmelpfennig, D. Farm profits and adoption of precision agriculture. economic research report Number 217 [R]. Washington D. C.: USDA, 2017.

[6] Mittal, S., Mehar, M. How mobile phones contribute to growth of small farmers? Evidence from India [J]. Quarterly Journal of International Agriculture, 2012, 51 (3): 227-244.

[7] Mittal, S. Role of mobile phone enabled climate information services in gender-inclusive agriculture [J]. Gender, Technology and Development, 2016, 20 (2): 200-217.

[8] Sekabira, H., Qaim, M. Can mobile phones improve gender equality and nutrition? Panel data evidence from farm households in Uganda [J]. Food Policy,

2017（73）：95-103.

[9] Shockley, J. M., Dillon, C. R. Stombaugh, T. S. A whole farm analysis of the influence of auto-steer navigation on net returns, risk, and production practices [J]. Journal of Agriculture Applied Economy, 2015（43）：57-75.

[10] Bora, G. C., Nowatzki, J. F., Roberts, D. C. Energy savings by adopting precision agriculture in rural USA [J]. Energy Sustainable Society, 2012, 2（22）.

[11] Ortiz, B. V., Balkcom, K. B., Duzy, L., van Santen, E., Hartzog, D. L. Evaluation of agronomic and economic benefits of using RTK-GPS-based auto-steer guidance systems for peanut digging operations [J]. Precision Agriculture, 2013（14）：357-375.

[12] Knight, S., Miller, P. Orson, J. An up-to- date cost/benefit analysis of precision farming techniques to guide growers of cereals and oilseeds [J]. HGCA Research Review, 2009（71）：115.

[13] Shockley, J., Dillon, C. R., Stombaugh, T. Shearer, S. Whole farm analysis of automatic section control for agricultural machinery [J]. Precision Agric, 2012（13）：411-420.

[14] Tullberg, J. N. CTF and Global Warming [Z]. Proceeding from Controlled Traffic and Precision Agriculture Conference, 2016.

[15] Sadler, E. J., Evans, R. G., Stone, K. C., Camp, C. R. Opportunities for conservation with precision irrigation [J]. J Soil Water Conserv, 2005（60）：371-378.

[16] Tekin, A. B. Variable rate fertiliser application in Turkish wheat agriculture: Economic assessment [J]. Afr J Agric Res, 2010（5）：647-652.

[17] Mamo, M., Malzer, G. L., Mulla, D. J., Huggins, D. R., Strock, J. Spatial and temporal variation in economically optimum nitrogen rate for corn [J]. Agron J, 2003（95）：958-964.

[18] Timmermann, C., Gerhards, R., Kühbauch, W. The economic impact of site-specific weed control [J]. Precis Agric, 2003（4）：249-260.

[19] Gerhards, R., Sökefeld, M., Timmermann, C., Reichart, S., Kühbauch, W., Williams, M. M. Results of a four-year study on site-specific herbicide application [J]. In Proceedings of the 2nd European Conference on Precision Agriculture, Odense,

Denmark, 1999: 689-697.

［20］ Solanelles, F. , Escolà, A. , Planas, S. , Rosell, J. R. , Camp, F. , Gràcia, F. An electronic control system for pesticide application proportional to the canopy width of tree crops ［J］. Biosyst Eng, 2006 (95): 473-481.

［21］ Chen, Y. , Ozkan, H. E. , Zhu, H. , Derksen, R. C. , Krause, C. R. Spray deposition inside tree canopies from a newly developed variable-rate air-assisted sprayer ［J］. Tran ASABE, 2013 (56): 1263-1272.

［22］ Dammer, K. -H. , Adamek, R. Sensor-based insecticide spraying to control cereal aphids and preserve lady beetles ［J］. Agron J, 2012 (104): 1694-1701.

［23］ Batte, M. T. , Ehsani, M. R. The economics of precision guidance with auto-boom control for farmer-owned agricultural sprayers ［J］. Comput Electron Agric, 2006 (53): 28-44.

［24］ Moyo, M. , Van Rooyen, A. , Chivenge, P. , Bjornlund, H. Irrigation development in Zimbabwe: Understanding productivity barriers and opportunities at Mkoba and Silalatshani irrigation schemes ［J］. International Journal of Water Resources Development, 2017, 33 (5): 740-754.

［25］ 联合国粮食及农业组织．农业和农村地区的数字技术现状报告［M］. 北京：中国农业出版社，2021.

［26］ 农业农村部科技教育司，农业农村部科技发展中心．“十三五”中国农业农村科技发展报告［M］. 北京：中国农业出版社，2022.

［27］ 唐寒彬．科技赋能乡村振兴——时代趋势与产业实践［M］. 北京：电子工业出版社，2022.

［28］ 梁志会，张露，张俊飚．土地整治与化肥减量——来自中国高标准基本农田建设政策的准自然实验证据［J］. 中国农村经济，2021 (4): 123-144.

［29］ 王晓青，史文娇，孙晓芳，等．黄淮海高标准农田建设项目综合效益评价及区域差异［J］. 农业工程学报，2018 (16): 238-248.

［30］ 张培奇，王帅杰，范亚旭．“藏粮于技”的河南实践［N］. 农民日报，2021-12-19.

［31］ 郭启辉．浅谈水肥一体化在粮食生产中的作用［J］. 种子科技，2019 (6): 26.

［32］孙丽．农业科技创新助力乡村振兴的路径与可持续机制［J］．智慧农业导刊，2023（5）：50-53.

［33］周元，魏颖．科技赋能乡村振兴的四个着力点——以天津市为例［J］．科技中国，2022（7）：45-48.

［34］邢鹏．农业科技创新促进农业现代化的实践路径研究［J］．辽宁行政学院学报，2020（4）：54-59.

［35］李杰义，胡静澜，马子涵．数字乡村建设赋能乡村振兴：理论机制、实践路径与政策启示［J］．西南金融，2022（11）：84-95.

［36］贺卫华，赵琭嘉．数字经济赋能乡村振兴：内在机理与实现路径［J］．石河子大学学报（哲学社会科学版），2022，36（6）：14-21.

［37］李健．数字技术赋能乡村振兴的内在机理与政策创新［J］．经济体制改革，2022（3）：77-83.

［38］姚升．农业科技助力乡村产业发展模式研究［J］．渤海大学学报，2021（2）：77-81.

［39］杨传喜．转型期引进农业科技资源的有效路径研究［J］．经济纵横，2010（7）：46-49.

［40］毛世平，杨艳丽，林青宁．改革开放以来我国农业科技创新政策的演变及效果评价——来自我国农业科研机构的经验证据［J］．农业经济问题，2019（1）：75-87.

［41］何琼，等．农业科技资源配置研究述评与展望［J］．农业科技管理 2021，40（6）：25-29.

［42］黄修杰，蔡勋，储霞玲，等．我国农业高质量发展评价指标体系构建与评估［J］．中国农业资源与区划，2020，41（4）：124-127.

［43］高芸，蒋和平．我国农业现代化发展水平评价研究综述［J］．农业现代化研究，2016，37（3）：409-415.

［44］辛岭，王济民．我国县域农业现代化发展水平评价——基于全国 1980 个县的实证分析［J］．农业现代化研究，2014，35（6）：673- 678.

［45］魏琦，张斌，金书秦．中国农业绿色发展指数构建及区域比较研究［J］．农业经济问题，2018（11）：11-20.

［46］孙炜琳，王瑞波，姜茜，等．农业绿色发展的内涵与评价研究［J］．中国农业资源与区划，2019，40（4）：14-21.

［47］张建伟，蒲柯竹．中国农业经济高质量发展指标体系构建与测度

[J]. 统计与决策，2021（22）：88-92.

[48] 郭春丽，易信，何明洋．推动高质量发展面临的难题及破解之策[J]. 宏观经济管理，2019（1）：22-27.

[49] 李晓甜，石培基．甘肃省区域农业竞争力评价与时空演变分析[J]. 农业现代化研究，2016，37（2）：37-45.

[50] 张应武，李董林．供给侧视角下农业产业竞争力研究——以海南省为例[J]. 中国农业资源与区划，2017，38（5）：93-102.

[51] 李首涵，杨萍，卢德成．农业高质量发展评价指标体系研究——基于鲁苏浙三省的比较分析[J]. 中国农业资源与区划，2022（2）：1-8.

[52] 宋洪远．推进农业高质量发展[J]. 中国发展观察，2018（12）：49-53.

[53] 钟钰．向高质量发展阶段迈进的农业发展导向[J]. 中州学刊，2018（5）：40-44.

[54] 赵宇虹，李广．向高质量发展阶段迈进的农业发展：背景、走向、规律与路径[J]. 农业经济，2020（1）：15-17.

[55] 辛岭，安晓宁．我国农业高质量发展评价体系构建与测度分析[J]. 中国农业资源与区划，2018（11）：11-20.

[56] 匡远配，罗荷花．“两型农业”综合评价指标体系构建及实证分析[J]. 农业技术经济，2020（7）：69-77.

[57] 赵丹丹，刘春明，鲍丙飞，等．农业可持续发展能力评价与子系统协调度分析——以我国粮食主产区为例[J]. 经济地理，2018（4）：157-163.

[58] 夏英，丁声俊．论新时代质量兴农绿色发展[J]. 价格理论与实践，2018（9）：5-13.

[59] 王丽静，刘秀艳．循环农业评价体系的构建及应用——以邯郸市为例[J]. 经济问题，2013（12）：80-83.

[60] 芦千文，杜志雄．农业农村创新与创业联动机制研究[J/OL]. 华中农业大学学报（社会科学版）：1-12[2023-03-10]. http：//kns. cnki. net/kcms/detail/42. 1558. C. 20230307. 0944. 002. html.

[61] 孔祥利，贺音．乡村振兴战略实施中培育壮大返乡入乡创新创业群体的路径选择与政策支持[J]. 西北大学学报（哲学社会科学版），2023，53（2）：66-79.

[62] 贺芒，范飞．脱域与回归：流动村民参与乡村振兴的困境与路径

[J]. 湖北民族大学学报（哲学社会科学版），2023（2）：83-93.

[63] 谢治菊，黄美仪. 新农人致富带头的镜像、动力与路径 [J]. 湖北民族大学学报（哲学社会科学版），2023（2）：72-82.

[64] 钟楚原，李华胤. 青年人才何以助力乡村振兴——基于“嵌入性—公共性”框架的分析 [J]. 南京农业大学学报（社会科学版），2023，23（1）：50-60.

[65] 吴海燕，周倩，祁瑞雄. 乡村振兴背景下农业转型发展的实现条件与政策供给 [J]. 农业经济，2023（1）：11-13.

[66] 张贵群，张旭. 乡村人才振兴政策执行因何遇阻？——基于修正后的模糊—冲突模型解释 [J]. 重庆理工大学学报（社会科学版），2022，36（12）：137-151.

[67] 胡钰，赵平广. 文化、人才、资本：乡村振兴的基本要素研究 [J]. 行政管理改革，2022（11）：34-43.

[68] 孙悦民，荆慧，张明. 基于冰山模型的乡村产业带头人素质研究 [J]. 当代青年研究，2022（6）：21-29.

[69] 孙彦玲，孙锐. 新时代人才强国战略背景下人才分类问题研究 [J/OL].科学学研究：1-20 [2023-03-10]. DOI：10. 16192/j. cnki. 1003-2053. 20220929. 001.

[70] 林玉燕. 人力资源在乡村振兴战略实施中的作用探析——评《特色农业应用型人才培养与助力乡村振兴战略研究》 [J]. 世界林业研究，2022，35（4）：141.

[71] 程铭. 欧美日农业环境政策对我国农业生态环境治理的启示 [J]. 环球经济，2014（11）：102.

[72] 崔家荣. 农村环境污染主要成因及防治对策探讨 [J]. 环境与可持续发展，2015，40（3）：60-62.

[73] 杜婷婷，王鑫，牛兵兵. 北京市农村污水收集处理现状调研及投资政策研究 [J]. 市政技术，2020，38（5）：261-263.

[74] 段德罡，谢留莎，陈炼. 我国乡村建设的演进与发展 [J]. 西部人居环境学刊，2021，36（1）：1-9.

[75] 冯红英. 乡村人居环境建设的国际经验与国内实践 [J]. 世界农业，2016，441（1）：149-153.

[76] 华超美，吕园，黄鹏，等. 国外乡村人居环境建设经验与启示——

以美、德、日、韩四国为例［J］. 甘肃农业，2022（4）：48-51.

［77］矫旭东，杜欢政. 中国生态宜居和美丽乡村建设路径研究［J］. 中国农学通报，2019，35（28）：158-164.

［78］鞠昌华，张慧. 乡村振兴背景下的农村生态环境治理模式［J］. 环境保护，2019，47（2）：23-27.

［79］孔德，张晓岚. 农村污水处理运行模式的国际经验及对我国的启示［J］. 环境保护，2019，47（19）：61-64.

［80］廖日红. 北京市农村污水处理技术的研究与应用［J］. 水工业市场，2012（9）：42-45.

［81］刘艾鑫. 基于生态美学视域下东北地区美丽乡村建设研究——以长春市（九台区）马鞍山村美丽乡村建设为例［J］. 环境保护，2021，49（8）：64-66.

［82］邱春林. 国外乡村振兴经验及其对中国乡村振兴战略实施的启示：以亚洲的韩国、日本为例［J］. 天津行政学院学报，2019（1）：81-88.

［83］任朝斌，于磊，顾华，等. 京郊生活污水处理设施运行现状调研与分析［J］. 中国给水排水，2013，29（14）：5-8.

［84］沈费伟，刘祖云. 发达国家乡村治理的典型模式与经验借鉴［J］. 农业经济问题，2016，37（9）：93-102+112.

［85］仝国栋，应珊婷，姚晗珺，等. 中国美丽乡村标准化发展路径与经验［J］. 江苏农业科学，2019，47（ 17）：36-40.

［86］王志强. 德国绿色环境技术产业发展现状及政策机制分析［J］. 全球经济科技瞭望，2010，25（3）：14-19.

［87］卫宝龙，严力蛟，李建新，等. 中国要美，农村必须美——美丽乡村的中国之路［M］. 北京：中国农业出版社，2019.

［88］吴良镛. 创造我国人居环境的新景象［J］. 建筑学报，1990（8）：7-8.

［89］徐文艳. 美丽乡村建设背景下农村垃圾治理的现状及措施［J］. 经济研究导刊，2017（27）：26-28.

［90］张朝辉. 法国德国生态环境保护的经验与启示［J］. 两型社会，2012（3）：18.

［91］张大玉，甘振坤. 北京地区传统村落风貌特征概述［J］. 古建园林技术，2018（3）：82-89.

［92］张慧智，周中仁，庞文，等．北京市农村污水处理现状、问题及发展建议［J］．环境保护，2021，49（11）：43-46.

［93］陈龙．新时代中国特色乡村振兴战略探究［J］．西北农林科技大学学报（社会科学版），2018（3）．

［94］西奥多·W. 舒尔茨．改造传统农业［M］．梁小民，译，北京：商务印书馆，1999.

［95］完世伟．创新驱动乡村产业振兴的机理与路径研究［J］．中州学刊，2019（9）：26-32.

［96］庞洁，韩梦杰，胡宝贵．农业企业协同创新的政策研究［J］．农业经济，2015（2）：3-6.

［97］邸翠玲．河北省金融支持农业科技创新的现状及对策研究［D］．长沙：中南林业科技大学，2015.

［98］苏世清．以科技创新赋能乡村治理现代化［J］．农村经济与科技，2021，32（20）：259-261.

［99］王书华，郑风田，胡向东，冷杨，程郁．科技创新支撑乡村振兴战略［J］．中国科技论坛，2018（6）：1-5.

［100］秦健．以科技创新助力河南乡村振兴［J］．领导科学，2021（14）：108-110.

［101］赵坤．西部乡村产业兴旺需认清五大关系［J］．人民论坛，2018（17）：78-79.

［102］付城，刘媛．乡村振兴视域下农业现代化政策工具选择研究——基于中央一号文件的考察［J］．世界农业，2020（9）：29-37+140.

［103］刘依杭．新时代构建我国现代农业产业体系的若干思考［J］．中州学刊，2018，257（5）：45-49.

［104］胡向东，石自忠．激活要素推进乡村振兴的战略思考［J］．经济纵横，2022（8）：50-57.

［105］杜志雄，陈文胜，陆福兴，廖宏斌，王文强．全面推进乡村振兴：解读中央一号文件（笔谈）［J］．湖南师范大学社会科学学报，2022，51（3）：10-26.

［106］李琳，桑坤．场域关联、差序嵌入与信任结构的再生产——基于华北一所科技小院的经验研究［J］．中国农业大学学报（社会科学版），2021，38（1）：37-49.

[107] 王晓君，孙立新，毛世平．构建需求导向型农业科技创新支撑体系，助力巩固脱贫攻坚成果和乡村振兴有效衔接［J］．科技导报，2021，39（23）：23-28.

[108] 宋保胜，杨贞，李文，李劼，王彩霞．科技创新服务乡村振兴的内在逻辑及有效供给路径研究［J］．科学管理研究，2020，38（5）：116-124.

[109] 宋保胜，刘保国．科技创新助推乡村振兴的有效供给与对接［J］．甘肃社会科学，2020（6）：204-212.

[110] 王燕，刘晗，赵连明，黎毅．乡村振兴战略下西部地区农业科技协同创新模式选择与实现路径［J］．管理世界，2018，34（6）：12-23.

[111] 柴国生．科技精准供给驱动乡村振兴的时代必然与现实路径［J］．科学管理研究，2021，39（1）：132-141.

[112] 隋斌，张庆东，张正尧．论乡村振兴战略背景下农业工程科技创新［J］．农业工程学报，2019，35（4）：1-10.

[113] 尹西明，陈劲，张月遥．乡村创新系统推进乡村振兴的路径与机制研究［J］．天津社会科学，2020（3）：103-109.

[114] 陈美球，王庆日，蒋仁开，朱美英．乡村振兴与农村产业用地保障：实践创新、实现路径与制度安排——“农村产业用地政策创新与乡村振兴”研讨会综述［J］．农林经济管理学报，2018，17（3）：343-349.

[115] 王益君，娄晨雨，张於琛．金融助推乡村振兴，助力共同富裕的区域异质性研究［J］．产业经济评论，2023（10）：11.

[116] 卜银伟，李成林，王卓．金融科技助力乡村振兴的模式研究［J］．西南金融，2022（4）：71-82.

[117] 储节旺，曹振祥．乡村振兴战略科技支撑路径的理论模型构建［J］．安徽大学学报（哲学社会科学版），2020，44（4）：133-143.

[118] 鲁国梁，王维薇，李琼杰，周容，刘晓洪．乡村产业振兴科技支撑存在的问题与对策——以湖北省为例［J］．农业科技管理，2020，39（3）：4-8.

[119] 王书华，郑风田，胡向东，冷杨，程郁．科技创新支撑乡村振兴战略［J］．中国科技论坛，2018（6）：1-5.

[120] 黎丽菊，许忠裕，邓国仙，林树恒，潘海江，梁富华，于平福．农业科技创新支撑乡村振兴的思考与建议［J］．农村经济与科技，2019，303（14）：214+216.

[121] 李超，谭小琴，张洪吉，陈青松，龙柱岫．四川秦巴山区科技支撑乡村振兴的现状、问题与对策研究［J］．产业与科技论坛，2022，21（12）：22–24.

[122] 金立民．乡村振兴背景下兰州市农村产业融合发展模式与路径选择研究［J］．兰州职业技术学院学报，2022，38（4）：13–15+19.

[123] 胡霄芳．乡村振兴背景下农村产业融合发展路径［J］．合作经济与科技，2022（21）：20–22.

[124] 杨胜品，张琰韩．乐业县特色农产品产业链建设探究［J］．现代农机，2022（1）：24–25.

[125] 李瑶亭．上海政产学研协同创新研究——东京、香港的经验借鉴［J］．无锡商业职业技术学院学报，2017，17（2）：68–73.

[126] 范继，路丽梅．高校带动型政产学研协同创新绩效影响因素及评价体系构建研究［J］．科学咨询（科技·管理），2020（11）：74–75.

[127] 吴业苗．“民生为先”：乡村治理的基本遵循——兼论乡村振兴中的实践问题［J］．社会科学战线，2022（6）：208–215.

[128] 张弘弛．乡村治理赋能乡村振兴的逻辑机理与实现路径［J］．中共山西省委党校学报，2022，45（3）：61–66.